PowerPoint 2016 课件设计与制作项目化教程

主 编 周秀梅 黎晓芳 吴杨卿
副主编 韦 怡 赵玉芳 韦子鹏
　　　　石海滨 黄海波 翁家铭
　　　　李 艳 莫川熠

北京理工大学出版社
BEIJING INSTITUTE OF TECHNOLOGY PRESS

内 容 提 要

本书是一本按照项目化教学方法编写的，旨在提升PPT设计与制作技能的教学用书。全书以实践为导向，通过一系列具有较强的针对性和实用性的项目任务，帮助读者掌握PowerPoint 2016的基本操作技巧，学会如何运用创新设计理念和方法，创作出高质量的教学课件。本书共12个项目，主要内容包括PowerPoint 2016课件制作基础知识，PowerPoint 2016课件的界面设计，PowerPoint 2016课件的文字设计，PowerPoint 2016课件的图与表设计，PowerPoint 2016课件的动画设计，PowerPoint 2016课件的影音处理，PowerPoint 2016课件的交互设计，以及设计并制作小学语文、小学数学、小学英语、幼儿园和商务课件。

本书可作为各类师范院校或普通院校的师范及学前教育专业、计算机教育培训机构的课件制作教材，也可供广大学习PowerPoint 2016课件设计与制作的教师自学使用。

版权专有　侵权必究

图书在版编目（CIP）数据

PowerPoint 2016 课件设计与制作项目化教程 / 周秀梅，黎晓芳，吴杨卿主编 . -- 北京：北京理工大学出版社，2024.7.
ISBN 978-7-5763-4417-2

Ⅰ.G436

中国国家版本馆 CIP 数据核字第 2024X5U172 号

责任编辑：钟　博　　　　　文案编辑：钟　博
责任校对：刘亚男　　　　　责任印制：王美丽

出版发行 / 北京理工大学出版社有限责任公司
社　　址 / 北京市丰台区四合庄路 6 号
邮　　编 / 100070
电　　话 /（010）68914026（教材售后服务热线）
　　　　　（010）68944437（课件资源服务热线）
网　　址 / http://www.bitpress.com.cn
版 印 次 / 2024 年 7 月第 1 版第 1 次印刷
印　　刷 / 河北鑫彩博图印刷有限公司
开　　本 / 787 mm×1092 mm　1/16
印　　张 / 14
字　　数 / 355 千字
定　　价 / 69.00 元

图书出现印装质量问题，请拨打售后服务热线，负责调换

Preface 前言

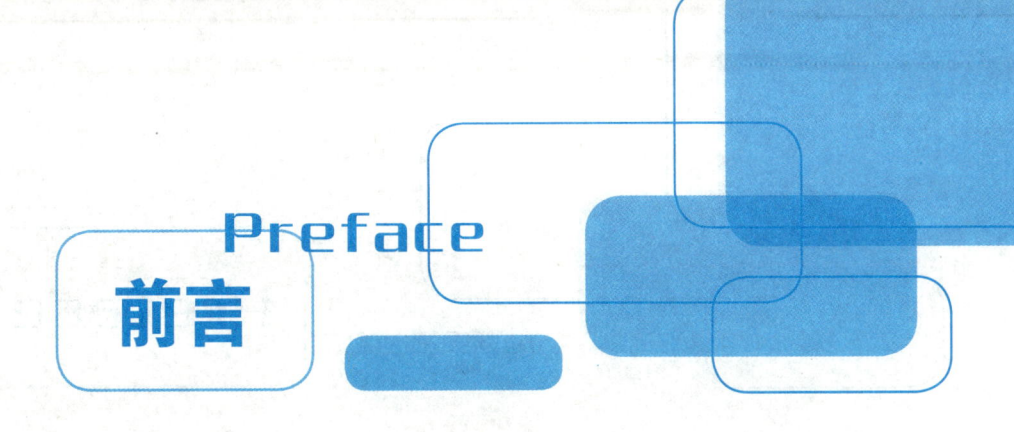

课件设计与制作技能是教育类专业毕业生的专业核心技能,而PowerPoint 是一款常用的大众化软件,利用它可以制作集文字、图片、图形、动画及影音等元素于一体的课件。这款软件功能强大、使用简单,且制作出来的课件专业、美观、实用,因此,许多一线教师都将它作为制作多媒体课件的首选。

本书具有以下特色。

(1)传道授业,立德树人。本书有机融入党的二十大精神,在讲解知识点的同时融入了德育元素。在选取案例时,既对应相关知识点,又体现职业素养;在项目实训和延伸拓展中体现传统文化、创新意识及工匠精神的内容,提高读者的文化自信心和民族自豪感。

(2)大众软件,快速上手。微软Office办公软件中的PowerPoint演示文稿组件是当前使用最广泛的课件制作工具,本书选择大众化软件,可以帮助学习者节省时间,快速成长。

(3)精心安排,遵循规律。本书采用项目任务式结构编写,每个项目都由两个或两个以上任务构成,每个项目均按照"学习目标"→"项目导读"→"任务描述"→"知识储备"→"任务实施"的方式来安排。其中,"知识储备"部分简单介绍课件制作专业知识和PowerPoint 2016软件的功能,"任务实施"部分通过贯穿全书前7个项目的两个典型课件制作案例——"找春天""长方形、正方形的面积计算",让读者在实践中掌握利用PowerPoint 2016制作课件的专业知识与技能,遵循职业成长规律和学生认知发展规律,帮助他们全面掌握课件设计与制作技能。

(4)案例实用,专业性强。除贯穿全书前7个项目的任务实施的两个案例外,本书还在后面的5个项目安排了设计并制作小学语文、小学数学、小学英语、幼儿园及商务课件的综合案例,从教学设计、脚本编写到利用PowerPoint 2016制作课件,能有效培养读者的课件制作专业素养。

(5)提升技能,扩展延伸。本书在编写时,特意安排了"延伸拓

Preface

展"模块，用以讲解一些提高性的且在课件制作过程中经常会使用的技能，帮助读者在掌握基本技能的同时进一步扩展专业知识，做到真正贴合读者今后的实际工作。

本书适应职业教育"课岗赛证"融合改革趋势，紧贴一线教师教学工作实际和日常需求，融入了师范生课件制作技能竞赛评价指标，既可作为教育类专业课件设计与制作课程配套教材，也可作为师范生技能竞赛的指导用书。

由于编者水平有限，书中难免有不足之处，敬请各位读者批评指正。

编　者

Contents 目录

项目一　PowerPoint 2016课件制作基础知识 ·················· 1
- 任务一　课件制作基础知识 ············ 1
  - 任务实施　分析"找春天"教学设计 ··· 6
- 任务二　设计课件脚本 ················ 8
  - 任务实施　为"找春天"课件设计脚本 ············ 10
- 项目实训 ···························· 19

项目二　PowerPoint 2016课件的界面设计 ··················· 20
- 任务一　课件界面设计基础知识 ··· 20
  - 任务实施　优秀课件界面赏析 ········ 25
- 任务二　应用主题、版式和母版 ··· 26
  - 任务实施　为课件"找春天"设置母版 ············ 28
  - 任务实施　为课件"长方形、正方形的面积计算"设置母版 ········ 32
- 项目实训 ···························· 33

项目三　PowerPoint 2016课件的文字设计 ··················· 36
- 任务一　应用文字 ···················· 36
  - 任务实施　制作课件"找春天"特性介绍等页面 ············ 42
  - 任务实施　制作课件"长方形、正方形的面积计算"封面 ········ 47
- 任务二　添加特殊文字和符号 ······ 49
  - 任务实施　制作课件"找春天"字词学习等页面 ············ 51
  - 任务实施　制作课件"长方形、正方形的面积计算"面积公式页面 ············ 53
- 项目实训 ···························· 55

项目四　PowerPoint 2016课件的图与表设计 ·················· 58
- 任务一　应用图片 ···················· 58
  - 任务实施　制作课件"长方形、正方形的面积计算"封面和封底 ··· 66
  - 任务实施　制作课件"找春天"封面和过渡页 ············ 69
- 任务二　应用图形 ···················· 70
  - 任务实施　制作课件"长方形、正方形的面积计算"目录等页面 ··· 74
  - 任务实施　制作课件"找春天"部分页面 ············ 78
- 任务三　应用表格与图表 ············ 79
  - 任务实施　制作课件"长方形、正方形的面积计算"剩余页面 ··· 81
- 项目实训 ···························· 83

项目五　PowerPoint 2016课件的动画设计 ··················· 86
- 任务一　添加和设置动画 ············ 86
  - 任务实施　为课件"找春天"添加动画 ············ 93
  - 任务实施　为课件"长方形、正方形的面积计算"添加动画 ······ 95
- 任务二　设置幻灯片切换效果 ······ 95

Contents

　　任务实施　为课件"长方形、正方形的面积计算"设置切换……… 96
　　任务实施　为课件"找春天"设置切换效果……………… 98
　项目实训………………………… 98

项目六　PowerPoint 2016课件的影音处理…………… 102
　任务一　应用音频……………… 102
　　任务实施　为课件"找春天"配音… 106
　　任务实施　为课件"火烧云"添加朗读音频………………… 107
　任务二　应用视频……………… 109
　　任务实施　为课件"找春天"添加视频………………… 111
　项目实训………………………… 112

项目七　PowerPoint 2016课件的交互设计…………… 115
　任务一　使用超链接和动作实现交互…………………… 115
　　任务实施　为课件"找春天"制作页面跳转效果………… 117
　　任务实施　为课件"长方形、正方形的面积计算"制作页面跳转效果………………… 119
　任务二　使用触发器实现交互… 120
　　任务实施　为课件"长方形、正方形的面积计算"制作填空题和判断题………………… 121

　　任务实施　控制课件"找春天"的拼音显示………………… 123
　项目实训………………………… 124

项目八　设计并制作小学语文课件……………………… 126
　项目实施　制作"和时间赛跑"课件………………… 128

项目九　设计并制作小学数学课件……………………… 147
　项目实施　制作"分数的初步认识"课件………………… 148

项目十　设计并制作小学英语课件……………………… 162
　项目实施　制作"Welcome back to school"课件………………… 163

项目十一　设计并制作幼儿园课件……………………… 176
　项目实施　制作"大班科学活动太阳系之旅"课件…………… 177

项目十二　设计并制作商务PPT——"山楂项目介绍"PPT… 200
　项目实施　制作"山楂项目介绍"PPT………………… 202

参考文献………………………… 217

项目一

PowerPoint 2016 课件制作基础知识

教学与学习目标

学习目标：

1. 引导学生在课件设计与制作过程中，深入理解并积极践行社会主义核心价值观，如爱国、敬业、诚信、友善等，使其成为个人行为准则和职业操守的内化动力。

2. 鼓励学生在课件设计中融入中国元素，展现中华优秀传统文化的魅力，增强民族文化自豪感与认同感，推动传统文化的现代表达与创新传播。

3. 培养学生的审美观和信息组织能力，学会使用 PowerPoint 进行内容布局、色彩搭配及图形图像的合理运用。

4. 通过课件设计实践，提升学生筛选、分析、评价及有效利用信息的能力，强化其对网络信息的批判性思考，形成健康的媒介使用习惯，防范网络风险。

5. 引导学生理解和尊重多元文化背景，提高跨文化交际能力，使其能够在课件设计中兼顾不同文化背景受众的需求，增进国际理解与友好交流。

项目导读：

目前，利用 PowerPoint 2016 制作教学课件并在上课时进行演示，已经成为一种常见的课堂教学辅助手段。课件以其生动的画面、形象的演示，有效提高了教学质量。本项目首先介绍课件制作的一些基础知识，使读者对课件有一个初步了解，然后介绍课件脚本设计的方法和技巧。

任务一 课件制作基础知识

任务描述

了解课件制作基础知识，分析"找春天"的教学设计，初步构思课件的制作方法。

知识储备

一、课件的概念和类型

（一）课件的概念

课件是指以计算机为核心，综合运用文字、图形、图片、动画、音频和视频等多媒体素材，将教学内容，如知识讲解、实验演示、情境创设、交互练习等生动形象地展示给学生，从而提高教学质量和效率的一种教学辅助手段。

(二)课件的类型

课件有多种分类方式。例如，课件按学科可分为语文、数学、英语、物理和化学等课件类型；按学段可分为幼儿园、小学、初中、高中、大学等课件类型；按制作工具可分为PowerPoint、Flash和Authorware等课件类型；按表现方式可分为演示型、练习型、模拟型、游戏型和咨询型等课件类型。下面简单介绍模拟型课件、练习型课件、游戏型课件、演示型课件和咨询型课件的特点。

1. 模拟型课件

模拟型课件是利用课件模拟真实的实验现象、自然现象或社会现象，学生通过观察、操作与思考，自己总结得出结论，或通过操作来掌握相关实验。当真实实验的成本过高，或很难实现，或包含危险因素时，使用模拟型课件代替真实实验，可以得到很好的教学效果，如图1-1所示。

2. 练习型课件

练习型课件具有互动性，其向学生提出问题，当学生输入答案或做出回应后，根据学生回答的情况给予相应的反馈，从而强化学生已经学过的重要知识和技能，如图1-2所示。

3. 游戏型课件

游戏型课件是一种以游戏形式呈现教学内容的课件，它将教学和娱乐融为一体，使学生在娱乐的过程中达到教学目标，如图1-3所示。

4. 演示型课件

演示型课件以向学生传授新知识为目的，包括呈现各种形式的教学内容(如概念、示例、说明等)，或针对所学内容向学生提问等，如图1-4所示。

图 1-1　模拟型课件

图 1-2　练习型课件

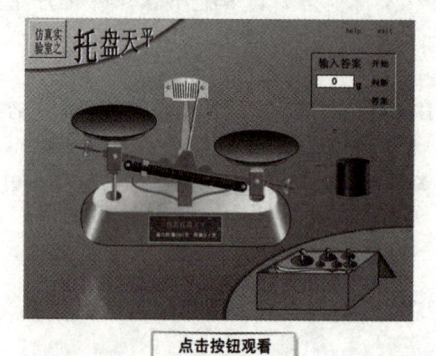

图 1-3　游戏型课件

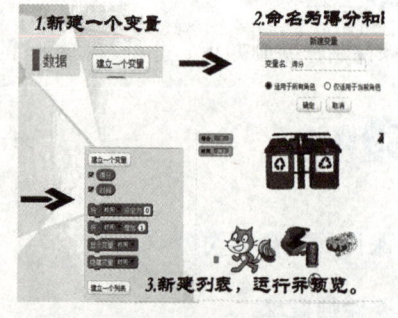

图 1-4　演示型课件

5. 咨询型课件

咨询型课件像一个为学生答疑的老师，学生提出问题，课件给予反馈并解释相关内容。这种课件是以学生为中心来创造自主学习情境的，在使用过程中学习的主动权完全掌握在学生手里。

二、课件的评价标准

评价课件的质量不能以该课件是否运用了复杂的技术、拥有花哨的界面效果和动画效果为标准，课件的本质是用来"教"和"学"的，这就要求课件中要有确切的教学内容，能体现教师的教学设计思想，且能够使学生深刻地了解和掌握教学内容。通常从教育性、科学性、艺术性、技术性等方面来评价课件质量。

（一）教育性

教育性是课件制作的根本出发点，教育性要求课件必须为教学目标服务，课件的教育性是指在遵循学生认知规律的同时，要有明确的教学目的，要有灵活的教学形式，要有助于教学对象加深对知识的理解和掌握，要突出重点和难点。

在潜移默化中对学生进行政治引领、思想塑造、品德规范、情操陶冶，落实课程思政，是教育性的一个重要要求。例如，从中国优秀传统文化作品、革命文化作品、社会主义先进文化作品中选择合适素材来支撑内容、美化课件，引导学生树立理想自信、文化自信、道路自信，帮助学生树立正确的价值取向和审美趣味。

（二）科学性

课件的科学性主要是指课件能正确表达课程的知识内容，主要体现在以下几个方面。

（1）内容正确，表达清楚规范。

（2）素材选择、表现形式符合科学规律，且能激发学生的求知欲。

（3）课件所表达的内容应符合现代教学理念。

（三）艺术性

课件的艺术性是指课件要创意新颖、构思巧妙，结构科学、布局合理、配色和谐、风格统一，层次分明、重点突出，动静结合，媒体多样。

课件的艺术性主要体现在以下几个方面。

（1）颜色少：一个课件作品以使用3种颜色为宜，整个课件作品的配色要统一，不同元素的颜色要和谐，同层级、同类型元素的颜色要一致。

（2）字体少：一个课件作品以使用3种字体为宜，同层级、同类型内容的字体要一致，在符合内容风格的前提下，大标题可以使用特色字体，但正文字体应使用正体字、规范字体，以免影响识读。

（3）音效少：使用音效时，同类型元素的音效要一致，尽量不要使用全程配乐，以免干扰教师正常授课。

（4）动画少：动画的种类要尽可能少，最好控制在3种以内，动画效果要能辅助表现教学内容，同层级、同类型元素的动画效果要一致。

（5）版面简：版面要尽可能简洁，封面页、目录页、结束页、文字页、图表页、音/视频页的版面要在整体风格一致的前提下各自统一，同层级、同类型元素放置在同一位置。

（四）技术性

课件的技术性主要体现在课件界面友好、操作简便、运行稳定，可以从以下几个方面进行评价。

(1) 能够在不同的计算机(包括一体机)上正确、流畅地运行。字体效果能够正确显示。

(2) 图表、图片效果能够正确显示。

(3) 音/视频能够正常控制，稳定播放，音画同步。动画效果和页面切换自然，时间设置科学，控制有效，满足内容表现需要。

(4) 外部链接加载速度快，能正常显示或播放。

(5) 交互逻辑合理，响应迅速。

省级课件制作竞赛评分标准见表 1-1。

表 1-1 省级课件制作竞赛评分标准

评价内容	评定指标	得分
教育性 (20 分)	1. 教学目标明确，能围绕目标选取、组织教学内容	
	2. 教学过程能体现计算机作为教学媒体的特点，内容组织和表达形式有吸引力	
	3. 遵循教学规律，符合学生认知水平，有助于其学习、理解	
科学性 (20 分)	1. 内容正确、表达清楚规范	
	2. 素材选择、表现形式符合科学规律	
技术性 (30 分)	1. 运行流畅，字体、图表、图片能正常显示，音视频播放控制有效	
	2. 能合理运用 2 种以上的媒体，信息呈现清楚稳定	
	3. 动画效果和页面切换自然，时间设置科学、控制有效，符合内容表现需要	
	4. 链接方式统一有效，交互逻辑合理，操作便捷	
艺术性 (30 分)	1. 有统一的母版设计，配色和谐，画面美观，布局合理，构思巧妙	
	2. 层次清晰，文字醒目，重点突出	
	3. 背景、字体、图表、图片、音效、音乐风格统一、自然、协调，有助于内容呈现，不影响教学	
总分	主要优点及缺点：	

三、课件设计制作的流程

设计制作课件并没有统一的流程，但大多会遵循"教学设计→脚本设计→素材准备→课件制作→调试完善"的顺序来制作，如图 1-5 所示。

教学设计 → 脚本设计 → 素材准备 → 课件制作 → 调试完善

图 1-5 制作课件的流程

(一) 教学设计

教学设计是根据课程标准的要求和教学对象的特点，将教学的诸多要素进行有序安排，以确定合适的教学方案。在制作课件前要分析教学设计，其实质是通过分析教学的目标、难点、重点等内容，来考虑哪些内容需要利用课件呈现，以及以哪种形式呈现等问题，即对课件进行初步构思。

在这一步，需要根据教学内容和教学过程明确课件各页面之间的逻辑关系及每个页面的版面框架，主要包括是否有目录页、是否有小标题页、是否在页面上设计目录框架和小标题、页面之间是否有跳转等。其中，重点是梳理内容后确定页面的框架。面向不同学龄、不同学科的课件，课件结构和页面框架是不一样的。面向低龄学生的课件，在保证课件整体风格一致的前提下，可以不需要目录页、小标题页、页面框架，尤其是幼儿园课件，甚至可以不需要明显的封面页，毕竟，幼儿园的儿童未必认识标题文字。当然，为了便于教师相互交流课件、教师自己掌握课堂教学进度，也可以设计制作封面页、目录页、小标题页、页面框架。语文、英语课程的课件很少制作小标题页，页面上一般也没有小标题；理论课程、专题讲座报告、中学理科课程的课件通常要有小标题页，页面上需要放置小标题。

(二)脚本设计

在制作课件前，应先系统地设计好课件脚本，然后根据脚本制作课件。脚本设计的实质是将课件的教学内容、教学策略进一步细化，具体到课件每张幻灯片的信息呈现、界面设计和交互方式等方面。

(三)素材准备

设计好课件脚本后，接下来的工作就是准备制作课件所需的各种素材，包括文字、图形、图片、动画、音频、视频等。读者可通过网上下载或购买素材光盘的方式获取素材，也可以自己采集素材。

(四)课件制作

准备好所需的素材后，即可利用软件（如PowerPoint 2016）开始制作课件。可以按照"设计制作母版→设计制作主要页面→设计制作内容页面→设置页面切换和动画"的顺序来完成。

1. 设计制作母版

课件的艺术性要求课件整体配色和谐、风格统一，要做到这一点，最好的方法就是设计好课件母版。母版是演示文稿的设计模板，在母版中将需要统一设置的版面布局、页面框架、背景、配色、字体字号、固定的插图和标志等设计元素提前设计、制作完成后，相关元素、设计将会直接在相应页面上显示，确保同类型页面风格一致。后期制作时，只需要修改每个页面的具体内容和非统一元素即可。

2. 设计制作主要页面

正如写文章需要先拟提纲，设计制作课件时，除了要有相对清晰的脚本，也要先设计制作封面页、目录页、小标题页等与课件整体结构相关的主要页面。虽然这些页面相对简单，制作起来不费时，但是可以让教师对整个课件结构、课堂教学的主要环节有一个整体、宏观的把握。

3. 设计制作内容页面

根据教学实际需要，配合教学实施进程，逐页设计制作具体内容页面。要注意根据不同内容性质，选择不同版式的页面。

4. 设置页面切换和动画

建议在课件制作完成后，统一进行页面切换和动画设置，这既可以保持课件整体动画风格一致，又可以借助动画刷工具快捷操作，节省工作量。

(五)调试完善

制作好课件后，应在计算机上进行放映，观看放映效果，并对出现的错误进行修改和调试。

任务实施 分析"找春天"教学设计

本项目的教学内容选自小学语文课文《找春天》。下面先了解该课的教学设计，然后通过分析该教学设计对课件进行初步构思。

"找春天"教学设计如下。

【教学分析】

《找春天》是一篇描写春天的优美的散文，作者用细腻的笔触点染了一幅生机勃勃、绚丽多姿的春景图。从探头的小草、早开的野花、解冻的小溪、飘摇的风筝等景物中随处可见"春姑娘"娇羞、活泼的身姿，文章结合时节，把孩子们引领到大自然中，让他们在童话般的春天里，感受美好的春光，发现春天的特点，培养其留心观察生活的习惯和热爱大自然的情感。

【教学目标】

(1)知识与技能目标：

①会认9个生字，会写"冲""寻""柳"等9个生字和"害羞""嫩芽""遮遮掩掩"等6个词语。

②能正确、流利、有感情地朗读课文，体会春天的美景，体验投身到大自然怀抱中去的情趣。

(2)情感、态度与价值观目标：热爱春天，养成主动观察、发现身边的美的习惯，培养热爱大自然的情感。

(3)素质目标：激发学生热爱春天的情感，引导学生主动观察、发现。

【教学重点】

识记生字，积累词语，有感情地朗读。

【教学难点】

体会春天的美好，体验投身大自然的情趣，养成主动观察、发现的习惯。

【课前准备】

(1)课前让学生观察春天里事物的变化，收集有关春天的文字和图片资料。

(2)课件。

(3)歌曲《春天在哪里》。

【教学过程】

一、创设情境，激情引趣，激发寻春之愿

(1)提问：一年四季是哪四季？

(2)教师说(引申出春天，阐述春天的气象学含义)：

春天在哪里呢？同学们，让我们随着《春天在哪里》的歌声一起去找找吧！仔细观察的小朋友一定能找到它。

(3)播放歌曲《春天在哪里》。学生边听边唱，表演动作。

二、初读课文，多元识字，初识春之信息

(1)初读课文，读准字音。借助拼音自由读课文，注意读准字音，读完后把课后双横线中的生字多读几遍，圈画出本课的生字。

(2)分类整合，多元识字。

第一组：读一读生字"冲""寻""柳"组成的读音。

第二组：说一说生词"害羞""嫩芽""遮遮掩掩"的含义和造句。

第三组：写一写生词"探出""嫩芽""触到"的近义词。

(3)结合学生生活经验，理解"羞""嫩""触"等字的意思。

三、融情于读，学习课文，开启寻春之旅

(1)跟随视频有感情地整体朗读课文。

(2)轻声自由读课文第1、2自然段，思考：孩子们怀着怎样的心情寻找春天？你是从哪些词语、句子中体会到这种心情的？

(3)学生反馈（急切、欣喜）。

(4)学习课文的第3自然段。整体感知：文中是怎样描写春天的？

①出示句子：春天像个害羞的小姑娘，遮遮掩掩，躲躲藏藏。

②用换词的方法理解"害羞"。想象"害羞的小姑娘"的画面。

③句子中还有哪些词语告诉我们"春姑娘"很害羞？趁机联系生活实际理解"遮遮掩掩"，做动作体会"躲躲藏藏"。指导朗读，两个叠词应读得轻而缓。

(5)自由读课文的第4~7自然段，思考：孩子们找到的春天是什么样的？用下面的句式说一说。孩子们找到了(什么)，它就像是春天的(什么)。引导学生准确地提取出文本中的相关信息。

①根据学生的交流，趁机出示第4~7自然段的句子（板书：小草、野花、嫩芽、小溪）。

②观察四个句子，你发现了什么？引导学生发现四个问句，句式很像：什么景物＋怎么样，那是春天的什么吧？

(6)整合语言，自由表达。用自己的话说一说：我们了解了春天的哪些特点？

四、课后拓展，升华情感

春天就在我们的身边，只要我们有一双善于观察、发现的眼睛，还有一颗热爱大自然、勇于探索的心，就会发现春天。

(1)请你说一说描绘春天的诗句。

竹外桃花三两枝，春江水暖鸭先知。

——苏轼《惠崇春江晚景》

春风又绿江南岸，明月何时照我还？

——王安石《泊船瓜洲》

好雨知时节，当春乃发生。

——杜甫《春夜喜雨》

(2)说一说包含"春"字，描绘春天的成语。

春暖花开　春风送暖　春风拂面　春光无限

满面春风　绿草如茵　春风和气　春光明媚

(3)说一说课文中描绘春天的叠词。

遮遮掩掩　躲躲藏藏　叮叮咚咚

高高兴兴　里里外外　干干净净

(4)课后作业。

①完成课后练习"找找说说"。

②布置作业"读读背背",并摘抄课文中的好词好句,课后积累描写春天的好词好句。
③完成"课堂作业"的第4、5题

五、课外拓展,迁移运用

出示朱自清《春》中的有关段落,让学生阅读。

小草偷偷地从土里钻出来,嫩嫩的,绿绿的。园子里,田野里,瞧去,一大片一大片满是的。坐着,躺着,打两个滚,踢几脚球,赛几趟跑,捉几回迷藏。风轻悄悄的,草软绵绵的。

桃树、杏树、梨树,你不让我,我不让你,都开满了花赶趟儿。红得像火,粉的像霞,白的像雪。花里带着甜味儿;闭了眼,树上仿佛已经满是桃儿、杏儿、梨儿。花下成千成百的蜜蜂嗡嗡地闹着,大小的蝴蝶飞来飞去。野花遍地是:杂样儿,有名字的,没名字的,散在草丛里,像眼睛,还眨呀眨的。

六、实践作业

"我眼中的春天"擂台赛:学生根据自己的特长,任选其一。
读春天:选择课文中自己喜欢的部分读出春天的美。
说春天:结合生活实践描绘自己看到的春天。
写春天:写出自己在春天里的发现。
画春天:把看到的、想到的春天画出来。
演春天:唱唱春天的歌,跳跳春天的舞。

任务二 设计课件脚本

任务描述

课件脚本设计对课件制作具有指导作用。要制作出方便、实用、效果好的课件,不仅需要具备娴熟的课件制作技术,还需要提前做好准备工作,即设计好课件脚本,以确保在制作课件过程中有据可依。

本任务首先介绍设计课件脚本的原则和流程,让读者对设计课件脚本有一个初步的了解,然后介绍如何编写课件脚本及编写注意事项,最后通过任务实施为"找春天"课件设计脚本,让读者在实践中掌握设计课件脚本的技能。

知识储备

一、设计课件脚本的原则

为了使设计出的课件脚本能够真正对后续课件制作起到指导作用,在设计时应遵循以下原则。

1. 目的性

在设计课件脚本前需要明确设计课件脚本的目的是什么，是为突出教学重点，或突破教学难点，还是解决某些用传统教学方法解决不了的教学问题？在明确制作课件脚本的目的后，紧紧围绕这个目的设计课件脚本，这样能够有效避免课件内容脱离主题。

2. 操作性

在设计课件脚本前，需要充分考虑自身所拥有的素材库和制作课件的能力，避免在后续制作课件的过程中找不到所需素材，或自身能力无法完成课件，从而导致浪费大量时间和精力，课件还无法达到预期效果。

3. 科学性

设计课件脚本不需要优美的语言，通常是利用表格形式将相关信息表述清楚。另外，课件脚本的结构应尽量精简，重复使用度较高。这样，能够有效减小后续课件制作的工作量，且便于课件的后续维护。例如，利用文字和图片就能达到良好的效果时，应尽量避免采用过多的动画或交互方式来表现。这样做不仅可以减小工作量、提高工作效率，还可以避免过于复杂的课件效果分散学生注意力。

4. 趣味性

兴趣是最好的老师。在素材选取和信息呈现等方面，应注意突出"新""奇""趣"，全面调动学生眼、耳、口、脑等多种器官，以激发学生的求知欲，从而使学生主动参与到学习活动中。

5. 规范性

规范性原则是指在设计脚本时要考虑课件整体风格的一致性，尽量采用统一的标准格式呈现每个页面的课件内容。

二、设计课件脚本的流程

课件脚本的设计主要包括以下 3 个环节。

1. 明确教学目的，分析教学内容，进行合理选题

课件作为教学的一种辅助手段，它的设计思想一定要与教学目标的要求一致，做到为教学内容服务，只有这样才能达到辅助教学的效果。因此，这一环节主要是要求教师在设计课件脚本前先明确教学目的，深入理解教学内容并进行合理选题。

2. 结合教学内容，选择课件形式

课件形式是指课件对教学内容的呈现方式，如演示型、练习型、模拟型等。选择恰当的课件形式，不仅有利于教师课堂教学，还有利于激发学生的学习兴趣。因此，在确定选题后，应结合教学内容选择恰当的课件形式。

3. 设计课件内容和操作过程

设计课件内容和操作过程环节主要是在前两个环节的基础上，对课件的具体内容和操作进行研究，即对界面使用元素与布局、文字信息的呈现、色彩的搭配、音响的效果、动画和视频的要求、页面切换方式及人机交互方式等进行深入研究与设计。

三、编写课件脚本

俗话说，"磨刀不误砍柴工"，只有先确保课件脚本的质量，才能在制作课件时达到事半功

倍的效果。编写课件脚本的过程实际就是将设计课件脚本过程中的各种想法以书面的形式呈现出来。课件脚本主要包括文字脚本和卡片式脚本两方面的内容。

1. 文字脚本

文字脚本相当于简单的教案，通常是利用文字进行表述，其内容主要包括课件名称、教学目标、创作平台、创作思路、课件结构图等，见表1-2。

表1-2 文字脚本

课件名称	
教学目标	
创作平台	
创作思路	
课件结构图	

2. 卡片式脚本

卡片式脚本是以卡片的形式，具体说明课件制作过程中需要用到的多媒体素材、动画效果、交互方式等，见表1-3。

表1-3 卡片式脚本

页面序号		页面内容简要说明	
页面内容	该区域主要用于描述当前页面所要呈现的文字、图片、视频等信息。需要注意的是，在描述时应尽量以示意图的形式表达		
说明	该区域主要用于描述"页面内容"中无法呈现的内容及操作方法，如动画效果、页面切换等		

四、编写课件脚本的注意事项

为了使后续制作出的课件更为实用且效果精美，在编写课件脚本时需要注意以下两个方面。

1. 课件脚本不是教案

很多人编写的课件脚本都是教案式的，即描述的往往是授课过程，看起来很完整、具体，但不利于后续课件的实际制作。因此，课件制作人员在设计课件脚本时应避免将课件脚本"教案化"。

2. 避免资料堆砌

很多人在设计课件脚本时，往往会将课件所需要的材料全部堆砌在"页面内容"中，造成课件脚本内容主次不分、内容繁多，这样设计出的课件脚本对后续制作课件没有任何指导作用。因此，在编写"页面内容"时正确的做法应该是将所需材料重新进行组织，利用文字描述或图形表现的形式突出重点内容即可。

任务实施 为"找春天"课件设计脚本

通过分析"找春天"教学设计对课件进行初步构思后，接下来就要为该课件编写脚本，具体如图1-6所示。

项目一　PowerPoint 2016 课件制作基础知识

课件名称	"找春天"		
教学目标	(1)会认9个生字，会写9个生字。 (2)正确、流利、有感情地朗读并背诵课文，体会春天的美景，体验投身到大自然怀抱中的情趣。 (3)热爱春天，愿意去观察、发现		
创作平台	PowerPoint 2016		
创作思路	《找春天》是一篇描写春天的优美的散文，作者用细腻的笔触点染了一幅生机勃勃、绚丽多姿的春景图。从探头的小草、早开的野花、解冻的小溪、飘摇的风筝等景物中随处可见"春姑娘"娇羞、活泼的身姿，文章结合时节，把孩子们引领到大自然中，让他们在童话般的春天里，感受美好的春光，发现春天的特点，培养其留心观察生活的习惯和热爱大自然的情感		
课件结构图	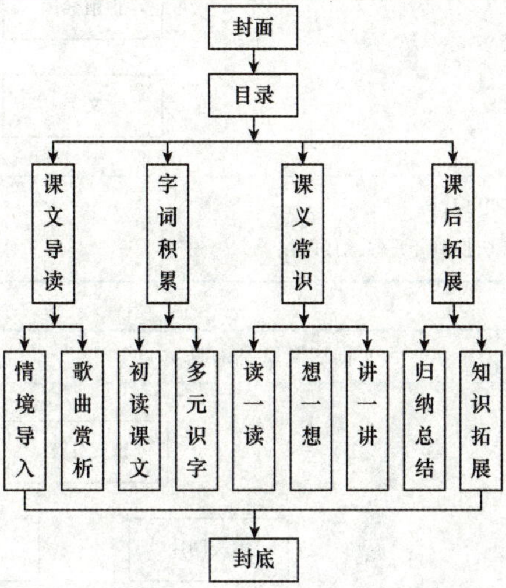 封面→目录→（课文导读、字词积累、课义常识、课后拓展）→（情境导入、歌曲赏析、初读课文、多元识字、读一读、想一想、讲一讲、归纳总结、知识拓展）→封底		
页面序号	1	页面内容简要说明	封面
页面内容	 主标题		
说明	(1)主标题(春天、找)依次进入。 (2)单击切换到下一页幻灯片		
页面序号	2	页面内容简要说明	目录
页面内容	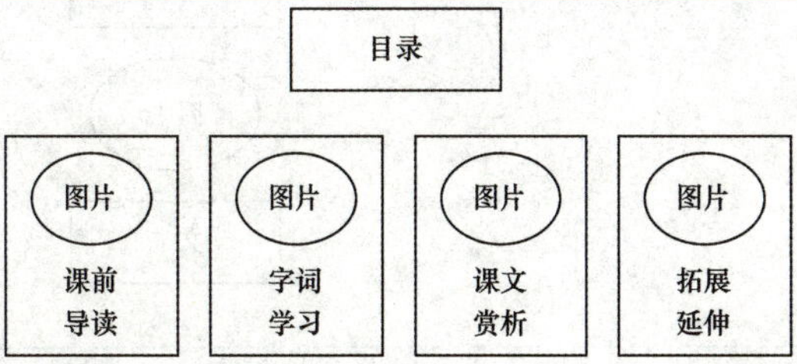 目录 图片 课前导读　图片 字词学习　图片 课文赏析　图片 拓展延伸		
说明	(1)图片和目录文字同时出现。 (2)单击切换到下一页幻灯片		

图1-6　"找春天"课件脚本

页面序号	3	页面内容简要说明	课前导读
页面内容		课前导读	
说明	单击切换到下一页幻灯片		

页面序号	4	页面内容简要说明	课前导读
页面内容		课前导读 文字	
说明	(1)文字出现。 (2)单击切换到下一页幻灯片		

页面序号	5	页面内容简要说明	课前导读
页面内容		课文导读 春天图片　　夏天图片 秋天图片　　冬天图片	
说明	(1)春天、夏天、秋天和冬天图片依次出现。 (2)单击切换到下一页幻灯片		

页面序号	6	页面内容简要说明	课前导读
页面内容		课文导读 图片 文字	
说明	(1)图片、文字依次出现。 (2)单击切换到下一页幻灯片		

图1-6 "找春天"课件脚本(续)

页面序号	7	页面内容简要说明	课前导读
页面内容		课前导读 儿童图片 文字	
说明	(1)文字和儿童图片依次出现。 (2)单击切换到下一页幻灯片		

页面序号	8	页面内容简要说明	字词学习
页面内容		字词学习	
说明	单击切换到下一页幻灯片		

页面序号	9	页面内容简要说明	字词学习
页面内容	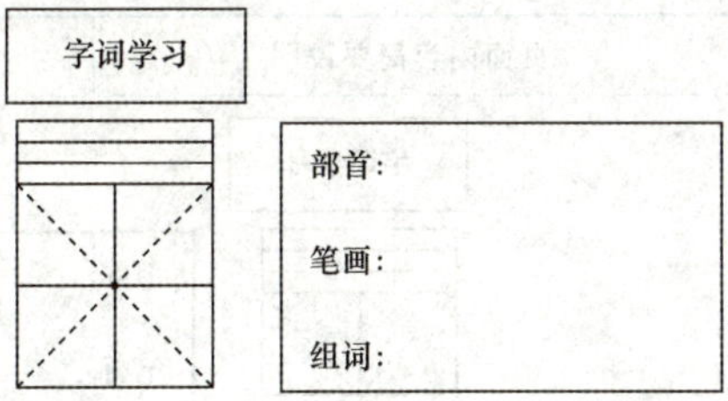	字词学习 部首： 笔画： 组词：	
说明	(1)"冲"字的书写动画、拼音、部首、笔画、组词依次出现。 (2)单击切换到下一页幻灯片		

页面序号	10	页面内容简要说明	字词学习
页面内容	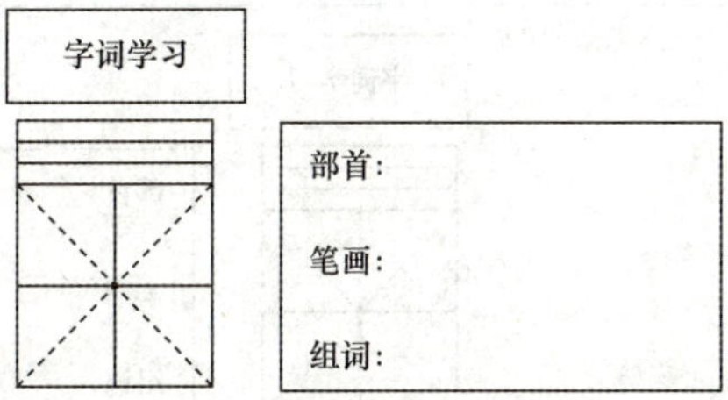	字词学习 部首： 笔画： 组词：	
说明	(1)"寻"字的书写动画、拼音、部首、笔画、组词依次出现。 (2)单击切换到下一页幻灯片		

图1-6 "找春天"课件脚本(续)

页面序号	11	页面内容简要说明	字词学习
页面内容	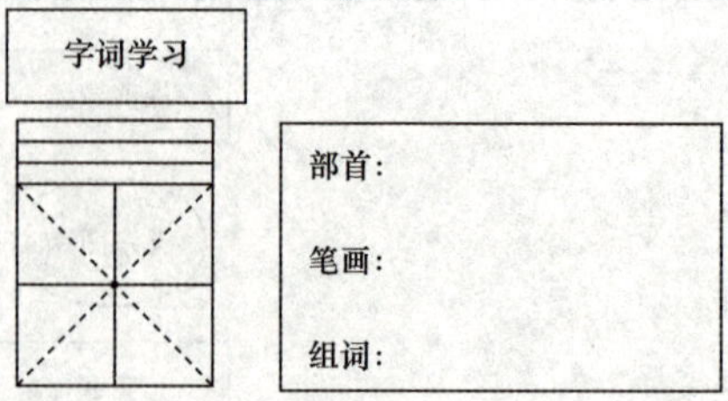	字词学习 部首： 笔画： 组词：	
说明	(1)"姑"字的书写动画、拼音、部首、笔画、组词依次出现。 (2)单击切换到下一页幻灯片		

页面序号	12	页面内容简要说明	字词学习
页面内容	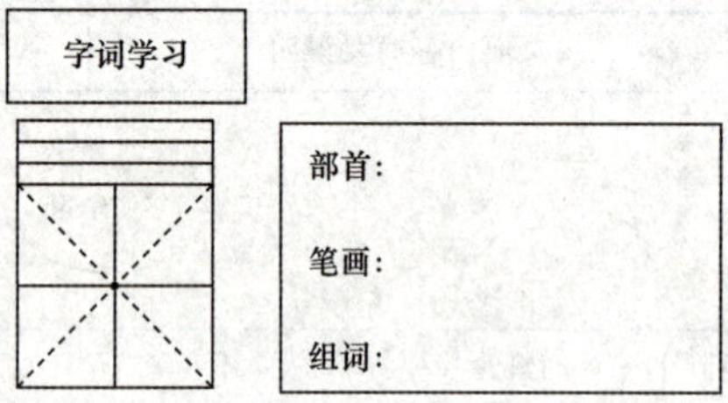	字词学习 部首： 笔画： 组词：	
说明	(1)"娘"字的书写动画、拼音、部首、笔画、组词依次出现。 (2)单击切换到下一页幻灯片		

页面序号	13	页面内容简要说明	字词学习
页面内容	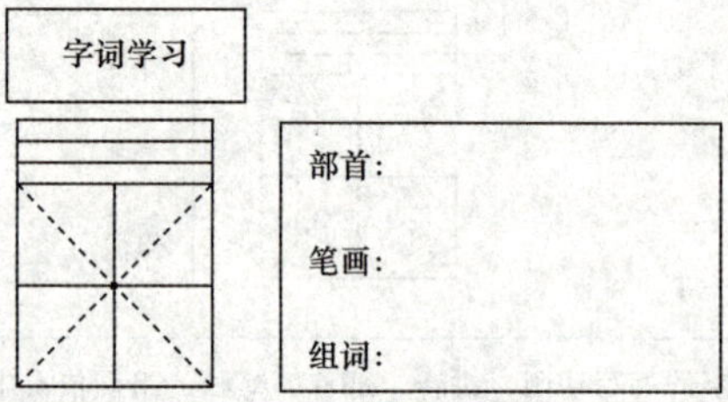	字词学习 部首： 笔画： 组词：	
说明	(1)"吐"字的书写动画、拼音、部首、笔画、组词依次出现。 (2)单击切换到下一页幻灯片		

页面序号	14	页面内容简要说明	字词学习
页面内容	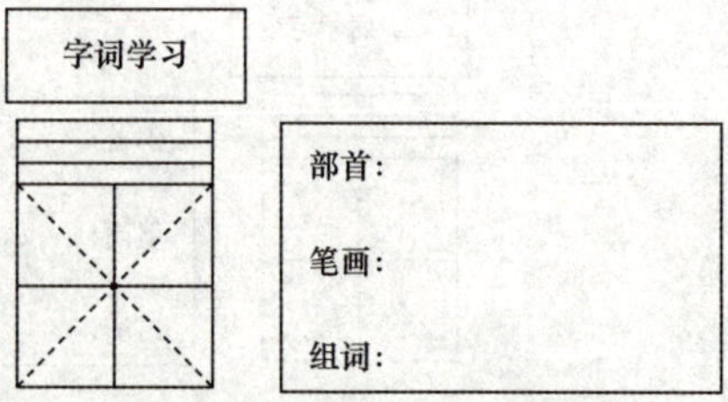	字词学习 部首： 笔画： 组词：	
说明	(1)"柳"字的书写动画、拼音、部首、笔画、组词依次出现。 (2)单击切换到下一页幻灯片		

图 1-6 "找春天"课件脚本(续)

页面序号	15	页面内容简要说明	字词学习
页面内容	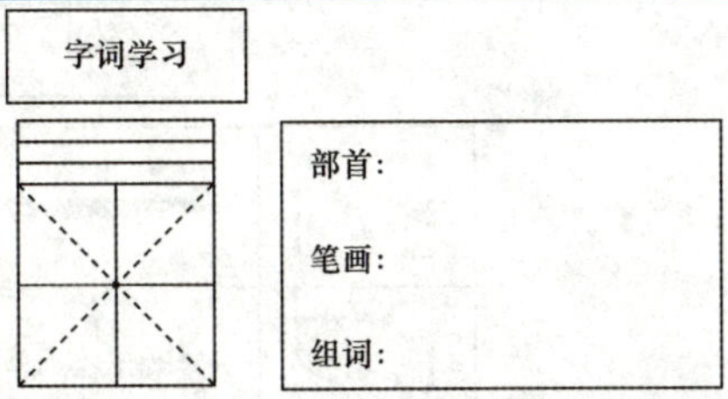	(字词学习版面示意图：左侧田字格，右侧"部首：/笔画：/组词："栏)	
说明	(1)"荡"字的书写动画、拼音、部首、笔画、组词依次出现。 (2)单击切换到下一页幻灯片		

页面序号	16	页面内容简要说明	字词学习
页面内容	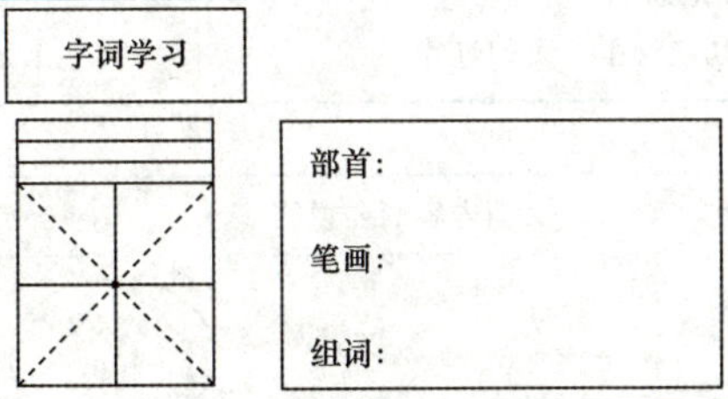	(字词学习版面示意图：左侧田字格，右侧"部首：/笔画：/组词："栏)	
说明	(1)"桃"字的书写动画、拼音、部首、笔画、组词依次出现。 (2)单击切换到下一页幻灯片		

页面序号	17	页面内容简要说明	字词学习
页面内容	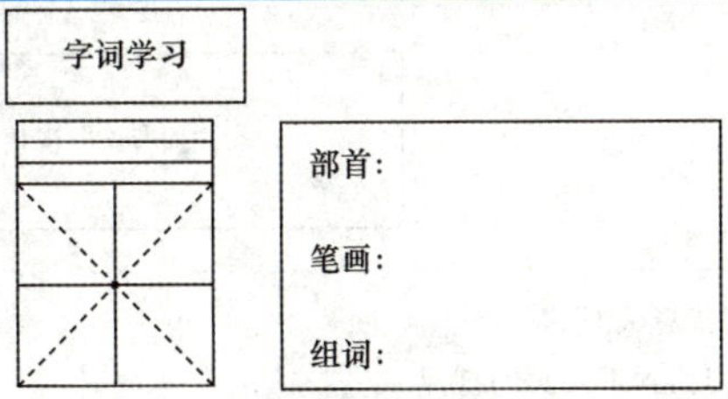	(字词学习版面示意图：左侧田字格，右侧"部首：/笔画：/组词："栏)	
说明	(1)"杏"字的书写动画、拼音、部首、笔画、组词依次出现。 (2)单击切换到下一页幻灯片		

页面序号	18	页面内容简要说明	词语积累
页面内容	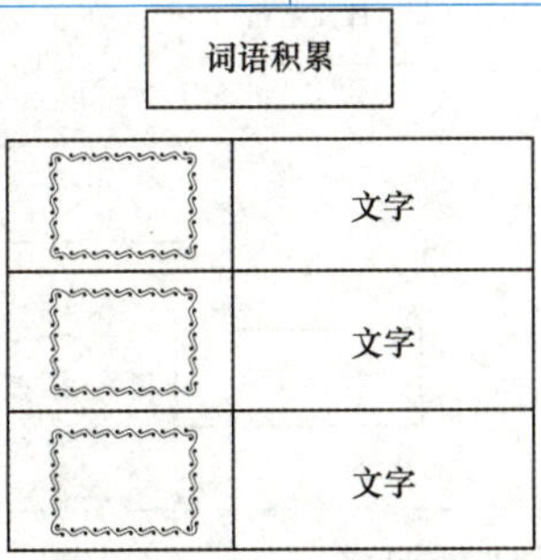	(词语积累版面示意图：三行图片与文字对应布局)	
说明	(1)图片、文字依次出现。 (2)单击切换到下一页幻灯片		

图1-6 "找春天"课件脚本(续)

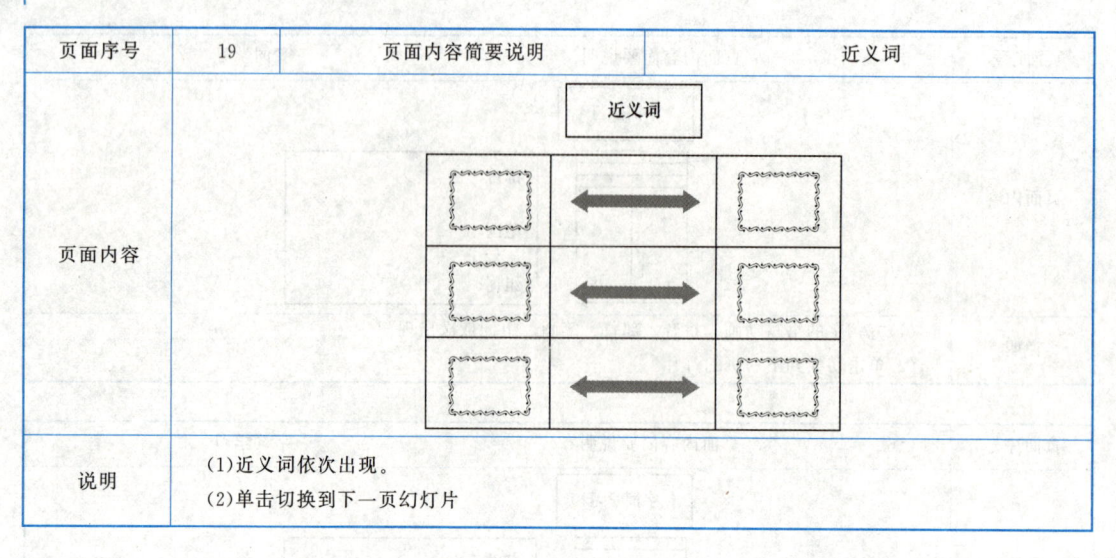

页面序号	19	页面内容简要说明	近义词
页面内容			
说明	(1)近义词依次出现。 (2)单击切换到下一页幻灯片		

页面序号	20	页面内容简要说明	课文赏析
页面内容			
说明	单击切换到下一页幻灯片		

页面序号	21	页面内容简要说明	课文赏析——"找春天"课文视频
页面内容	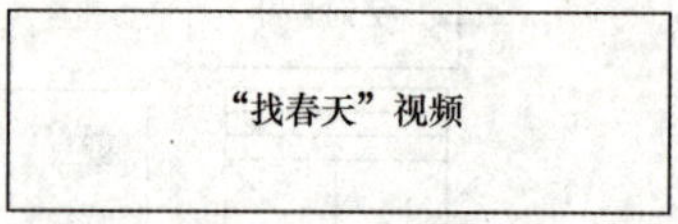		
说明	(1)播放"找春天"视频。 (2)单击切换到下一页幻灯片		

页面序号	22	页面内容简要说明	课文赏析
页面内容			
说明	(1)文字、儿童图片依次出现。 (2)单击切换到下一页幻灯片		

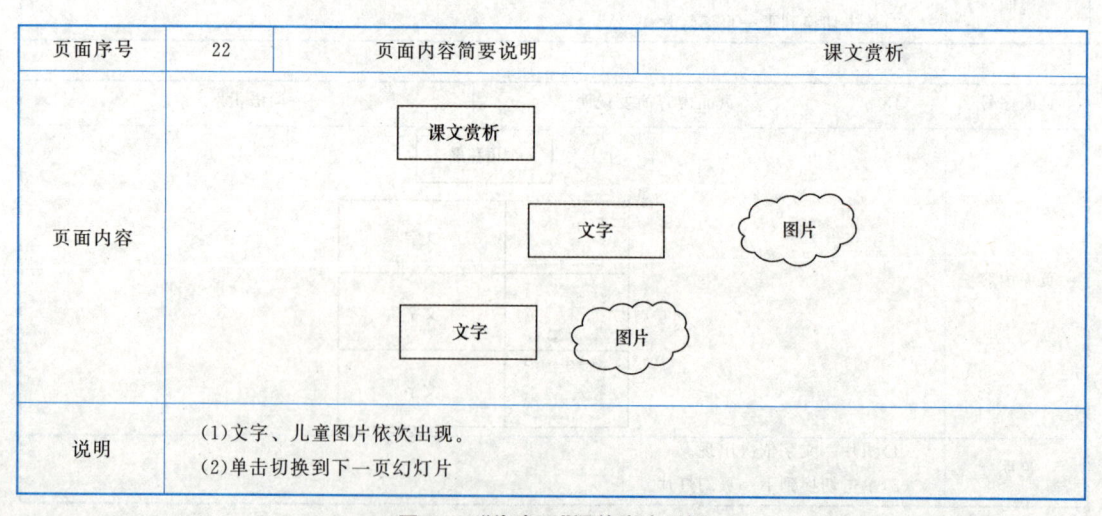

图 1-6 "找春天"课件脚本(续)

页面序号	23	页面内容简要说明	课文赏析
页面内容		课文赏析 文字 文字	
说明	(1)第3段文字依次出现。 (2)单击切换到下一页幻灯片		

页面序号	24	页面内容简要说明	课文赏析
页面内容		课文赏析 文字 文字	
说明	(1)第4段文字依次出现。 (2)单击切换到下一页幻灯片		

页面序号	25	页面内容简要说明	主旨归纳
页面内容		主旨归纳 文字	
说明	(1)课文赏析、小姑娘、小草等文字依次出现。 (2)单击切换到下一页幻灯片		

页面序号	26	页面内容简要说明	拓展延伸
页面内容		拓展延伸	
说明	单击切换到下一页幻灯片		

图1-6 "找春天"课件脚本(续)

页面序号	27	页面内容简要说明	拓展延伸
页面内容		拓展延伸 文字 诗句	
说明	(1)文字、诗句依次出现。 (2)单击切换到下一页幻灯片		

页面序号	28	页面内容简要说明	拓展延伸
页面内容		拓展延伸 文字 成语	
说明	(1)文字、成语依次出现。 (2)单击切换到下一页幻灯片		

页面序号	29	页面内容简要说明	拓展延伸
页面内容		拓展延伸 文字 叠词	
说明	(1)文字、叠词依次出现。 (2)单击切换到下一页幻灯片		

页面序号	30	页面内容简要说明	课后作业
页面内容		课后作业 作业 1. 2. 3.	
说明	(1)课后作业依次出现。 (2)单击切换到下一页幻灯片		

图1-6 "找春天"课件脚本(续)

页面序号	31	页面内容简要说明	封底
页面内容		主标题	
说明	(1)"下课"文字出现。 (2)单击结束课件放映		

图1-6 "找春天"课件脚本(续)

项目实训

为"狐狸的清白"课件设计脚本

"狐狸的清白"是一则寓言故事，主要讲述了自诩清白的狐狸被土拨鼠揭穿真面目的故事。下面请读者设计课件"狐狸的清白"的脚本，其内容需要涵盖"课前导读""字词学习""深入探究""中心思想"4个模块。

提示：
(1)先编写课件"狐狸的清白"的文字脚本，并列出该课件的整体结构图，梳理其主要模块。
(2)使用卡片式脚本依次编写封面、目录、正文和封底等页面的脚本。

项目二

PowerPoint 2016 课件的界面设计

教学与学习目标

学习目标：

1. 通过学习 PowerPoint 2016 的界面设计技巧，激发学生对美的感知与鉴赏能力，培养符合时代审美潮流、体现民族特色的设计风格，助力形成良好的审美观。

2. 培养学生自主学习、自我更新知识结构的能力，鼓励他们在技术日新月异的背景下，保持对新技术、新工具的关注与学习，养成持续创新的习惯，以适应未来职业发展的需要。

3. 鼓励学生在遵循设计规范的同时，敢于突破常规，运用创新思维进行个性化界面设计，培育勇于探索、敢于创新的精神风貌。

4. 组织小组项目，让学生在共同完成 PowerPoint 2016 课件界面设计任务的过程中，学会倾听他人意见、协调分歧、共享成果，提升团队合作精神。

项目导读：

课件的界面设计是影响课件质量的主要因素之一。本项目首先介绍课件界面设计基础知识，讲解如何设计课件的界面才能使其更美观、实用；然后介绍 PowerPoint 2016 中主题、版式和母版等功能的应用。这些功能是设计课件界面的基础，在制作课件具体内容前，一般需要先利用它们设计课件的整体风格。

任务一 课件界面设计基础知识

任务描述

本任务首先介绍课件界面设计的一些基础知识，包括课件界面设计的原则、课件界面设计的三大要素、课件界面设计的主要内容，以及课件界面设计中常见问题及其解决办法，然后通过任务实施——赏析优秀课件界面，使读者理解所学知识在实践中的应用。

项目二　PowerPoint 2016 课件的界面设计

> 知 识 储 备

一、课件界面设计的原则

为了使课件界面设计既美观，又符合教学需要，在设计时需遵循一定的原则。

1. 一致性

课件界面设计的一致性是指整个课件的界面有整体上的一致感，具体表现在以下两个方面。

(1)同一课件中，需将所有页面中文字的字体、字号、色彩、排版等在一定程度上保持一致。例如，同一级别的文字，其字体、字号、色彩需保持一致(需要重点强调的除外)。

(2)同一课件中，对于功能相同的控制元素(如按钮)，需要在形象和格式方面力求一致。

2. 简洁性

简洁性原则要求教师在设计课件界面时，文字应用需准确、简单、明了，避免过于烦琐。例如，在编写标题、提示词等文字内容时，应尽量使用简短、准确的语言来描述。另外，在制作图标、按钮等控制元素时，应在尽量接近课件主题的同时，使用简洁、大方、美观的图形图片来实现。

3. 留白

留白是在遵循简洁性原则的基础上，使界面疏密有致、条理清晰，避免出现"满"和"挤"等情况。其实质是适当在界面中留有空白。需要注意的是，空白并不代表什么都没有，相对统一的填充色、图案等都可称为留白，如图 2-1 所示。

图 2-1　课件界面设计中的留白效果

4. 突出重点

突出重点是指在设计课件界面时应突出课程的教学内容，力求让学生一目了然，这样才能真正发挥课件的实际用途。这就要求在设计课件界面时遵循"以教学内容为主，设计形式服从内容"的原则，即优先考虑课件的教学内容是什么，以哪种形式呈现才能将其醒目地表现出来等问题，再考虑课件界面的美观程度。

二、课件界面设计的要素

对课件的界面进行设计，其实质就是设计文字、图片和图形三大要素在页面中的布局及呈现效果。下面简单介绍这三大要素在课件界面设计中的作用。

21

1. 文字

文字是课件界面设计的"点睛之笔"。在设计课件界面时，为防止课件界面中内容过多，导致课件缺乏设计感，或出现重点不明、字体不清等情况，应避免同一页面中出现大量文字。

2. 图片

在制作课件时，图片除可以作为教学内容（图 2-2），还经常用于美化课件界面。无论是作为教学内容还是美化课件界面的图片，都应注意其质量，避免放大后模糊不清，影响课件的教学效果和美观度。另外，还需避免使用色彩绚丽且层次丰富的图片作为背景，以免喧宾夺主，影响文字内容的效果，造成学生忽略教学重点。

图 2-2　以图片作为教学内容

3. 图形

在设计课件界面时，为了使其条理清晰、层次分明、重点突出和美观，经常会利用图形来划分页面的空间和层次，或制作结构图和流程图等，如图 2-3 所示。需要注意的是，在利用图形美化课件界面时，应使其风格与课件的整体风格统一。

图 2-3　图形在课件界面中的应用

三、课件界面设计的主要内容

课件界面设计的主要内容是指从整体风格、主题颜色、结构布局及封面与封底设计 4 个方面对文字、图片、图形进行设计。

1. 整体风格

每个课件都有自己独特的风格，其主要由课程特色、教学内容等要素所决定。这就要求教师在确定课件风格时，需要从学生的年龄特点、学习内容等方面进行考虑，这样才能提高课件的整体质量。图 2-4 和图 2-5 分别为小学数学课件和小学语文课件,其整体风格一个倾向清新、活泼,一个倾向中国风,符合学生的年龄特点和教学内容。从这两个课件可以看出,针对不同年龄、不同年级、不同科目等情况所制作出来的课件各有特色。

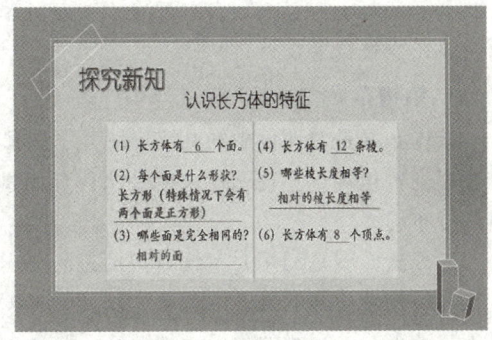

(a)   (b)

图 2-4　小学数学课件

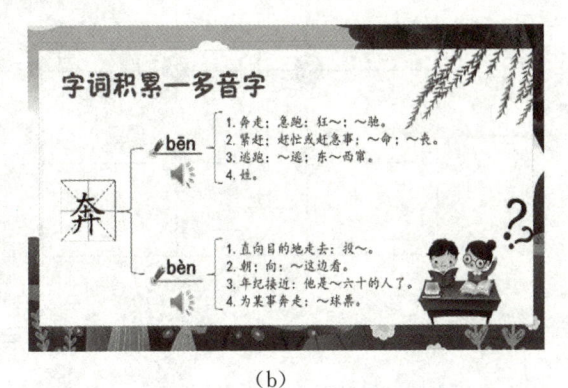

(a)   (b)

图 2-5　小学语文课件

2. 主题颜色

主题颜色是指整个课件所运用的主色调。在制作课件时,恰当地使用颜色可以增强课件的吸引力,激发学生的学习兴趣,而不合理的颜色应用不仅会让学生视觉疲劳,还会分散学生的注意力。这就要求在制作课件应用主题颜色时注意以下几个方面。

(1)课件界面整体色调的风格应统一。

(2)用于区分、强调、指示的颜色种类应尽量少。

(3)同一页面中的颜色种类应避免过多,否则会使其课件界面效果显得凌乱。

(4)选用的颜色应尽量避免过于鲜艳,以免刺激眼睛,引起视觉疲劳。

知识链接

在课件中使用多种颜色时,可使用以下颜色搭配方案。

(1)同类色搭配:如深蓝色与浅蓝色、红色与橙红色搭配。同类色搭配的优点是画面显得协调、统一;缺点是由于色彩相同,容易产生平淡、单调的感觉。

(2)近似色搭配:如红色与黄色、黄色与绿色搭配。近似色搭配的特点是颜色既有对比,又相互调和,在视觉关系上能做到清晰明朗、层次丰富。

(3) 对比色搭配：是指差异较大的颜色搭配，如红色与蓝色、橙色与绿色搭配。对比色搭配的特点是视觉效果强烈，画面层次清楚，容易突出主体。

(4) 互补色搭配：是指差异最大的颜色搭配，如红色与绿色、蓝色与橙色搭配。互补色搭配的特点是画面对比强烈，很容易吸引人的注意力，但如果搭配不当，则容易使人产生烦躁的感觉，因此应谨慎使用。

3. 结构布局

结构布局是对课件中的文字、图片、图形等要素进行整体布局、统筹安排，使其主次分明，符合视觉传达规律。这就要求在对课件界面进行结构布局时具备一定的技巧，如利用三分法构图进行布局。

三分法构图是利用井字线对页面进行划分，井字线分割的交叉点就是页面的视觉中心，是最容易引发学生视觉兴趣的位置。因此，在对课件界面进行结构布局时，可将课件的重要信息置于交叉点或井字线的附近，如图 2-6 所示。

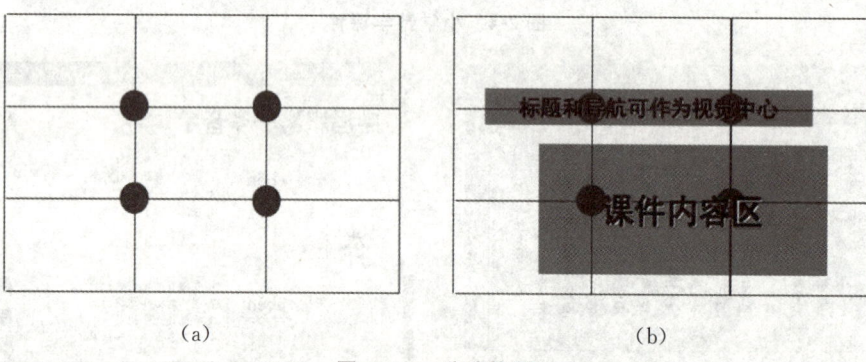

(a)　　　　　　　　　　(b)

图 2-6　三分法构图

4. 封面与封底设计

为课件设计封面时，其页面效果应简明扼要，以呈现必要信息为主，具体表现在两个方面。
(1) 课件的封面设计应精巧、有趣、简明；
(2) 不要把使用说明、菜单、学习内容等放在封面中。
图 2-7 所示为不同课件的封面效果。

(a)　　　　　　　　　　(b)

图 2-7　不同课件的封面效果

封底是指课件的最后一页，其效果通常与封面类似。两者的区别在于，封面主要用于添加课件名称和制作人等信息，封底则用于添加感谢语或结束语等，如图 2-8 所示。

项目二　PowerPoint 2016 课件的界面设计

（a）　　　　　　　　　　　　（b）

图 2-8　不同课件的封底效果

四、课件界面设计的常见问题

1. 画面色彩问题

很多教师对色彩理论方面的知识缺乏了解，从而导致课件界面设计的色彩搭配容易出现画面选择的颜色与主题明显不符、颜色选择过多且搭配不合理等问题。

解决方法和策略如下。

在制作课件时先根据课件的主题选择一个合理的主色调，然后在对界面进行色彩搭配时尽量使用靠近主色调的颜色。另外，还可以参考配色方面的书籍来获取更多的配色方案。需要注意的是，在制作课件时同一页面中应避免出现 4 种及以上的颜色。

2. 页面风格统一问题

页面风格不统一是课件界面设计的常见问题，主要表现在两个方面：不同页面的风格不统一，如各个页面中的背景图片、标题文字等差异较大；同一页面内元素风格不统一，如交互按钮与画面风格不一致。

解决方法和策略如下。

(1)确保各个页面的背景图片、标题文字等，从风格到色彩统一。

(2)从细节方面考虑，确保细节元素和艺术文字等不仅要与当前页面的风格统一，还应注意前后页面使用一致的问题。例如，设计具有相同功能的"返回目录"按钮时，需确保同一课件中所有用于表现该功能的按钮外观相同。

3. 字体与字号问题

有的教师在设计课件界面时，文字内容的字体、字号使用比较随意，导致课件整体效果凌乱、重点内容不突出、画面缺乏美观度等问题。

解决方法和策略如下。

(1)同一页面中所使用的文字字体尽量不要超过 3 种。

(2)不同页面中级别相同的文字内容，其字体和字号需要保持一致。

(3)文字以突出主要内容为主，标题一般采用较粗且字号较大的文字，正文采用较细且字体较小的文字。

【任务实施】优秀课件界面赏析

课件界面设计的好坏并没有统一的评判标准，只要在整体上遵循统一、简洁、易用等原则即可。下面欣赏两组课件并分析它们各自的特色。

图 2-9 所示为语文课件"田园诗情"的封面和内容页，从这两个页面可以看出，其主题颜色整体呈淡蓝色调，给人以清新、淡雅的感觉，不仅表现出田园的幽静，还使整个界面的设计风格与课件主题相符，给人耳目一新的感觉。

图 2-9　语文课件"田园诗情"

图 2-10 所示为党风课件"少先队员学习二十大"的内容页，中国红主题恰好与内容相符。背景配上独特的雕像和建筑元素不仅使课件的界面设计贴合主题，还使其整体风格协调、统一。

(a)　　　　　　　　　　　　(b)

图 2-10　党风课件"少先队员学习二十大"

由上述两组课件界面设计可以看出，课件界面设计的风格主要是由教学内容所决定的。因此，在设计课件界面时需优先考虑教学内容，这样才能制作出既美观又实用的课件界面。

任务二　应用主题、版式和母版

任务描述

本任务首先介绍在 PowerPoint 2016 中应用主题、版式和母版的方法，然后通过任务实施——为课件"找春天"和"长方形、正方形的面积计算"设置母版，读者可掌握这 3 个功能在课件制作中的应用。

知识储备

一、应用主题

主题是指主题颜色、主题字体和主题效果等格式的集合。其作用是使课件中所有新插入的

（或原有保持默认设置的）文字、图形、表格、图表，以及幻灯片背景等自动与该主题匹配，从而使课件具有一致且专业的外观。

PowerPoint 2016 为用户提供了许多内置主题，要应用某一主题，只需要在"设计"选项卡"主题"组中选择即可，所选主题将应用于课件中的所有幻灯片。

在制作课件过程中，如果想为该课件单独设置主题颜色、主题字体或主题效果等，可单击"设计"选项卡"变体"组中的"其他"按钮，然后在弹出的下拉列表中根据需要设置内容，分别在"颜色""字体""效果"和"背景样式"子列表中进行选择，如图 2-11 所示。

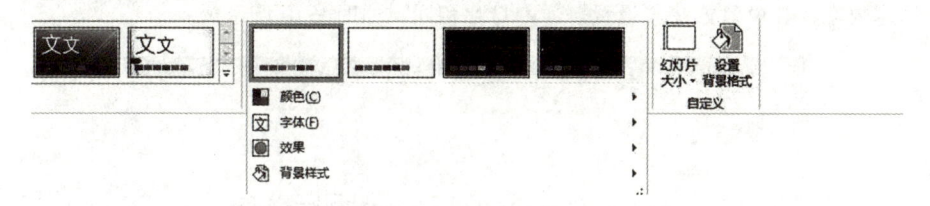

图 2-11　设置主题的颜色、字体、效果和背景样式

二、应用版式

版式主要用于设置幻灯片中各元素的布局。根据当前幻灯片所表达内容的不同，合理安排其版式有助于提高课件的制作效率和演示效果。

PowerPoint 2016 为用户提供了标题幻灯片、标题和内容、节标题、两栏内容、比较、仅标题、空白、内容与标题、图片与标题、标题和竖排文字、竖排标题与文本 11 种幻灯片版式。用户可在新建幻灯片时为其指定版式，只需单击"开始"选项卡"幻灯片"组的"新建幻灯片"按钮，在弹出的下拉列表中选择即可；如果需要更改幻灯片版式，可单击"幻灯片"组中的"版式"按钮，然后在弹出的下拉列表中选择需要的版式，如图 2-12 所示。

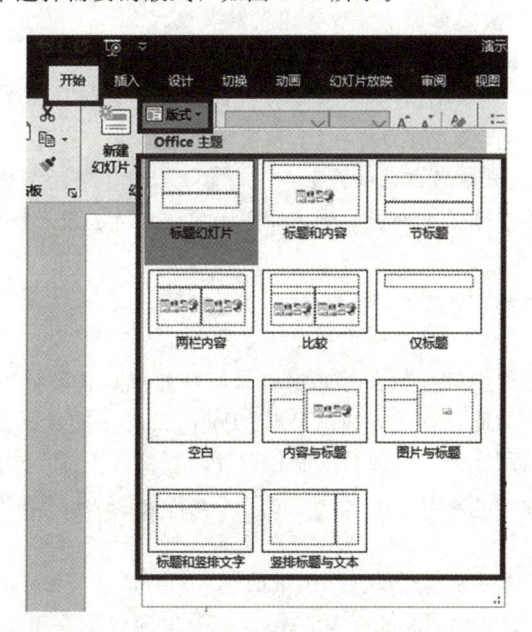

图 2-12　设置幻灯片版式

三、应用母版

制作课件时，经常需要为多张幻灯片设置一些相同的内容或格式，以使课件风格统一，如背景、导航、文字格式等。如果在每张幻灯片中重复设置这些内容，无疑会浪费很多时间。此时可利用 PowerPoint 2016 中的母版功能快速对这些内容进行统一设定。

幻灯片母版的设置方法如下。单击"视图"选项卡"母版视图"组中的"幻灯片母版"按钮，切换至幻灯片母版视图，然后在左侧的版式选择窗格选择要设置的版式，在右侧编辑区设置所选版式的具体内容，其设置方法与设置普通幻灯片相同，如图 2-13 所示。

图 2-13　幻灯片母版视图

知识链接

PowerPoint 2016 中除幻灯片母版外，还有讲义母版和备注母版。单击"视图"选项卡"母版视图"组中的相应按钮可切换到这两个母版视图，对其进行编辑。

（1）讲义母版主要在将课件打印成书面讲义时使用，具体流程如下。在讲义母版视图中设置讲义的页眉、页脚、日期、页码、背景、每页排列的幻灯片数量、讲义方向（纸张方向）等，然后切换到"文件"→"打印"界面，在"幻灯片"下拉列表中选择讲义的打印版式，打印讲义。

（2）备注母版的作用是方便用户在课件上备注内容，以便为演示者提供实时的提示和参考信息。需要注意的是，在备注母版中设置的格式或添加的信息将应用于所有幻灯片的备注页。

任务实施　为课件"找春天"设置母版

课件"找春天"所包含的幻灯片较多，如果每张幻灯片都重新设计、制作，会耗费课件制作人员极大的时间和精力。为此，本任务利用 PowerPoint 2016 中的母版功能，统一设置该课件的整体风格和各幻灯片的共用元素，方便后续制作课件时直接套用，具体操作如下。

步骤 1　启动 PowerPoint 2016 后，选择"空白演示文稿"选项，如图 2-14 所示，创建一个空白演示文稿。

步骤 2　单击"视图"选项卡"母版视图"组中的"幻灯片母版"按钮，切换至幻灯片母版视图。

步骤 3　选中第 2 页幻灯片，单击鼠标右键，在弹出的快捷菜单中选择"设置背景格式"选项，打开"设置背景格式"窗格，如图 2-15 所示。

图 2-14　创建空白演示文稿

图 2-15　打开"设置背景格式"窗格

温馨提示　需要注意的是，幻灯片母版视图下的版式选择窗格中有多个母版。其中，第1个母版称为"幻灯片母版"，对该母版进行设置后，所设置的内容和格式均会应用于当前演示文稿中的所有幻灯片上；在"幻灯片母版"下方列出的是该母版的版式（子母版）。将鼠标光标移至某个版式上会显示该版式的名称。对某个版式进行设置后，该设置将会应用到所有使用该版式的幻灯片中。

步骤4　如图 2-16 所示，选择填充方式为"图片或纹理填充"，然后单击"文件"按钮，在打开的"插入图片"对话框中选择本书配套素材"素材与实例"→"项目二"→"任务二"→"找春天"文件夹中的"背景_1.jpg"图片，单击"插入"按钮，这样背景就由图片填充，效果如图 2-17 所示。

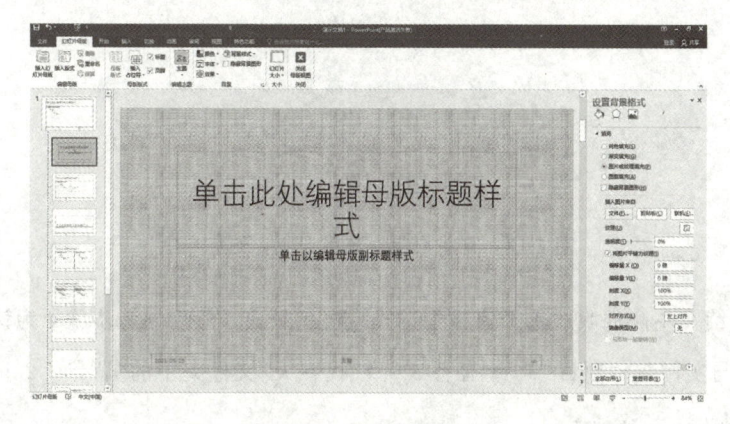

图 2-16　设置背景格式

图 2-17　插入图片

步骤 5　单击"设置背景格式"窗格中的"全部应用"按钮,将该背景应用到演示文稿的所有幻灯片中,如图 2-18 所示。

图 2-18　将图片背景应用到所有幻灯片中

步骤 6　继续在左侧的版式选择窗格中选择"空白"版式,然后参考步骤 4 为该版式指定本书配套素材"素材与实例"→"项目二"→"任务二"→"找春天"文件夹中的"背景 _ 2.jpg"图片作为其背景效果,如图 2-19 所示。

项目二　PowerPoint 2016 课件的界面设计

图 2-19　设置"空白"版式的背景效果

步骤 7　设置"内容页"版式的主题字体。单击"背景"组中的"字体"按钮，然后在弹出的下拉列表中选择"自定义字体"选项，将弹出"新建主题字体"对话框。在该对话框的"中文"设置区将"标题字体"设为"方正少儿简体"，"正文字体"设为"楷体"，然后在"名称"框中将该主题字体命名为"找春天"，最后单击"保存"按钮，如图 2-20 所示。

图 2-20　设置主题字体

温馨提示　本书配套素材"素材与实例"→"字体"文件夹中提供了本书案例中使用的外部字体，包括"方正卡通简体"。用户可将这些字体复制到系统盘的"Windows"→"Fonts"文件夹中，这样就可以在 PowerPoint 2016 中选择这些字体了。

步骤 8　设置好母版后，单击"幻灯片母版"选项卡"关闭"组中的"关闭母版视图"按钮，退出幻灯片母版视图。

温馨提示　母版编辑完成后，如果要将某个版式应用到某幻灯片中，可在该幻灯片的缩略图上右击[①]并在弹出的快捷菜单中选择"版式"选项，然后在弹出的子列表中根据需要选择合适的版式即可。

步骤 9　保存文件，在功能区依次选择"文件"→"另存为"→"浏览"选项，在打开的"另存为"对话框中将课件命名为"找春天"并保存。

---

① 为了简便起见，本书以"右击"表示"单击鼠标右键"或"用鼠标右键单击"。

PowerPoint 2016 课件设计与制作项目化教程

任务实施 为课件"长方形、正方形的面积计算"设置母版

步骤 1 启动 PowerPoint 2016 后，依次选择"新建"→"空白演示文稿"选项，创建一个空白演示文稿。

步骤 2 单击"视图"选项卡"母版视图"组中的"幻灯片母版"按钮，切换至幻灯片母版视图。

步骤 3 在左侧的版式选择窗格中选择"空白"版式，右击，在弹出的快捷菜单中选择"设置背景格式"选项，打开"设置背景格式"窗格。

步骤 4 在"设置背景格式"窗格中选择"图片或纹理填充"单选按钮，然后单击"文件"按钮，在打开的"插入图片"对话框中选择本书配套素材"素材与实例"→"项目二"→"任务二"→"长方形、正方形的面积计算"文件夹中的"背景1.png"图片，最后单击"插入"按钮。此时，"空白"版式的背景效果为"背景1.png"图片的效果。

步骤 5 继续在左侧的版式选择窗格中选择"仅标题"版式，然后参考步骤 4 为该版式指定本书配套素材"素材与实例"→"项目二"→"任务二"→"长方形、正方形的面积计算"文件夹中的"背景2.png"图片作为其背景效果。

步骤 6 选中"仅标题"版式中的标题占位符，将鼠标光标移至该标题占位符右侧的控制点上，当鼠标光标呈"⇔"形状时，按住鼠标左键向左拖动，适当调整标题占位符的宽度，然后将其拖至当前版式的空白区域，最终效果如图 2-21 所示。

图 2-21 调整标题占位符后的最终效果

步骤 7 插入版式，单击"幻灯片母版"选项卡"编辑母版"组中的"插入版式"按钮。此时，在版式选择窗格中可发现新增了一个"自定义版式"版式。

步骤 8 在新增版式上右击并在弹出的快捷菜单中选择"设置背景格式"菜单项，打开"设置背景格式"对话框。在该对话框中插入本书配套素材"素材与实例"→"项目二"→"任务二"→"长方形、正方形的面积计算"文件夹中的"背景3.png"图片作为新增版式的背景。

步骤 9 在新增的"自定义版式"版式上右击，在弹出的快捷菜单中选择"重命名"选项，即可弹出"重命名版式"对话框。在该对话框中输入版式名称"内容页"并单击"重命名"按钮。此时，将鼠标光标移至重命名后的版式上，发现该版式的名称已发生变化。

步骤 10　设置"内容页"版式的主题颜色。单击"幻灯片母版"选项卡"背景"组中的"颜色"按钮，然后在弹出的下拉列表中选择"蓝色"选项。

步骤 11　设置"内容页"版式的主题字体。单击"背景"组中的"字体"按钮，然后在弹出的下拉列表中选择"自定义字体"选项，打开"编辑主题字体"对话框。在该对话框的"中文"设置区将"标题字体"设为"庞门正道标题体"，"正文字体"设为"黑体"，然后在"名称"框中将该主题字体命名为"长方形、正方形的面积计算"，最后单击"保存"按钮。

步骤 12　选中"仅标题"版式中的标题占位符，右击选择"设置形状格式"选项，在"文本选项"区域选择"文字效果"→"阴影"选项，将颜色设置为 RGB（R：255，G：192，B：0），将透明度设置为 60%，将大小设置为 100%，将模糊设置为 0 磅，将角度设置为 45°，将距离设置为 5 磅，如图 2-22 所示。

图 2-22　为"仅标题"版式标题占位符设置阴影效果

步骤 13　设置好母版后，单击"幻灯片母版"选项卡"关闭"组中的"关闭母版视图"按钮，退出幻灯片母版视图。

步骤 14　保存文件，在功能区依次选择"文件"→"另存为"→"浏览"选项，在弹出的"另存为"对话框中将课件命名为"长方形、正方形的面积计算"并保存。

项目实训

为课件"狐狸的清白"设置母版

步骤 1　启动 PowerPoint 2016 后，新建一个空白演示文稿，然后在"视图"选项卡中单击"幻灯片母版"按钮，切换至幻灯片母版视图。

步骤 2　在左侧的版式选择窗格中选择"空白"版式并右击，在弹出的快捷菜单中选择"设置背景格式"选项，然后在打开的"设置背景格式"窗格中单击"填充颜色"按钮，在弹出的下拉列表中选择"其他颜色"选项，即可弹出"颜色"对话框。在该对话框的"自定义"选项卡中将背景颜色设为米黄色（R：255，G：234，B：217），最后单击"确定"按钮并关闭"设置背景格式"窗格。此时，"空白"版式的背景颜色变为米黄色。

步骤 3 在版式选择窗格中选择"仅标题"版式并右击,在弹出的快捷菜单中选择"设置背景格式"选项,然后在弹出的"设置背景格式"窗格中为"仅标题"版式插入"狐狸的清白素材"文件夹中的"背景_1.jpg"图片作为背景。

步骤 4 调整"仅标题"版式中标题占位符的宽度,然后将该标题占位符拖动至页面上方的中心位置,结果如图 2-23 所示。

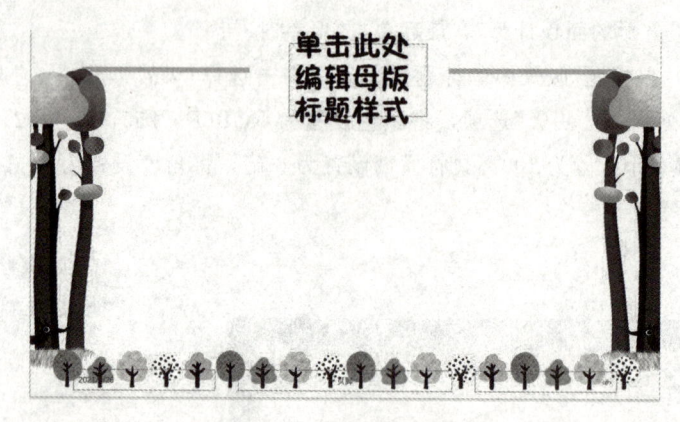

图 2-23 设置标题占位符

步骤 5 在"幻灯片母版"选项卡"背景"组中的"颜色"下拉列表中选择"红橙色"选项,设置该母版的主题颜色。

步骤 6 单击"背景"组中的"字体"按钮,在弹出的下拉列表中选择"自定义字体"选项,打开"新建主题字体"对话框,在该对话框中将"标题字体"设为"方正少儿简体",将"正文字体"设为"宋体",并将该主题字体命名为"狐狸的清白",最后单击"保存"按钮。

步骤 7 将调整后的"仅标题"版式重命名为"内容页_1"。

步骤 8 单击"编辑母版"组中的"插入版式"按钮,新建一个版式,然后为新增的版式插入"狐狸的清白素材"文件夹中的"背景_2.jpg"图片作为背景。

步骤 9 将上述版式的标题占位符调整成图 2-24 所示的效果,然后将该版式重命名为"内容页_2"。

图 2-24 "内容页_2"的版式效果

步骤 10 保存文件,设置好母版后,单击"关闭母版视图"按钮,然后在功能区选择"文件"→"另存为"→"浏览"选项,将课件命名为"狐狸的清白"并保存。

延伸拓展

一、多母版技术

多母版技术是指在一个演示文稿中使用多个母版制作课件。其作用是在同一课件中呈现两种或两种以上的界面设计风格。那么如何才能运用这种多母版技术呢？下面通过一个实例来讲解多母版技术的使用方法，最终效果如图 2-25 所示。

多母版技术

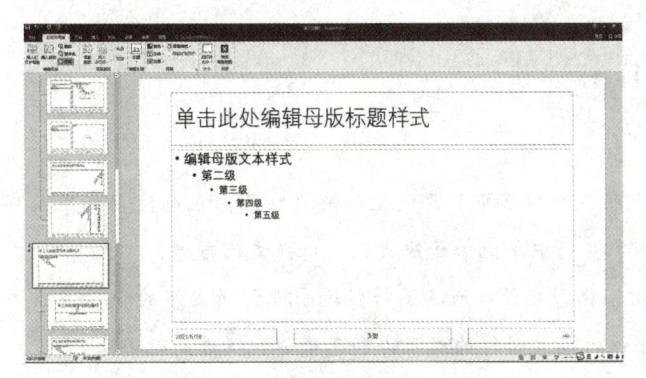

图 2-25　创建新的空白母版

二、使用模板

模板是事先定义好格式的演示文稿方案，包含幻灯片版式、主题和母版。其作用是在提高课件制作效率的情况下，保证课件界面设计风格统一。下面介绍 3 种获取模板的途径，分别是自制模板、联机搜索模板、网上下载模板。

（一）自制模板

在某个演示文稿中设置的母版只能应用于当前演示文稿中。那么，如何才能将设置好的母版应用到其他演示文稿中呢？这就需要将母版保存为模板。为此，在功能区选择"文件"→"另存为"→"浏览"选项，然后，在弹出的"另存为"对话框中将"保存类型"设为"PowerPoint 模板"，并对该模板进行重命名，最后单击"保存"按钮。如果要调用上述自制模板，应在新建课件时，在"个人"选项卡中选择"自制模板"模板，然后在打开的对话框中单击"创建"按钮即可。

（二）联机搜索模板

联机搜索模板是在计算机接入 Internet 的情况下，利用 PowerPoint 2016 在网上搜索免费模板，教师可以根据需要选择合适的模板制作课件。联机搜索模板的操作方法具体如下。

步骤 1　启动 PowerPoint 2016 后，在"搜索联机模板和主题"搜索栏中输入需要搜索的模板类型，或在"建议的搜索"中选择需要搜索的类型（如教育）。

步骤 2　搜索完成后，在搜索结果中选择需要应用的模板，然后在打开的对话框中单击"创建"按钮即可应用该模板。

（三）网上下载模板

除上述两种获取模板的方式外，读者还可以通过第三方网站获取一些课件模板，如包图网、千库网、我图网、熊猫办公等。

项目三

PowerPoint 2016 课件的文字设计

教学与学习目标

学习目标：

1. 引导学生在文字设计中尊重多元文化和地方特色，正确使用标准汉字、规范术语，避免错别字及不恰当用词，弘扬中华优秀传统文化，增强文化自信。

2. 讲解如何运用字体、字号、颜色、排版等手段增强文字的视觉冲击力和情感共鸣，使学生懂得如何通过文字设计提升课件的说服力和感染力，促进高效沟通。

3. 掌握通过文字大小、色彩对比，以及布局排列构建幻灯片内部的视觉层次感，确保重点内容突出且整体观感统一。

4. 探索并实践 PowerPoint 2016 中提供的各种文字动画效果，以便在演示过程中以生动有趣的方式呈现文字内容。

项目导读：

文字作为 PowerPoint 2016 课件中传递信息的主要元素，对制作课件具有重要意义。本项目首先介绍在 PowerPoint 2016 中应用文字的方法，然后介绍插入特殊文字和符号的方法。

任务一　应用文字

任务描述

利用 PowerPoint 2016 制作课件时，文字是描述概念、原理或事物的主要元素。本任务首先介绍在 PowerPoint 2016 中输入文字、设置文字格式、美化文字的方法，然后介绍在课件中使用文字的常见问题与解决办法，使读者避免文字使用的一些误区，最后通过任务实施——制作课件"找春天"特性介绍等页面、制作课件"长方形、正方形的面积计算"封面，使读者掌握所学知识在课件制作中的应用。

项目三　PowerPoint 2016 课件的文字设计

> 知识储备

一、输入文字

在 PowerPoint 2016 中输入文字的方法有两种：一种是利用占位符输入文字，另一种是利用文本框输入文字。

(1)利用占位符输入文字。占位符主要用于规划幻灯片的布局，是一种可包含文字、图片、图形等元素的容器，是构成幻灯片内容的基本对象。幻灯片的版式不同，占位符的类型和布局也不相同。要利用占位符输入文字，只需单击占位符，然后输入文字即可，如图3-1所示。

图 3-1　利用占位符输入文字

(2)利用文本框输入文字。文本框是一种可移动、可调整大小的文字容器，它与占位符非常相似。利用文本框输入文字的方法如下。单击"插入"选项卡"文本"组中的"文本框"按钮，在弹出的下拉列表中根据需要选择横排文本框或竖排文本框，之后在幻灯片编辑区按住鼠标左键拖出文本框并在其中输入文字即可，如图3-2所示。

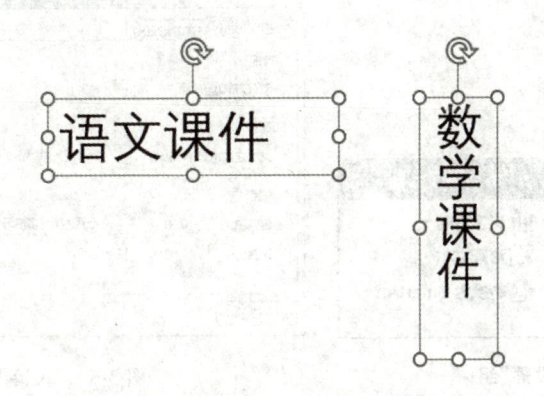

图 3-2　利用文本框输入文字

温馨提示　单击占位符或文本框的边缘可将其选中。选中占位符或文本框后，将鼠标光标移至其四边的任一控制点上并拖动，可调整其大小；将鼠标光标移至其上方的旋转控制点上并拖动，可调整其旋转角度；将鼠标光标移至其四边的非控制点区域并拖动，可调整其位置。

二、设置文字格式

在 PowerPoint 2016 中选择、移动、复制、查找、替换文字的操作与在 Word 2016 中的操作相同，此处不再赘述。下面主要讲解设置字符格式和段落格式两个方面的内容。需要注意的是，无论是使用占位符还是文本框输入文字，在设置前都需要先将其选中。

1. 设置字符格式

在 PowerPoint 2016 中输入的文字内容，其默认使用当前"主题"所规定的字符格式。如果想要单独设置文字的字体、字号、颜色、间距等，可利用"开始"选项卡"字体"组中的相关按钮进行设置，如图 3-3 所示，或在"字体"组左下角单击"字体"按钮，在弹出的"字体"对话框中进行设置。

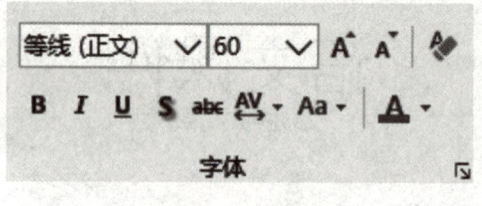

图 3-3 "字体"组

2. 设置段落格式

段落格式包括段落的对齐方式、缩进、间距、行距等内容，其设置主要是利用"开始"选项卡"段落"组中的按钮，如图 3-4 所示，或利用"段落"对话框进行操作，如图 3-5 所示。

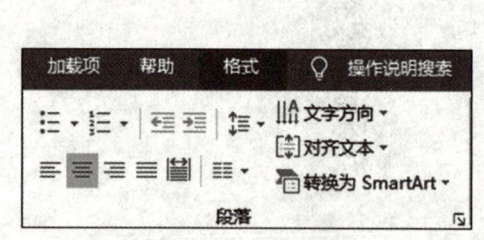

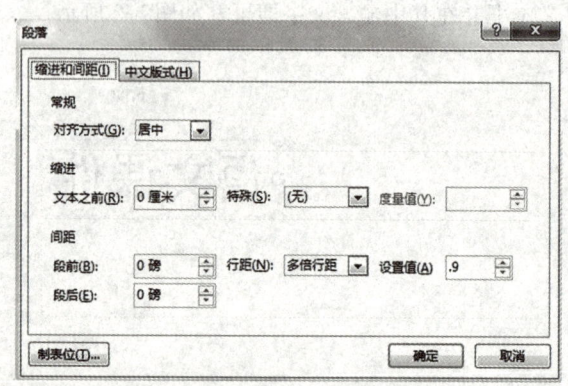

图 3-4 "段落"组　　　　　　图 3-5 "段落"对话框

三、美化文字

选中占位符或文本框后，可以利用"绘图工具格式"选项卡的"艺术字样式"组设置其内文字的艺术效果，利用"形状样式"组设置其形状样式，如图 3-6 所示。

项目三　PowerPoint 2016 课件的文字设计

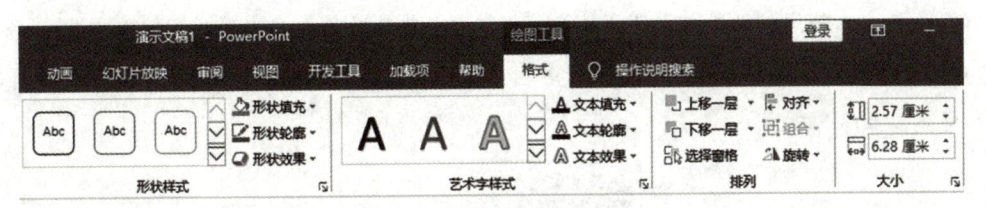

图 3-6　"绘图工具格式"选项卡

1. 设置艺术字效果

设置艺术字效果最简单、快捷的方法是选中文本框或占位符后，单击"绘图工具格式"选项卡"艺术字样式"组右下角的"其他"按钮，在弹出的下拉列表中选择 PowerPoint 2016 内置的艺术字样式，为所选文字应用该样式，如图 3-7 所示。

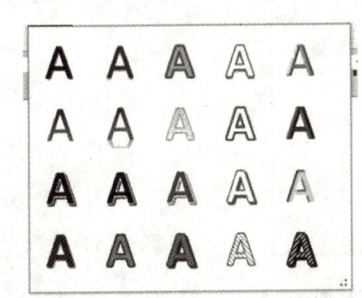

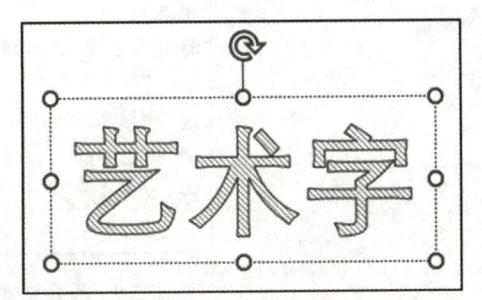

图 3-7　为文字应用 PowerPoint 2016 内置的艺术字样式

知识链接

除上述方法外，用户也可以利用"插入"选项卡"文本"组中的"艺术字"按钮，直接插入艺术字。另外，还可以利用"艺术字样式"组右侧的按钮，为所选文字单独设置文本填充、文本轮廓和文本效果。

（1）设置文本填充。设置文本填充的方法如下。单击"文本填充"按钮，在弹出的下拉列表中选择纯色、渐变色、图片或纹理等填充文字，如图 3-8 所示。

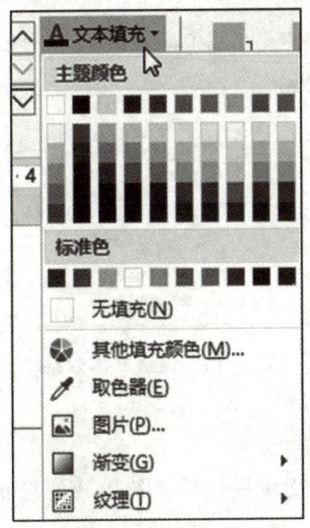

图 3-8　设置文本填充

（2）设置文本轮廓。设置文本轮廓是指为文字添加描边效果，其方法如下。单击"文本轮廓"按钮，在弹出的下拉列表中选择所需的轮廓色，还可设置轮廓的粗细和样式（在"虚线"子列表中选择）等，如图3-9所示。

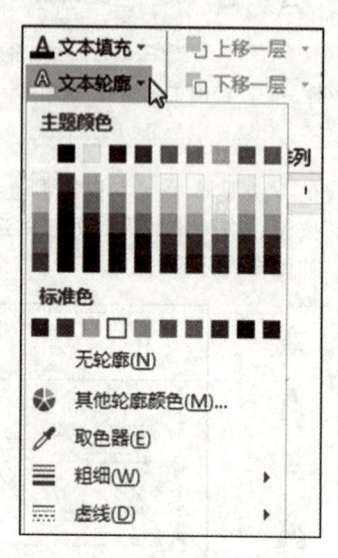

图 3-9　设置文本轮廓

（3）设置文本效果。设置文本效果是指为文字添加各种特殊效果，其方法如下。单击"文本效果"按钮，在弹出的下拉列表中选择阴影、映像、发光、棱台等效果，如图3-10所示。

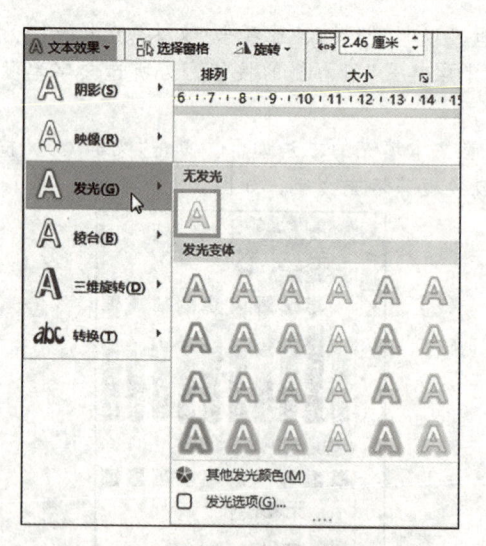

图 3-10　设置文本效果

2. 设置形状样式

设置形状样式是指为占位符或文本框应用系统内置的形状样式，或单独设置形状填充、形状轮廓和形状效果。其操作可利用"形状样式"组进行，如图3-11所示。

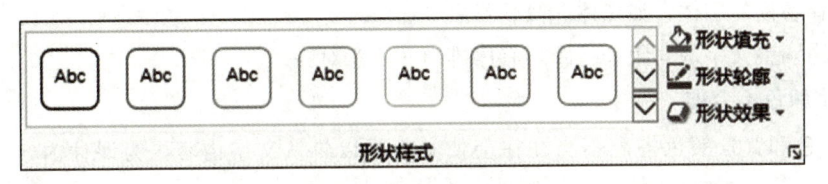

图 3-11 设置形状样式

温馨提示 除可以利用"绘图工具格式"选项卡美化文字外，还可以利用"设置形状格式"窗格进行设置，如图 3-12 所示。该窗格的打开方法是单击"绘图工具格式"选项卡"形状样式"组右下角按钮。

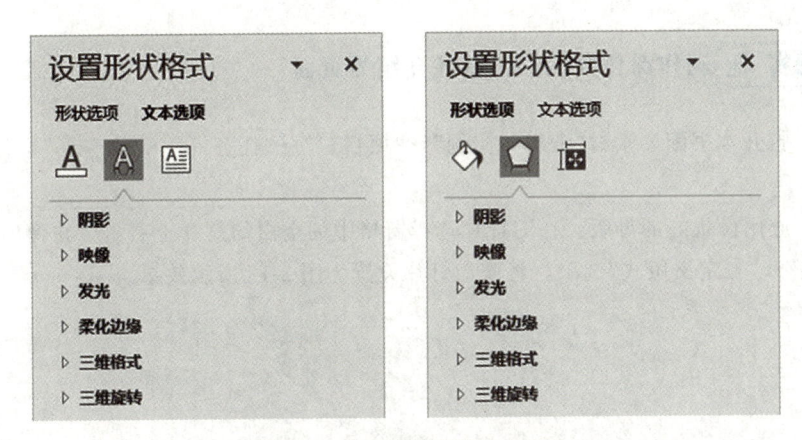

图 3-12 "设置形状格式"窗格

四、课件中使用文字的常见问题

1. 文字过多

文字过多是制作课件时最常见的问题。其原因是很多教师喜欢将大段的知识点一字不差地展示在幻灯片上。这样做不仅容易造成学生视觉疲劳，还会导致教学重点不突出。

解决方法与策略如下。

(1)尽量缩减文字内容，只显示标题内容及重点知识即可。

(2)一页幻灯片中尽量只体现一个重点内容。

(3)将文字内容图形化或图表化。

(4)利用动画控制文字内容的出现和消失，避免同一页幻灯片中内容太"挤"。

2. 文字排序混乱

制作课件时，为了强调重点内容，经常会采用不同字体、不同排版方式来表现。这样做如果处理不好，不仅不能让学生从中获取重要信息，反而会让学生感觉界面混乱。

解决方法与策略如下。

(1)字体选择需有层次感，如根据段落大小和内容层次，将文字"由重到轻""由粗到细"进行安排。

(2)选择易读的字体,如黑体、微软雅黑等。

(3)适当调整文字的间距和行距,有序排列,注意对齐。

3. 文字颜色不合理

文字颜色和背景颜色搭配不当往往会使学生难以辨认文字内容,为课件内容的呈现带来干扰。

解决方法与策略如下。

(1)文字颜色需与背景颜色形成反差,如在深色背景上采用浅色字、在浅色背景上采用深色字。

(2)在文字下方添加纯色背景。

任务实施 制作课件"找春天"特性介绍等页面

步骤1 打开本书配套素材"素材与实例"→"项目三"→"任务一"→"找春天"文件夹中的"找春天"课件。

步骤2 应用设置好的母版。在幻灯片选择窗格中的空白幻灯片上右击,在弹出的快捷菜单中选择"版式"→"自定义版式"选项,将该幻灯片设置为图 3-13 所示效果。

图 3-13 设置版式

步骤3 在左上角位置单击"插入"选项卡"图像"组中的"图片"按钮,在弹出的下拉列表中选择"此设备"选项,如图 3-14 所示。

图 3-14 插入图片

步骤 4 选择要插入的图片素材，插入图片后调整图片的大小和位置，如图 3-15 所示。

图 3-15 插入图片效果

步骤 5 单击"插入"选项卡"文本"组中的"文本框"按钮，在弹出的下拉列表中选择"绘制横排文本框"选项，将文本框移动到图片上方，然后在文本框中输入文字"春天"。

步骤 6 选中输入好文字的文本框，在"开始"选项卡"字体"组中将其字体设置为"楷体"，将字号设置为 54，再单击"字体颜色"按钮，在弹出的下拉列表中选择"其他颜色"选项，在弹出"颜色"对话框中选择蓝色(R：26，G：115，B：246)，如图 3-16 所示。

图 3-16 在文本框内输入内容并设置好字体格式

步骤 7 输入正文。单击"插入"选项卡"文本"组中的"文本框"按钮，在弹出的下拉列表中选择"绘制横排文本框"选项，然后在幻灯片编辑区按住鼠标左键拖出一个适当大小的文本框，再打开本书配套素材"素材与实例"→"项目三"→"任务一"→"找春天"文件夹中提供的"找春天.txt"文档，按 Ctrl＋A 组合键选中该文档中的所有内容并按 Ctrl＋C 组合键复制，最后在插入的文本框中按 Ctrl＋V 组合键粘贴内容，效果如图 3-17 所示。

图 3-17　输入正文

步骤 8　选中输入好正文的文本框,在"开始"选项卡"字体"组中将其字体设置为"楷体",将字号设置为 28,再单击"字体颜色"按钮,在弹出的下拉列表中选择"其他颜色"选项,即可弹出"颜色"对话框。

步骤 9　在"颜色"对话框中的"自定义"选项卡中,将正文颜色设置为黑色(R:22,G:24,B:32),单击"确定"按钮,如图 3-18 所示。

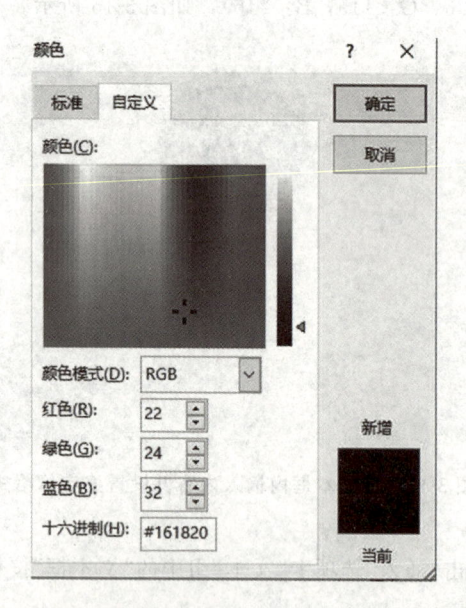

图 3-18　设置正文的颜色

步骤 10　调整文本框大小。在选中文本框的情况下,将鼠标光标移至文本框右侧中间的控制点上,当鼠标光标变成当鼠标变成双箭头形状"↔"时,按住鼠标左键向右拖动,适当调整文本框大小,然后将该文本框拖至合适位置,最终效果如图 3-19 所示。

图 3-19 当前文本效果

步骤 11 由于当前文字内容过于"拥挤",所以需要调整其段落格式。在选中文本框的前提下,单击"段落"组右下角的"段落"按钮,在弹出的"段落"对话框中将"对齐方式"设置为"左对齐",然后在"缩进"设置区将"特殊"设置为"首行",在"间距"设置区将"行距"设置为"1.5 倍行距",最后单击"确定"按钮,具体设置如图 3-20 所示。

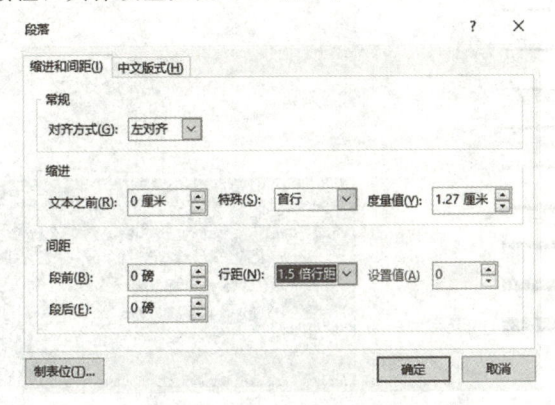

图 3-20 设置段落格式

步骤 12 美化文本框。选中文本框,在"绘图工具格式"选项卡"形状样式"组的右下角单击"设置形状格式"按钮,将弹出"设置形状格式"窗格,在该窗格的"填充与线条"选项卡的"填充"设置区单击"纯色填充"单选按钮,并将填充色设置为绿色(R:32,G:200,B:4),如图 3-21 所示。文本框填充效果如图 3-22 所示。

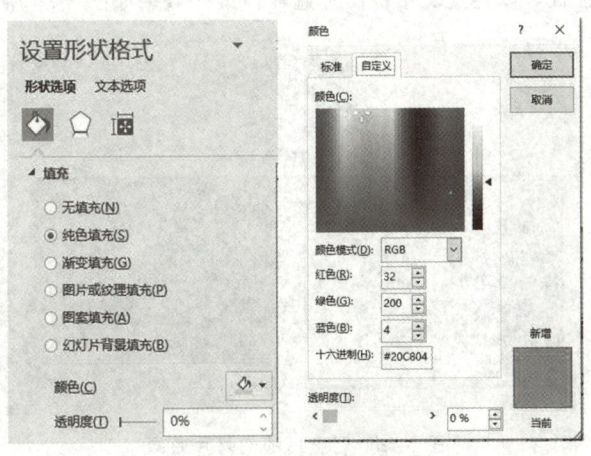

图 3-21 设置填充色

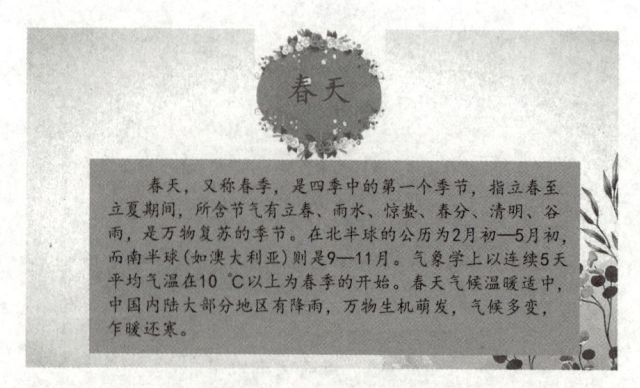

图 3-22 文本框填充效果

步骤 13　在"形状格式"选项卡的"形状样式"组中单击"形状轮廓"按钮,然后单击"粗细"按钮,选择"1 磅",如图 3-23 所示。当前幻灯片效果如图 3-24 所示。

图 3-23　设置轮廓效果　　　　　　　图 3-24　当前幻灯片效果

步骤 14　将"找春天"文件夹中的"小花朵"图片直接拖至当前课件的幻灯片编辑区,并将其放至幻灯片右下角。

步骤 15　采用同样的方法,将"找春天"文件夹中的"叶子"图片拖至文本框的左上角,然后调整文本框的大小和位置,以避免文字被图片遮住,最终效果如图 3-25 所示。

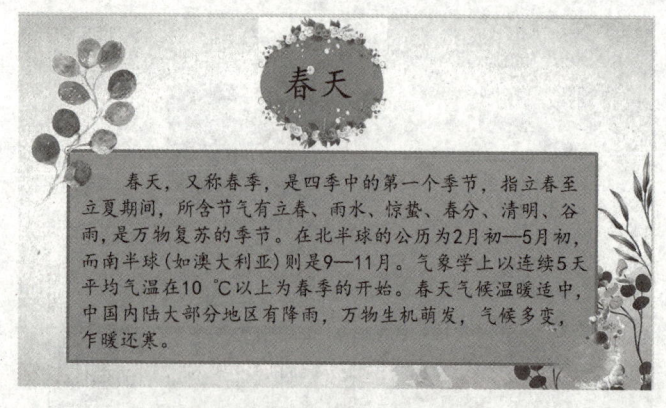

图 3-25　调整后的幻灯片效果

根据图 3-25 可以看出，标题内容的颜色为深蓝色，与当前幻灯片风格不符，需要将其改为浅蓝色。要使后续编辑的标题内容的颜色均为浅蓝色，需要在幻灯片母版中重新设置其颜色。

步骤 16 单击"视图"选项卡中的"幻灯片母版"按钮，切换至幻灯片母版视图，然后选中"内容页_2"版式中的标题占位符，在"开始"选项卡"字体"组中将文字颜色设置为蓝色（R：248，G：147，B：29），然后退出幻灯片母版视图。此时，在普通视图下可以看到当前幻灯片中的标题已经变为浅蓝色，如图 3-26 所示。

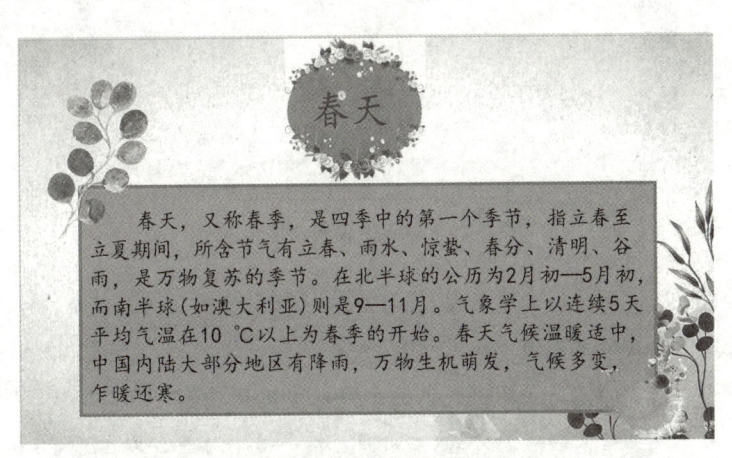

图 3-26 最终效果

步骤 17 采用上述方法制作图 3-27 所示的幻灯片。

图 3-27 制作剩余幻灯片

步骤 18 制作完成后，按 Ctrl+S 组合键保存当前课件。

任务实施 制作课件"长方形、正方形的面积计算"封面

步骤 1 打开本书配套素材"素材与实例"→"项目三"→"任务一"→"长方形、正方形的面积计算"文件夹中的"长方形、正方形的面积计算"课件，然后将版式更改为"空白"版式。

步骤 2 在幻灯片编辑区绘制一个文本框，并在该文本框中输入文字"长方形、正方形的面

积计算",然后将其字体设置为"庞门正道标题体",将字号设置为 60,将颜色设置为青绿色(R:39,G:124,B:153),结果如图 3-28 所示。

图 3-28　输入并设置文字格式

温馨提示　在"排列"下拉列表中包含"排列对象""组合对象""放置对象"3 个设置区。其中,"排列对象"设置区中的选项主要用于设置对象(如占位符、文本框、图片、图形等)在幻灯片中的上下叠放次序;"组合对象"设置区中的选项主要用于组合对象和取消组合;"放置对象"设置区中的选项主要用于设置对象的对齐方式(左对齐、水平居中对齐、右对齐等)和分布方式(横向分布、纵向分布)。另外,还可以设置对象的旋转角度和翻转方式。

步骤 3　插入一个文本框,并在该文本框中输入"授课人:梨子老师",然后将该文本的字体设置为"黑体",将字号设置为 24,将颜色设置为青绿色(R:39,G:124,B:153),并调整文本框的位置,结果如图 3-29 所示。

图 3-29　输入文字

步骤 4　选中"长方形、正方形的面积计算"组,单击"绘制工具格式"选项卡"艺术字样式"组中的"文本效果"按钮,在弹出的下拉列表中选择"阴影"→"阴影选项"选项,在"阴影"中将颜色设置为 RGB(R:255,G:192,B:0),将透明度设置为 60%,将大小设置为 100%,将模糊设置为 0 磅,将角度设置为 45°,将距离设置为 5 磅,如图 3-30 所示。

项目三　PowerPoint 2016 课件的文字设计

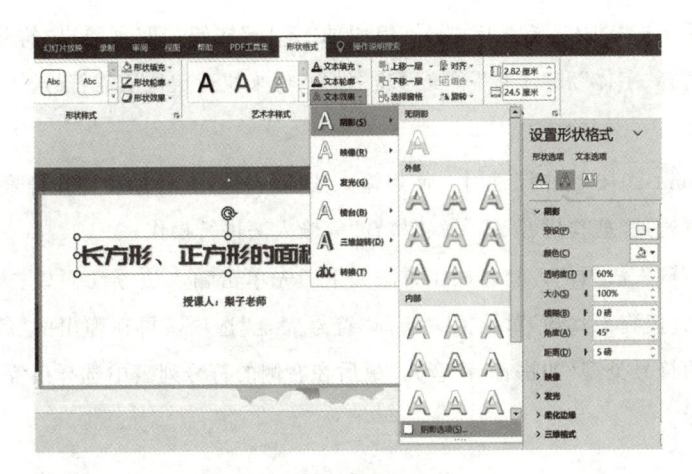

图 3-30　设置阴影

步骤 5　采用同样的方法，为文本"授课人：梨子老师"添加上述阴影效果。
步骤 6　制作完成后，按 Ctrl＋S 组合键保存当前课件。

任务二　添加特殊文字和符号

任务描述

制作语文课件时，经常需要为生字词添加拼音；制作英语课件时，经常需要为英文单词添加音标；制作数学课件时，经常会用到数学公式。另外，还经常会用到一些特殊符号，如单位符号、标点符号、几何图形符号等，这些内容均无法利用键盘直接输入。本任务首先介绍插入拼音、音标和特殊符号，以及数学公式的方法，然后通过任务实施——制作课件"找春天"读一读等页面、制作课件"长方形、正方形的面积计算"复习难点页面，使读者掌握所学知识在课件制作中的应用。

知识储备

一、插入拼音、音标和特殊符号

要在 PowerPoint 2016 中插入拼音、音标或一些特殊符号，如单位符号、标点符号、几何图形等，可通过以下方法完成。

1. 利用"符号"对话框

在 PowerPoint 2016 中利用"符号"对话框插入拼音、音标或特殊符号时，需要先将插入符置于所需位置，然后单击"插入"选项卡"符号"组中的"符号"按钮，即可弹出"符号"对话框。在该对话框中可通过选择"字体"和"子集"下拉列表中的选项来快速定位所需符号。

2. 利用输入法

利用 PowerPoint 2016 制作课件时，使用输入法插入拼音、音标和特殊符号等是较为常用的一种方式，读者可通过"搜狗拼音"或"微软拼音"等输入法进行操作。

以"搜狗拼音"输入法为例，具体操作方法如下。先单击输入法浮动面板右侧的"工具箱"按钮，然后在弹出的"搜狗工具箱"对话框中选择"符号大全"选项，再在弹出的"符号大全"对话框中选择需要插入的符号类型（如拼音/注音），最后在右侧的符号列表中选择所需拼音即可将其插入，如图3-31所示。

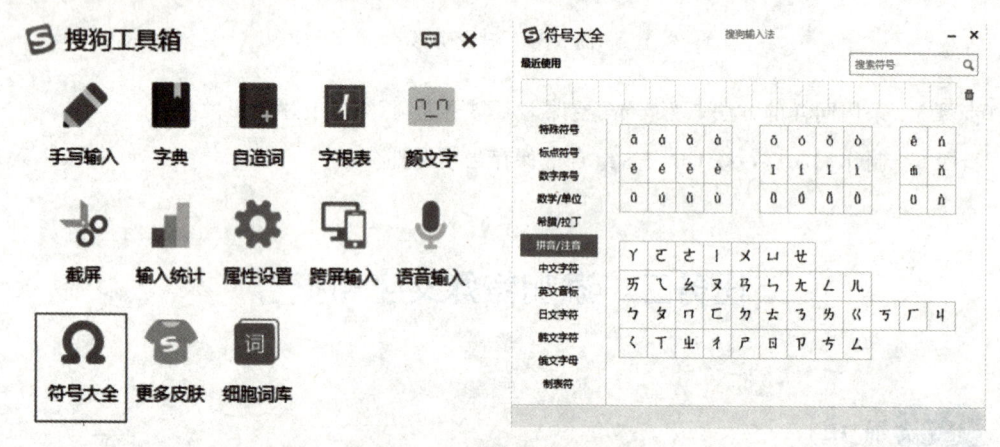

图3-31　利用输入法插入拼音

3. 通过外部复制

通过外部复制是指通过在 Word 2016 中输入或网络搜索等方式获取拼音、音标或特殊符号，然后将获取的拼音、音标或特殊符号等直接复制到 PowerPoint 2016 中。例如，可在 Word 2016 中利用"拼音指南"功能输入拼音。

温馨提示　除上述方法外，还可通过在计算机中安装拼音字体（如"方正楷体拼音字库"）和音标字体（如"GWIPA"国际音标字库）来输入拼音及音标。从网上将上述字体下载到计算机后，将它们复制到系统盘的"Windows"→"Fonts"文件夹中，即可在 PowerPoint 2016 的"字体"下拉列表中选择相应的字体，输入拼音或英文单词（自动输入音标）。需要注意的是，其他没有安装上述字体的计算机将无法正常显示输入的拼音或音标。

二、插入数学公式

如果想在 PowerPoint 2016 中插入数学公式或数学符号，可先将插入符置于要插入数学公式或数学符号的位置，然后单击"插入"选项卡"符号"组中的"公式"按钮，切换至"公式工具设计"选项卡，在该选项卡中提供了很多数学公式和数学符号，可根据需要选择使用，如图3-32所示。

项目三　PowerPoint 2016 课件的文字设计

图 3-32　"公式工具设计"选项卡

任务实施　制作课件"找春天"字词学习等页面

步骤 1　打开本书配套素材"素材与实例"→"项目三"→"任务二"→"找春天"文件夹中的"找春天"课件。

步骤 2　在幻灯片选择窗格的第一页幻灯片上右击，并在弹出的快捷菜单中选择"新建幻灯片"选项，创建一页新的幻灯片，然后将该幻灯片的版式设置为"1_自定义版式"，如图 3-33 所示。

图 3-33　新建幻灯片并应用版式

步骤 3　在左上方插入文本框输入标题"字词学习"，然后在幻灯片母版视图中将该标题文本的颜色设置为"黑色，文字 1"，结果如图 3-34 所示。

图 3-34　输入标题

步骤 4　在幻灯片编辑区绘制一个文本框，并在该文本框中输入"冲"，然后将其字体设置为"楷体"，将字号设置为 150，将颜色设置为"黑色，文字 1"，结果如图 3-35 所示。

51

图 3-35　输入中文

步骤 5　按住 Ctrl 键并拖动鼠标复制上述文本框，然后将复制的文本框中的内容修改为"chong"（注意调整文本框的大小和位置），最后将其字体设置为"等线（正文）"并加粗，将字号设置为 50，将颜色设置为红色，效果如图 3-36 所示。

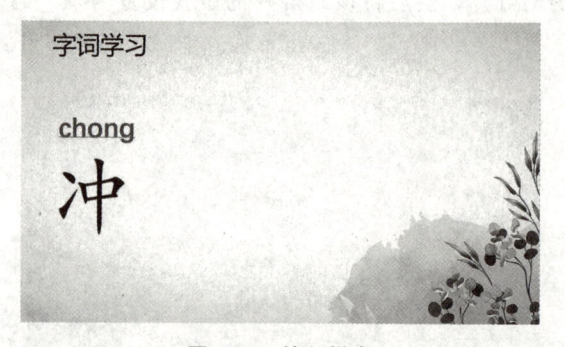

图 3-36　输入拼音

从图 3-38 可以看出当前所输入的拼音是没有声调的，下面为拼音中的部分字母添加声调，如"chong"中的"o"，具体操作如下。

步骤 6　选中拼音"chong"中的字母"o"，单击"搜狗拼音"输入法浮动面板中的"工具箱"按钮，在弹出的对话框中选择"符号大全"选项，然后在弹出的"符号大全"对话框中选择"拼音/注音"选项，如图 3-37 所示。

步骤 7　在"符号大全"对话框中选择符号"ō"用以替换字母"o"，结果如图 3-38 所示。

图 3-37　"符号大全"对话框

图 3-38　插入声调

步骤 8　采用同样的方法，制作课件中的其他汉字和拼音，结果如图 3-39 所示。

图 3-39　课件"找春天"字词学习页面效果

步骤 9　采用上述方法，制作出图 3-40 所示的幻灯片。

图 3-40　制作剩余幻灯片

步骤 10　制作完成后，按 Ctrl+S 组合键保存当前课件。

任务实施 制作课件"长方形、正方形的面积计算"面积公式页面

步骤 1　打开本书配套素材"素材与实例"→"项目三"→"任务二"→"长方形、正方形的面积计算"文件夹中的"长方形、正方形的面积计算"课件。

步骤 2　创建一页新的幻灯片并将该幻灯片的版式设置为"内容页"，然后在该幻灯片的标题占位符中输入"面积公式"，并在幻灯片母版视图中将标题文本的颜色设置为青绿色(R：73，G：208，B：202)，结果如图 3-41 所示。

图 3-41　新建幻灯片并应用版式

步骤 3　单击"插入"选项卡"文本"组中的"文本框"按钮,在页面空白区域绘制文本框,在文本框中输入"长方形的面积＝长×宽",按 Enter 键,在第二行单击"插入"选项卡"符号"组中的"公式"→"插入新公式"按钮,此时幻灯片编辑区中出现一个可键入公式的文本框,如图 3-42 所示。

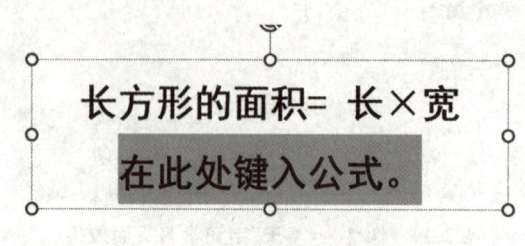

图 3-42　公式文本框

步骤 4　单击"公式工具设计"选项卡"工具"组中的"普通文本"按钮,输入"s＝a×b"("×"在"符号"组中),公式效果如图 3-43 所示。

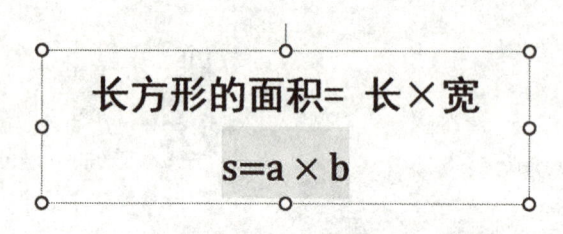

图 3-43　当前公式效果

温馨提示　在 PowerPoint 2016 中输入公式时,如果利用单击的方式设置插入符位置,可能无法快速、准确地达到目的。此时,可利用"→""←""↑""↓"4 个键来调整插入符的位置。

温馨提示　在 PowerPoint 2016 中输入公式时,可在插入的公式文本框中任意变化公式格式,只需在输入公式前,先在"公式工具设计"选项卡下的"结构"组中选择所需公式样式即可。

步骤 5　单击"插入"选项卡"插图"组中的"形状"按钮,在弹出的下拉列表中选择"圆角矩形",在文本框区域绘制圆角矩形,然后在"形状格式"→"形状样式"组中,将"形状填充"设置为青绿色(R:73,G:208,B:202),将"形状轮廓"设置为"无轮廓",右击,将绘制好的圆角矩形"置于底层"。

步骤 6　将本书配套素材"素材与实例"→"项目三"→"任务二"→"长方形、正方形的面积计算"文件夹中的"人物.png"图片拖动至当前幻灯片圆角矩形右侧,调整好位置,如图 3-44 所示。

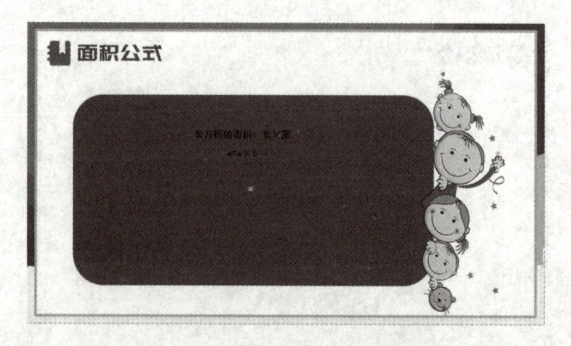

图 3-44　当前公式和图片效果

步骤 7 选择文本框和公式，然后将其字号统一设为 48，颜色设为纯白色，最终效果如图 3-45 所示。

图 3-45 课件"长方形、正方形的面积计算"面积公式页面效果

步骤 8 制作完成后，按 Ctrl＋S 组合键保存当前课件。

项目实训

一、为古诗注音

通过"为古诗注音"实训来练习并巩固中文拼音的输入方法，其最终效果如图 3-46 所示。实训中使用的图片素材位于本书配套素材"素材与实例"→"项目三"→"项目实训"→"项目实训一"文件夹中。

图 3-46 "为古诗注音"实训效果

提示：

(1) 创建课件后设置幻灯片背景效果。

(2) 输入标题"静夜思"，并将其字体设置为"黑体"，将字号设置为 36。

(3) 输入古诗正文。将其拼音的字体设置为"等线"，字号设置为 20；将汉字的字体设置为"华文楷体"，将字号设置为 24。需要注意的是，为了使拼音和汉字能够一一对照，需要利用空格调整文字的间距。

二、添加英文单词和音标

下面为本书配套素材"素材与实例"→"项目三"→"项目实训"→"项目实训二"文件夹中的"添加英文单词和音标"课件添加英文单词和音标。图 3-47 所示为该课件添加英文单词和音标前后的对比。

图 3-47 添加英文单词和音标前后的对比

提示 依次输入英文单词和音标,并将两者的字体均设置为"Arial",将字号均设置为 18。需要注意的是,英文单词有加粗效果,音标没有加粗效果。

延伸拓展

一、输入音标

在英语课件中经常需要为英文单词标注音标,下面通过制作案例"输入音标"来学习在 PowerPoint 2016 中输入音标的方法。"输入音标"案例效果如图 3-48 所示。

输入音标

图 3-48 "输入音标"案例效果

二、制作渐变文字

渐变文字是制作课件时的常见效果,下面通过制作案例"渐变文字"来学习渐变字的设置方法。"渐变文字"案例效果如图 3-49 所示。

图 3-49 "渐变文字"案例效果

制作渐变文字

三、拆分文字

教师利用课件给学生讲解重点字词时，经常需要将文字拆开讲解，以便学生理解文字的结构。下面通过制作案例"拆分文字"来学习使用 PowerPoint 2016 拆分文字的方法。"拆分文字"案例效果如图 3-50 所示。

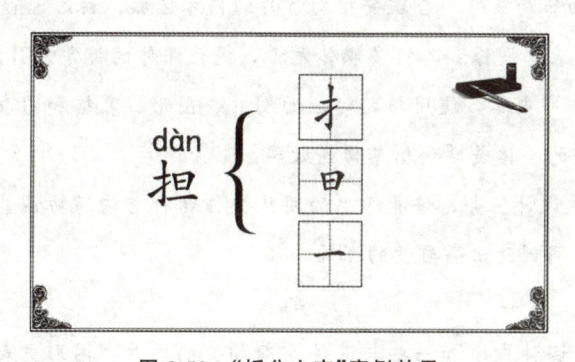

图 3-50 "拆分文字"案例效果

拆分文字

项目四

PowerPoint 2016 课件的图与表设计

教学与学习目标

学习目标：

1. 鼓励学生探索多样化的图表类型与设计风格，结合教学内容创新性地应用视觉元素，如信息图表、动态图表等，提升课件的吸引力与新颖性，培养其创新意识与实践能力。

2. 掌握不同场景下的版面布局策略，合理安排幻灯片的内容区域，利用SmartArt图形增强信息表达，以及设置恰当的图表、图像和其他多媒体元素，提升课件的视觉吸引力。

3. 能够根据课件主题和文字内容，使用与之对应的图片、图形、表格和图表，以增强课件的美观度和条理性，提升课件的整体美学和信息传递效率。

4. 通过小组合作完成图表设计任务，培养学生的团队协作精神与沟通协调能力，学会倾听他人意见、整合多方资源，共同创造出高质量的课件作品。

项目导读：

俗话说"一图胜千言"，在课件中添加一些与课件主题相关的图片、图形、表格和图表，可以增强课件的表现力和趣味性。本项目讲解在 PowerPoint 2016 中应用图片、图形、表格与图表的方法。

任务一 应用图片

任务描述

在课件中合理使用图片可以增强幻灯片的视觉效果。本任务首先介绍获取高质量图片、插入图片、编辑图片、美化图片的方法，以及在课件中使用图片的常见问题与解决办法等内容，然后通过任务实施——制作课件"长方形、正方形的面积计算"封面和封底、制作课件"找春天"封面和过渡页，使读者掌握所学知识在课件制作中的应用。

项目四　PowerPoint 2016 课件的图与表设计

> 知 识 储 备

一、获取高质量图片

制作课件时须选用高质量图片作为素材。那么，如何才能获取高质量图片素材呢？下面简单介绍几种获取方法。

1. 利用数码设备拍摄或扫描

当需要人物、风景等实物图片素材时，可以通过手机、数码相机等数码设备进行拍摄；当需要某张纸质图片作为素材时，可以利用扫描仪获取电子扫描件。

2. 利用截图软件截取

如果要获取计算机屏幕上的某些页面作为图片素材，可以利用截图软件（如 Snagit、QQ 截图）进行截屏。另外，还可以利用 PowerPoint 2016 中的屏幕截图功能截取图片。

3. 利用网络获取

随着网络应用的普及，许多图片素材可以从网络直接获取，获取途径主要包括两种。

（1）利用搜索引擎（如百度、谷歌、搜狗等）获取图片素材。

（2）从专业的图片素材网站获取图片素材，如素材公社、花瓣网等。

4. 利用软件自行制作

如果需要某种特定图片（如流程图）作为素材时，在不能利用拍摄、扫描、截屏和网络等方式获取的情况下，可以使用图像制作软件自行制作，如 Illustrator、Photoshop、美图秀秀等。另外，利用 PowerPoint 2016 中的图形工具也可以制作一些简单的图片素材。

二、插入图片

在 PowerPoint 2016 中插入图片的途径主要包括两种：一种是插入外部图片，另一种是插入联机图片。

1. 插入外部图片

插入外部图片是将保存在计算机中的图片插入幻灯片。其操作方法是在 PowerPoint 2016 中单击"插入"选项卡"图像"组中的"图片"按钮，在弹出的"插入图片"对话框中选择需要插入的图片，单击"插入"按钮，如图 4-1 所示。

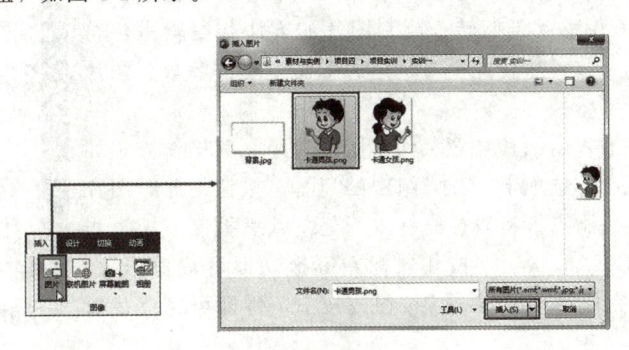

图 4-1　插入外部图片

2. 插入联机图片

在 PowerPoint 2016 中插入联机图片，可利用必应搜索引擎提供的图片库来选取图片并将其插入幻灯片。其操作方法是单击"插入"选项卡"图像"组中的"联机图片"按钮，在弹出的"插入图片"对话框中的"必应图像搜索"右侧的文本框内输入关键词，然后单击"搜索必应"按钮，在弹出的"联机 图片"对话框中选择所需图片后单击"插入"按钮，如图 4-2 所示。

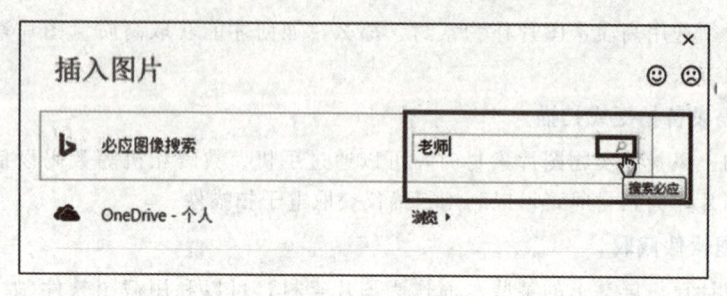

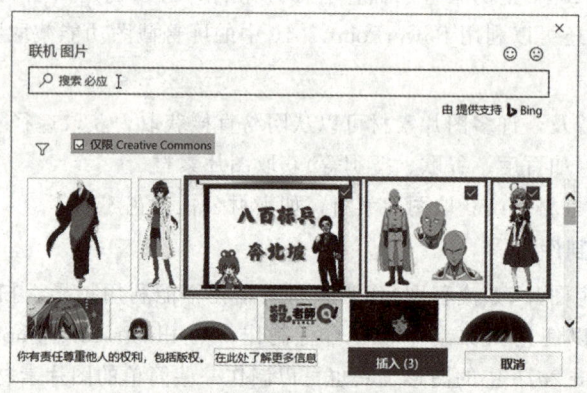

图 4-2 插入联机图片

温馨提示 为了缩小搜索范围，更快地找到所需图片，可以在"联机 图片"对话框中单击"筛选"按钮，在弹出的下拉列表中根据制作需要设置"大小""类型""布局"等，以便快速缩小筛选范围。另外，在选用图片时如果想要了解版权问题，可以单击"联机 图片"对话框中的"在此处了解更多信息"链接进行详细了解。

三、编辑图片

插入图片后，可以对其进行移动、旋转、复制、裁剪等操作。由于在 PowerPoint 2016 中移动、旋转、复制图片的方法与编辑占位符和文本框的方法基本一致，故在此不再赘述。下面主要讲解裁剪图片的方法。

裁剪图片是指将插入的图片任意裁切成所需大小，其操作方法如下。单击"图片工具格式"选项卡"大小"组中的"裁剪"按钮，此时图片周围会出现 8 个裁剪控制点。将鼠标光标置于任一裁剪控制点上，当鼠标光标变成"⊥"或""形状后，按住鼠标左键拖动即可裁剪图片，如图 4-3 所示。裁剪完成后单击"裁剪"按钮或按 Esc 键即可完成裁剪并退出裁剪状态。

图 4-3 裁剪图片

四、美化图片

插入图片后，除了可以对图片进行编辑外，还可以对其进行美化，使图片风格更贴合课件主题。图片的美化主要包括两个方面：一是设置图片样式；二是调整图片效果。这两项操作可以在"图片工具格式"选项卡中进行，如图4-4所示。

图4-4 "图片工具格式"选项卡

1. 设置图片样式

在 PowerPoint 2016 中设置图片样式时，如果要直接应用内置的图片样式，可以单击"图片工具格式"选项卡"图片样式"组中的"其他"按钮，然后在弹出的下拉列表中选择所需样式即可，如图4-5所示。

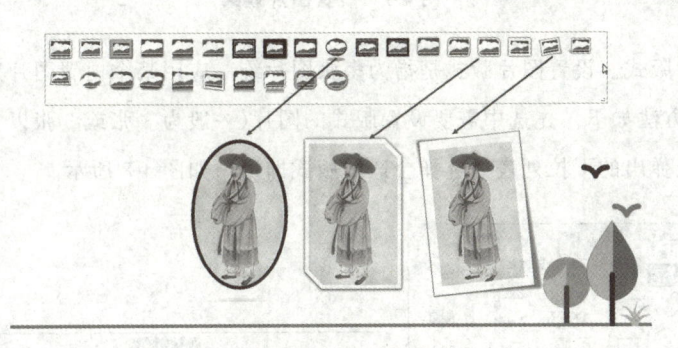

图4-5 使用内置的图片样式

另外，还可以利用"图片样式"组右侧的按钮设置图片边框、图片效果和图片版式。

（1）设置图片边框。设置图片边框是指为图片添加边框效果。其设置方法如下。单击"图片边框"按钮，在弹出的下拉列表中选择所需边框色，或调整边框的粗细和样式等，如图4-6所示。

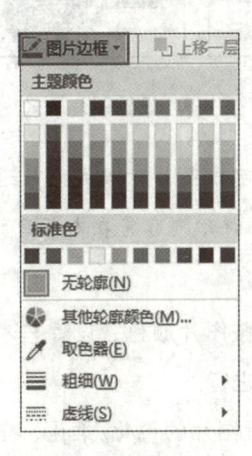

图4-6 设置图片边框

(2)设置图片效果。设置图片效果是指为图片添加各种特殊效果。其设置方法如下。单击"图片效果"按钮，在弹出的下拉列表中可为图片设置预设、阴影、映像、发光、柔化边缘等效果，如图 4-7 所示。

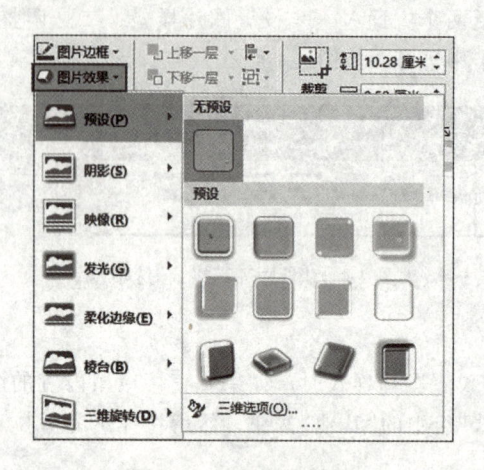

图 4-7 设置图片效果

(3)设置图片版式。设置图片版式是指为多张图片统一应用某个内置图片版式，以便快速布局图片。其设置方法如下。先选中需要设置版式的图片(一般为 3 张或 3 张以上)，然后单击"图片版式"按钮，在弹出的下拉列表中选择合适的版式即可，如图 4-8 所示。

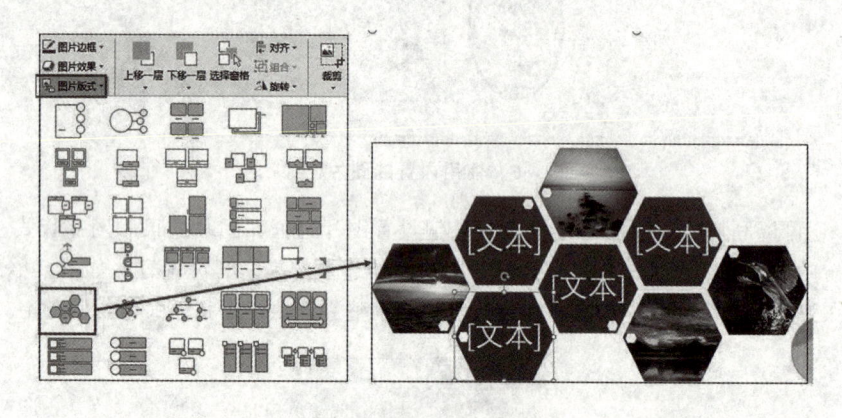

图 4-8 设置图片版式

温馨提示 设置图片版式后，还可以图片对版式效果进行进一步编辑和美化。其编辑和美化的操作方法与 SmartArt 图形一致，详细内容将在本项目的任务二中进行讲解。

2. 调整图片效果

调整图片效果包括校正图片、调整图片颜色、设置艺术效果和删除图片背景，其操作均可在"图片工具格式"选项卡"调整"组中进行。

(1)校正图片。图片校正是指设置图片的锐化/柔化、亮度/对比度程度等，其方法是在"校正"下拉列表中选择所需校正效果，如图 4-9 所示。

图 4-9　校正图片

（2）调整图片颜色。调整图片颜色是指调整图片的饱和度和色调等，或为图片重新着色，其设置方法是在"颜色"下拉列表中根据需要在"颜色饱和度""色调""重新着色"组中选择合适的选项，如图 4-10 所示。

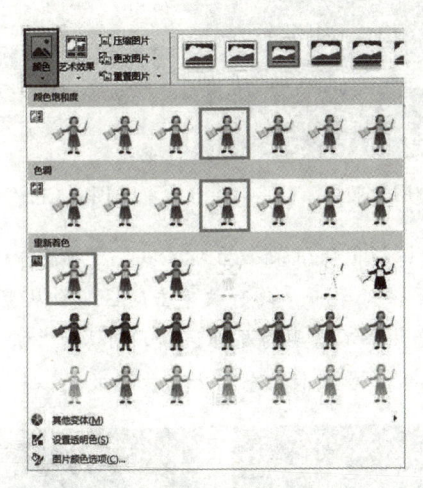

图 4-10　调整图片颜色

（3）设置艺术效果。在"艺术效果"下拉列表中可以为图片添加特殊滤镜，如铅笔素描、水彩海绵等，如图 4-11 所示。

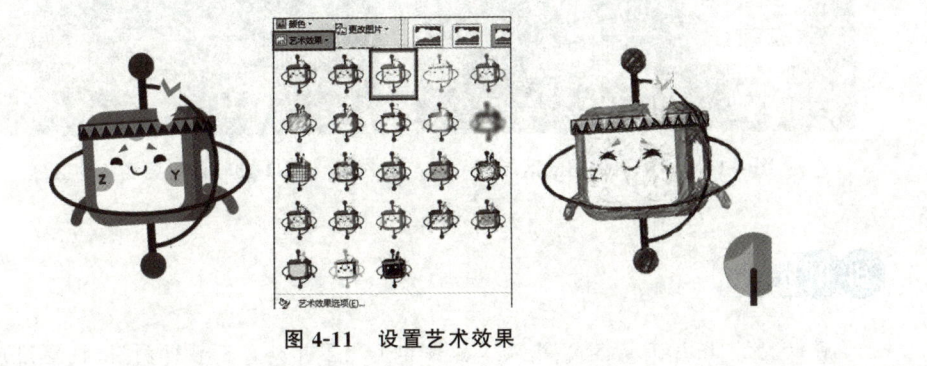

图 4-11　设置艺术效果

温馨提示 调整图片效果后，如果对图片效果不满意，可单击"调整"组中的"重置图片"按钮进行重置。需要注意的是，如果要重置图片的大小，需要在"重置图片"下拉列表中选择"重置图片和大小"选项。

(4) 删除图片背景。利用 PowerPoint 2016 制作课件时，经常会将图片与幻灯片背景（一般为纯色背景）配合使用。这时就需要将图片中不需要的背景色去除，以便图片与幻灯片背景能够更好地融合在一起。

去除图片背景色的操作方法如下。先选中图片，然后单击"图片工具格式"选项卡"调整"组中的"删除背景"按钮，此时被选中的图片会有部分区域变为紫红色（图 4-12），并会自动打开"背景消除"选项卡，如图 4-13 所示。需要注意的是，图片中的紫红色部分为需要删除区域，正常显示部分为需要保留的区域。确认好所需删除的背景内容后，单击"保留更改"按钮即可完成操作。

图 4-12 选中图片效果　　　　图 4-13 "背景消除"选项卡

温馨提示 如果想在删除区域中保留某个局部区域，可单击"优化"组中的"标记要保留的区域"按钮，然后在想要保留的区域处单击，此时被单击的区域会从紫红色变为正常显示状态，如图 4-14 所示。如果想继续删除某个不需要的局部区域，可单击"标记要删除的区域"按钮并在要删除的区域处单击，即可将其从正常显示状态变为紫红色效果，如图 4-15 所示。

图 4-14 标记要保留的区域　　　　图 4-15 标记要删除的区域

知识链接

除了可以利用"图片工具格式"选项卡编辑和美化图片外，还可以利用"设置图片格式"窗格进行设置，如图 4-16 所示。该窗格的打开方法是单击"图片工具格式"选项卡"图片样式"组或"大小"组右下角的按钮。

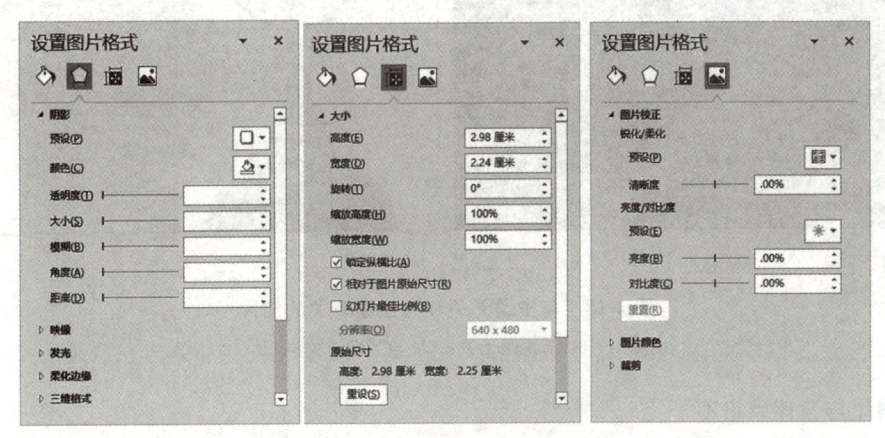

图 4-16 "设置图片格式"窗格

五、课件中图片使用的常见问题

1. 图片变形失真

制作课件时，有些人为了照顾课件的界面效果会随意拉长、拉宽或放大图片，造成图片变形或失真，从而降低课件的美观度和实用性。

解决办法与策略：尽量选用高质量图片；调整图片时尽量等比例缩放。

2. 图片信息冗余

某些图片中会带有水印或其他与课件主题无关的信息，如果直接使用会影响课件内容的呈现。

解决办法与策略：可使用 PowerPoint 2016 中的"裁剪"或"删除背景"功能去除多余信息（图 4-17）；使用图像制作软件，如 Photoshop、美图秀秀等处理图片后再使用。

图 4-17 使用"删除背景"功能删除白色背景

3. 图片与课件主题无关

很多人在制作课件时，为了避免幻灯片单调、乏味，通常会放一些与课件主题无关的图片。这样做不仅起不到装饰的作用，反而会影响课件内容的呈现。

解决办法与策略：避免使用与主题无关的图片（图 4-18）；对文字或图形等进行排版来丰富界面。

(a)   (b)

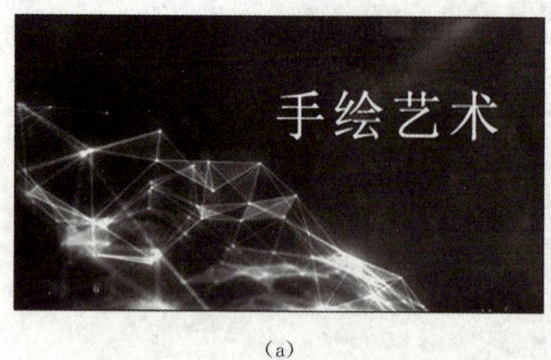

图 4-18 　与主题无关和与主题有关的图片

(a)与主题无关；(b)与主题有关

4. 图片与课件风格不一

如果同一课件中既采用了写实风格的图片，又采用了卡通风格的图片，则往往导致课件界面凌乱。

解决办法与策略：根据课件内容和使用对象选择合适的风格，并以选定风格为准来选取合适的图片，以确保课件整体风格统一，如图 4-19 所示。

(a)   (b)

图 4-19 　图片风格不统一和图片风格统一的幻灯片

(a)图片风格不统一；(b)图片风格统一

5. 课件排版凌乱、无序

在同一页幻灯片中同时应用多张图片，或大量文字与图片混排往往会给人凌乱、无序的感觉，从而导致课件内容传达不够清楚，界面不够精美。

解决办法与策略：多张图片同时使用时，可以使用四宫格、九宫格等构图方法排列图片，使其变得清楚、有序；图片与文字共同使用时，对于标题文字可将其放置在幻灯片一侧，对于正文内容则需要注意文字和图片的间距与对齐方式。

【任务实施】制作课件"长方形、正方形的面积计算"封面和封底

步骤 1 打开本书配套素材"素材与实例"→"项目四"→"任务一"→"长方形、正方形的面积计算"文件夹中的"长方形、正方形的面积计算"课件。

项目四　PowerPoint 2016 课件的图与表设计

步骤2　单击"插入"选项卡"图像"组中的"图片"按钮,在弹出的"插入图片"对话框中选择"长方形、正方形的面积计算"文件夹中的"公式图片.png"图片,单击"插入"按钮插入图片,如图4-20所示。

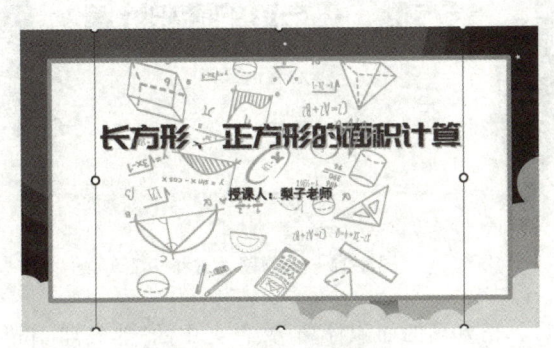

图4-20　插入的外部图片

步骤3　裁剪图片。单击"图片工具格式"选项卡"大小"组中的"裁剪"按钮,先将鼠标光标置于图片下方中间的裁剪控制点上,当鼠标光标变成"⊥"形状后,按住鼠标左键向上拖动进行裁剪(注意:裁剪至黑板内部即可),裁剪完成后,单击"裁剪"按钮确认裁剪。

步骤4　采用同样的方法裁剪图片上方的多余内容,并适当调整图片大小,效果如图4-21所示。

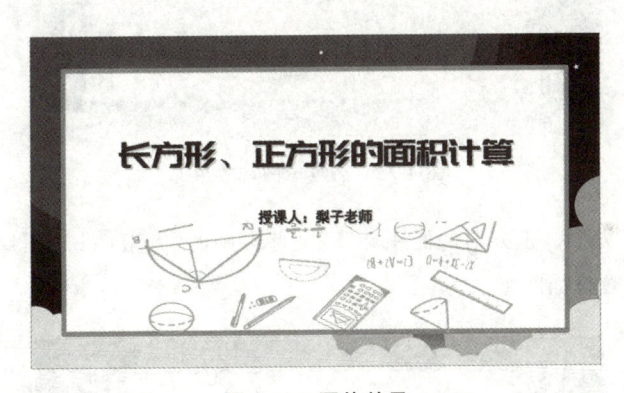

图4-21　图片效果

知识链接

如果要等比例缩放图片,可将鼠标光标置于图片四角的任一控制点上,然后按住Shift键并拖动控制点即可。另外,按住Ctrl+Alt+Shift组合键并拖动控制点可在图片中心位置不变的情况下缩放图片。

步骤5　插入"长方形、正方形的面积计算"文件夹中的"女孩1.jpg"图片,然后单击"图片工具格式"选项卡"调整"组中的"删除背景"按钮,确定要删除的背景区域后,在"背景消除"选项卡中单击"保留更改"按钮删除背景,并将该图片移至合适位置。采用同样的方法插入"男孩1.jpg",删除背景,移至合适位置,效果如图4-22所示。

67

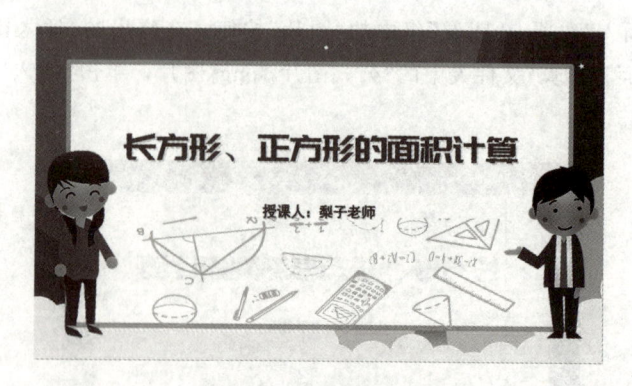

图 4-22 人物图片效果

步骤 6 插入"长方形、正方形的面积计算"文件夹中的"热气球.png"图片,将该图片拖至当前幻灯片的左上角位置并进行适当旋转,效果如图 4-23 所示。

图 4-23 热气球图片效果

步骤 7 插入"长方形、正方形的面积计算"文件夹中的"太阳.png"图片,然后将其移至当前幻灯片的右上角,效果如图 4-24 所示。

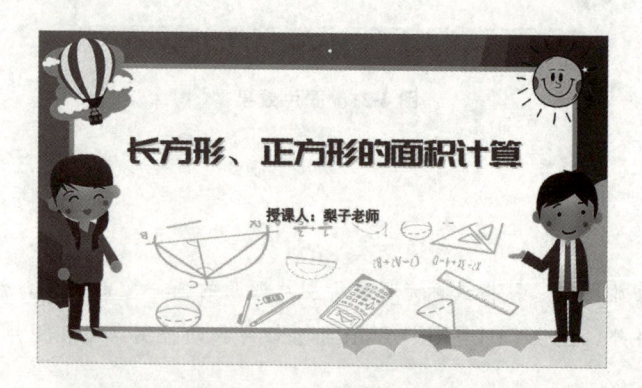

图 4-24 幻灯片最终效果

步骤 8 复制制作好的幻灯片,然后在复制出的幻灯片中删除"授课人:梨子老师"所在文本框,接着将"长方形、正方形的面积计算"文本框文字改为"感谢观看!",将字号设置为 115,结果如图 4-25 所示。

图 4-25　最后一页幻灯片效果

步骤 9　制作完成后，按 Ctrl+S 组合键保存当前课件。

任务实施 制作课件"找春天"封面和过渡页

步骤 1　打开本书配套素材"素材与实例"→"项目四"→"任务一"→"找春天"文件夹中的"找春天"课件，并新建一页"空白"版式的幻灯片。

步骤 2　插入本书配套素材"素材与实例"→"项目四"→"任务一"→"找春天"文件夹中的"边框 1.png""小花朵.png"图片，并分别将这 2 张图片移至合适位置。

步骤 3　绘制两个文本框并分别输入"找春天"和"制作人：张华老师"。其中，将"找春天"的字体设置为"华文琥珀"，将字号设置为 115，将颜色设置为深绿色；将"制作人：张华老师"的字体设置为"方正少儿简体"，将字号设置为 20，将颜色设置为"橙色，个性色 2"，效果如图 4-26 所示。

步骤 4　由于小花朵图片被边框图片遮挡，所以需调整两张图片的叠放顺序。选中小花朵图片并右击，在弹出的快捷菜单中选择"置于顶层"→"上移一层"选项，效果如图 4-27 所示。

图 4-26　输入文本并设置其格式　　　　图 4-27　调整图片叠放顺序

步骤 5　采用上述方法，利用"找春天"文件夹中的图片，完成图 4-28 所示的幻灯片。

步骤 6　制作完成后，按 Ctrl+S 组合键保存课件。

图 4-28　需要制作的幻灯片

任务二　应用图形

任 务 描 述

在制作课件过程中，可以使用图形来丰富幻灯片。本任务首先介绍绘制图形、编辑图形、为图形添加文字和使用 SmartArt 图形的方法，然后通过任务实施——制作课件"长方形、正方形的面积计算"和"找春天"部分页面，使读者掌握所学知识在课件制作中的应用。

知 识 储 备

一、绘制图形

在 PowerPoint 2016 中，绘制图形的方法很简单，只需单击"插入"选项卡"插图"组中的"形状"按钮，在弹出的下拉列表中选择需要的形状后，在幻灯片的所需位置按住鼠标左键绘制图形即可，如图 4-29 所示。需要注意的是，在绘制图形的过程中，按住 Shift 键可以绘制规则图形，如正圆、正方形；按住 Ctrl 键可以绘制以鼠标光标位置为中心向外发散的图形。

图 4-29 绘制图形

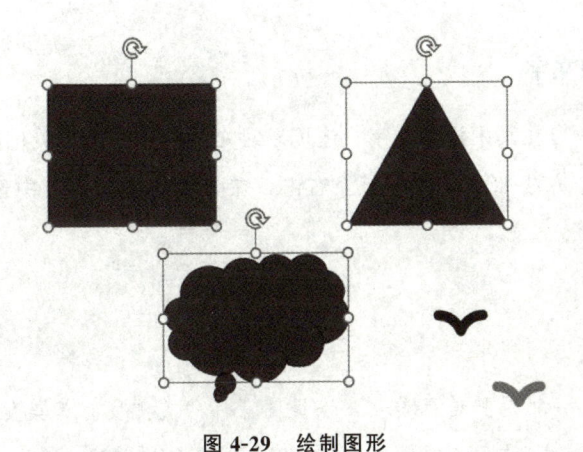

二、编辑图形

图形可与图片一样进行移动、裁剪、对齐、分布、组合等操作，除此之外，一些图形在处于选中状态时会增加一个黄色控制点，用于调整图形形状。例如，绘制一个星星，将鼠标光标置于黄色控制点上，当鼠标光标变成形状后，按住鼠标左键拖动即可改变星星的形状，如图4-30所示。另外，单击"绘图工具格式"选项卡"插入形状"组中的"编辑形状"按钮，在弹出的下拉列表中有"更改形状"和"编辑顶点"选项，用于更换图形形状和编辑图形形状。

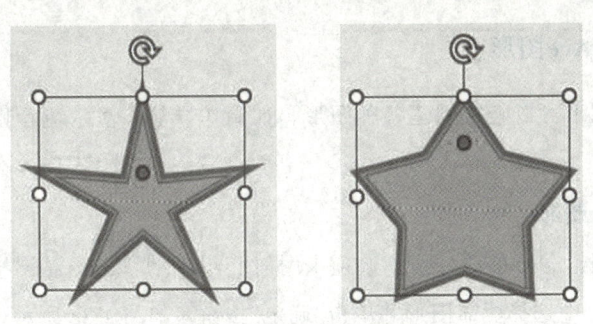

图 4-30 调整图形形状

知识链接

在选中多个图形的情况下，单击"绘图工具 格式"选项卡"插入形状"组中的"合并形状"按钮，在弹出的下拉列表中选择相应选项，可以对选中的图形进行组合、裁剪等操作。例如，选中多个星星形状，单击"合并形状"按钮，在弹出的下拉列表中选择"结合"选项，可以将选中的星星形状合并为一个形状，如图4-31 所示。

图 4-31 使用"合并形状"功能制作出的图形效果

三、为图形添加文字

图形绘制完成后，可在其中添加文字，还可以对文字进行编辑和美化，使其更加贴合图形。为图形添加文字的操作方法如下。在图形上右击，在弹出的快捷菜单中选择"编辑文字"选项，即可在图形中输入文字。

知识链接

图形编辑完成后，还可对其进行美化，以提高课件的美观度。其美化方法与文本框基本一致，均可在"绘图工具格式"选项卡中进行（图 4-32），此处不再赘述。

图 4-32 "绘图工具格式"选项卡

四、使用 SmartArt 图形

使用 SmartArt 图形可以轻松创建各种图形，如制作导航、演示流程图等，从而能够直观、有效地传达信息。

1. 插入 SmartArt 图形

插入 SmartArt 图形需要单击"插入"选项卡"插图"组中的"SmartArt"按钮，在弹出的"选择 SmartArt 图形"对话框中选择所需图形并单击"确定"按钮，如图 4-33 所示。

"选择 SmartArt 图形"对话框的左侧为分类区，选择不同的分类可快速查找相关的图形类型；中间为列表区，用于显示与当前分类相关的图形；右侧为图形预览区，主要用于展示所选 SmartArt 图形的预览图和详细信息。

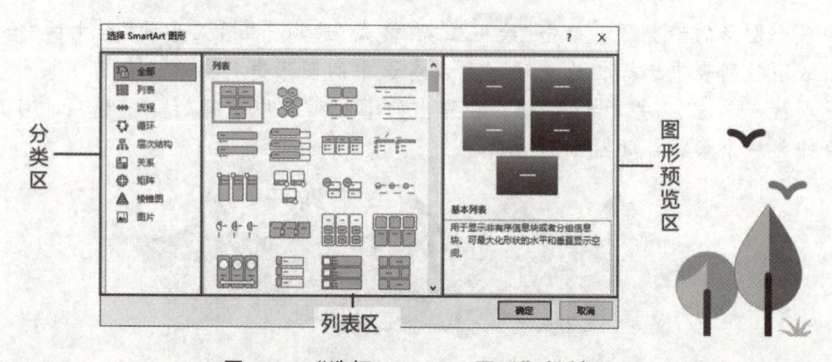

图 4-33 "选择 SmartArt 图形"对话框

2. 编辑、美化 SmartArt 图形

在插入 SmartArt 图形后，可通过"SmartArt 工具格式"选项卡中的功能对图形的形状样式和艺术字样式等进行设置，如图 4-34 所示。另外，还可通过"SmartArt 工具设计"选项卡进行图形版式更改、SmartArt 样式设置等操作，如图 4-35 所示。

图 4-34　"SmartArt 工具格式"选项卡

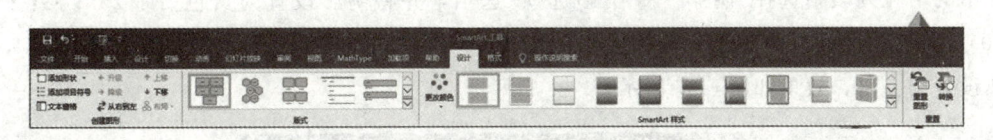

图 4-35　"SmartArt 工具设计"选项卡

知识链接

SmartArt 图形中的每一个形状都是独立的，因此编辑其中一个形状时只需选中该形状后进行相应操作即可。

3. 为 SmartArt 图形添加文字

在 SmartArt 图形中可以添加文字，其方法有两种：一是在"文本"窗格中输入文字；二是在形状文本位置直接输入文字内容，如图 4-36 所示。

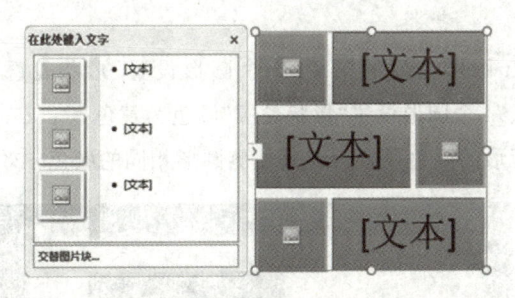

图 4-36　"文本"窗格和形状文本

知识链接

在 SmartArt 图形中添加图片的方式与添加文字的方式相同。

任务 实施 制作课件"长方形、正方形的面积计算"目录等页面

步骤 1 打开本书配套素材"素材与实例"→"项目四"→"任务二"→"长方形、正方形的面积计算"文件夹中的"长方形、正方形的面积计算"课件,复制"封面"幻灯片,并将男孩、女孩图片缩小,移到合适位置。

步骤 2 单击"插入"选项卡"文本"组中的"文本框"按钮,在弹出的下拉列表中选择"绘制横排文本框"选项,然后在幻灯片中的左侧按住鼠标左键并拖动,以绘制文本框,接着输入文字"目录",并将字体设置为"庞门正道标题体",将颜色设置为青绿色(R:39,G:124,B:153),将字号设置为 80,添加阴影,单击"绘制工具格式"选项卡"艺术字样式"组中的"文本效果"按钮,在弹出的下拉列表中选择"阴影"→"阴影选项"选项,并将阴影设置为黄色(R:255;G:192;B:0),将透明度设置为 60%,将大小设置为 100,将模糊设置为 0 磅,将角度设置为 45°,将距离设置为 5 磅,效果如图 4-37 所示。

图 4-37 插入文本框并编辑文字

步骤 3 单击"插入"选项卡"插图"组中的"SmartArt"按钮,在弹出的"选择 SmartArt 图形"对话框中的"列表"组中选择"垂直曲形列表"形状,单击"确定"按钮插入图形,并调整其大小、位置等。

步骤 4 将 SmartArt 图形左侧的第 1、3 个圆形设置"形状轮廓"颜色为青绿色(R:39,G:124,B:153),第 2、4 个圆形设置"形状轮廓"颜色为黄色(R:255,G:192,B:0),然后分别将图形右侧的 4 个矩形的颜色设置为与其左侧圆形相同的颜色,效果如图 4-38 所示。

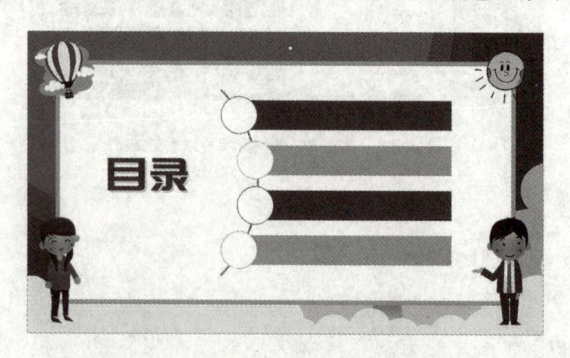

图 4-38 插入并美化 SmartArt 图形

> 知识链接
>
> 在制作幻灯片时,可先对页面进行布局,再加入文字内容。

步骤 5 在 SmartArt 图形右侧的 4 个矩形内分别输入"初识面积""面积公式""自主探究""课堂小结",然后将其字体设置为"黑体",将字号设置为 34。

步骤 6 将左侧 3 个圆形从上至下分别添加文字"1""2""3""4",然后将其字体设置为"庞门正道标题体",将字号设置为 35,将"1""3"颜色设置为青绿色(R:39,G:124,B:153),将"2""4"颜色设置为黄色(R:255,G:192,B:0),效果如图 4-39 所示。

图 4-39 为 SmartArt 图形添加文字

步骤 7 新建"内容页"版式,在标题占位符输入"面积公式",插入"素材与实例"→"项目四"→"任务二"→"长方形、正方形的面积计算"文件夹中的"男孩 1.png"图片和"女孩 1.png"图片,分别移至右上方和左上方,效果如图 4-40 所示。

图 4-40 插入图片

步骤 8 单击"插入"选项卡"插图"组中的"形状"按钮,在弹出的下拉列表中选择"思想气泡:云",按住鼠标左键并拖动,在"女孩 1.png"图片右侧绘制云形,接着调整其大小和位置,并在"绘图工具 格式"选项卡"形状样式"组中将其填充颜色设置为纯白色,将轮廓色设置为青绿色(R:39,G:124,B:153),将粗细设置为 2.25 磅。

步骤 9 参照同样的步骤,在"男孩 1.png"图片左侧绘制云形,如图 4-41 所示。

图 4-41 绘制并编辑图形

步骤 10　单击"插入"选项卡"插图"组中的"形状"按钮,在列表中选择"矩形",在女孩图片下方同时按住 Shift 键和鼠标左键并拖动,绘制正方形。

步骤 11　参照同样的步骤,在男孩图片下方绘制长方形,如图 4-42 所示。

图 4-42　绘制正方形和长方形

步骤 12　在左、右两侧的"思想气泡:云"图形上分别添加文字"我的比你的高,所以我的面积比较大""我的比你的长,所以我的面积比你的大",然后将其字体设置为"黑体",将字号设置为 18,将颜色设置为青绿色(R:39,G:124,B:153),效果如图 4-43 所示。

图 4-43　为"思想气泡:云"图形添加文字

步骤 13　单击"插入"选项卡"文本"组中的"文本框"按钮,在弹出的下拉列表中选择"绘制横排文本框"选项,在幻灯片右下方按住鼠标左键并拖动,绘制横排文本框,在文本框中添加文字"到底谁的面积大呢?",然后将其字体设置为"黑体",将字号设置为 36,将颜色设置为黄色

（R：255，G：192，B：0）。最后在幻灯片左上角添加标题"面积公式"（标题字体、颜色等采用母版设置效果），效果如图 4-44 所示。

图 4-44　当前幻灯片效果

步骤 14　参考上述方法，利用"长方形、正方形的面积计算"文件夹中的图片，完成图 4-45 所示的幻灯片。

步骤 15　制作完成后，按 Ctrl＋S 组合键保存课件。

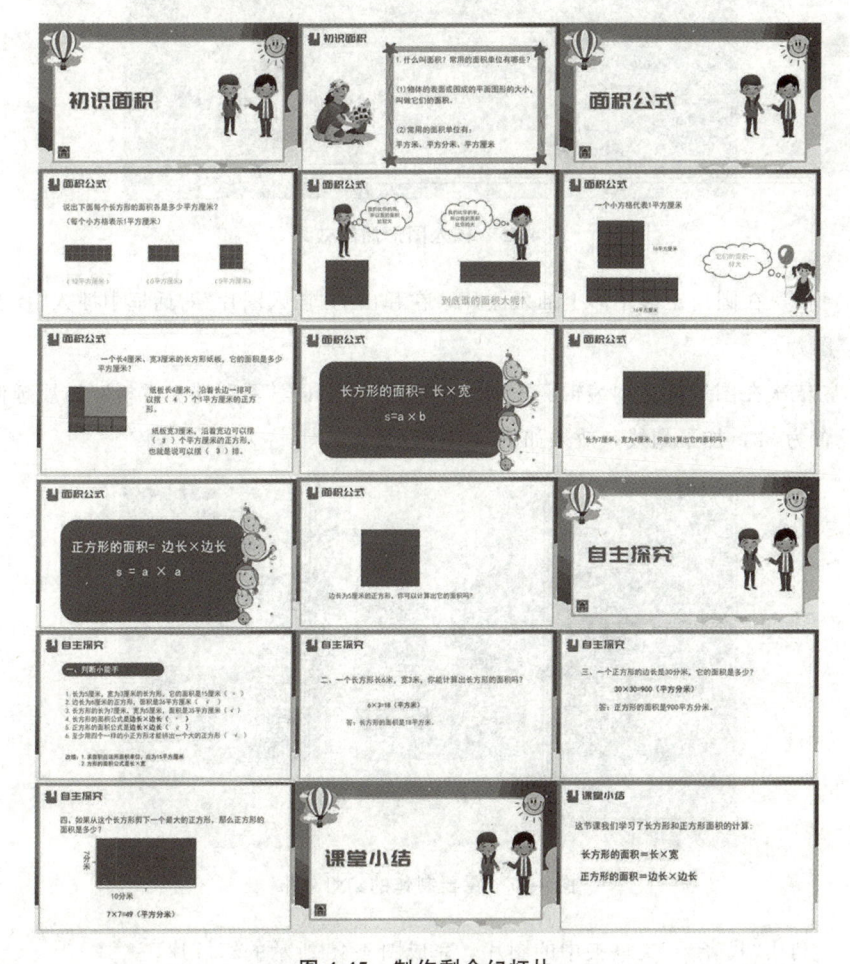

图 4-45　制作剩余幻灯片

任务实施 制作课件"找春天"部分页面

步骤 1 打开本书配套素材"素材与实例"→"项目四"→"任务二"→"找春天"文件夹中的"找春天"课件，并新建一页"空白"版式的幻灯片。

步骤 2 分别插入"找春天"文件夹中的"花朵 1.png""花朵 2.png""花朵 3.png""花朵 4.jpg"图片。

步骤 3 绘制一个圆角矩形（高 2.3 cm，宽 8.8 cm），并为其填充（绿色，个性色 6），然后清除其轮廓效果，接着在该矩形内输入"目录"，并将其字体设置为"方正少儿简体"，将字号设置为 44，将颜色设置为纯白色，效果如图 4-46 所示。

图 4-46 插入图形后的效果

步骤 4 依次在圆角矩形图形上插入图片，在弹出的"插入图片"对话框中插入"找春天"文件夹中的相应图片。

步骤 5 依次在图形的文本编辑区添加"课前导读""字词学习""课文赏析""拓展延伸"，然后将其字号设置为 32，加下划线，效果如图 4-47 所示。

图 4-47 需要制作的幻灯效果

步骤 6 利用"找春天"文件夹中的图片，完成图 4-48 所示的幻灯片。

图 4-48　制作其他幻灯片

步骤 7　到此，课件"找春天"的内容便基本制作完成了。为了方便讲解相关知识点，本书没有按照正常顺序制作课件的页面(幻灯片)，读者可根据项目一任务实施中编写的课件脚本来调整该课件的页面顺序，最后按 Ctrl+S 组合键保存课件。

任务三　应用表格与图表

任务描述

与文字相比，表格和图表能够更形象、直观地表现各数据之间的关系。本任务首先介绍表格与图表的使用方法，然后通过任务实施——制作课件"长方形、正方形的面积计算"剩余页面，使读者掌握所学知识在课件制作中的应用。

知识储备

一、应用表格

表格是整理数据的重要手段，下面介绍插入、编辑和美化表格的方法。

1. 插入表格

单击"插入"选项卡"表格"组中的"表格"按钮，在弹出的下拉列表中可通过移动鼠标光标选择表格数量，选择完成后单击即可插入表格，如图 4-49 所示。当所需表格数量较多时，可在"表格"下拉列表中选择"插入表格"选项，在弹出的"插入表格"对话框中可以设置表格的列数和行数，如图 4-50 所示。

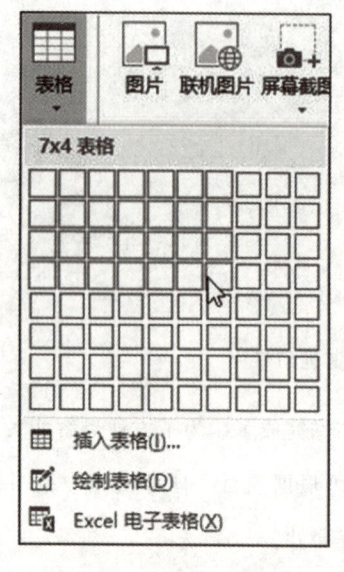

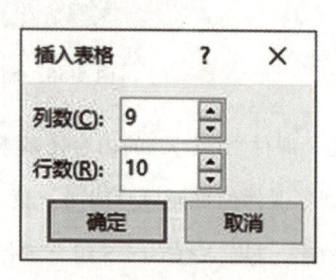

图 4-49 "表格"下拉列表　　图 4-50 "插入表格"对话框

2. 编辑和美化表格

插入表格后，可通过"表格工具布局"选项卡设置单元格大小、对齐方式和表格尺寸等，如图 4-51 所示。另外，还可在"表格工具设计"选项卡中对表格进行美化，如设置表格样式、艺术字样式等，如图 4-52 所示。

图 4-51 "表格工具布局"选项卡

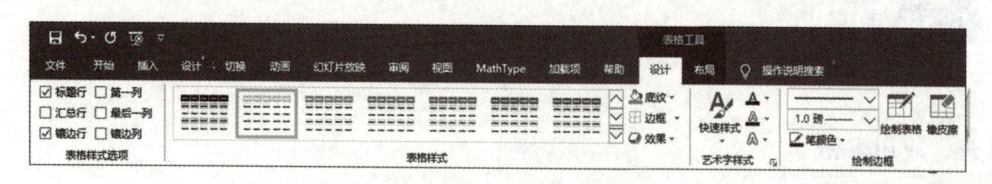

图 4-52 "表格工具设计"选项卡

二、应用图表

图表是图和表的总称。在制作课件时，图表经常用于表现数据对比或数据变化等情况。如果要插入图表，可单击"插入"选项卡"插图"组中的"图表"按钮，在弹出的"插入图表"对话框中选择所需图表后单击"确定"按钮，如图 4-53 所示。

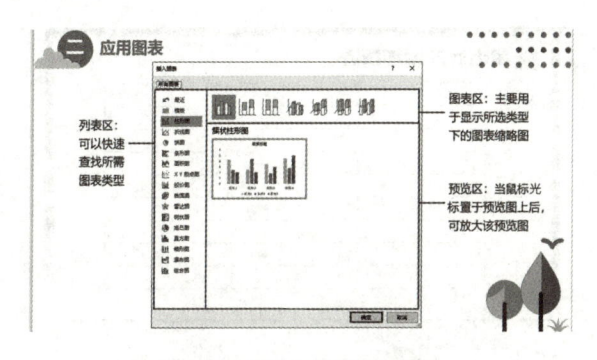

图 4-53 "插入图表"对话框

另外，插入图表后，可以通过"图表工具格式"和"图表工具设计"选项卡对图表进行编辑与美化，如图 4-54 所示。

(a)

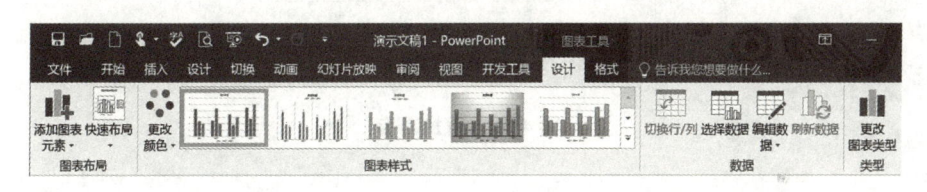

(b)

图 4-54 "图表工具格式"选项卡和"图表工具设计"选项卡

(a)"图表工具格式"选项卡；(b)"图表工具设计"选项卡

任务实施 制作课件"长方形、正方形的面积计算"剩余页面

步骤 1 打开本书配套素材"素材与实例"→"项目四"→"任务三"→"长方形、正方形的面积计算"文件夹中的"长方形、正方形的面积计算"课件，并新建一页"空白"版式的幻灯片。

步骤 2 单击"插入"选项卡"表格"组中的"表格"按钮，在弹出的下拉列表中选择"插入表格"选项，在弹出的"插入表格"对话框中设置"列数"为 3，"行数"为 9，单击"确定"按钮插入表格；选中表格，在"表格工具布局"选项卡"表格尺寸"组中将表格"高度"设置为 13，将"宽度"设置为 25，在"表格工具表设计"选项卡"绘制边框"组中将笔颜色设置为青绿色(R：39，G：124，B：153)，在"表格样式"组中将表格"底纹"设置为"无填充"，将"边框"设置为"所有线框"，效果如图 4-55 所示。

图 4-55　插入并编辑表格

步骤 3　为表格分别添加表头文字"长(厘米)""宽(厘米)""面积(平方厘米)"并居中，然后添加表文文字，效果如图 4-56 所示。

图 4-56　添加内容

步骤 4　采用上述方法制作图 4-57 所示的幻灯片。到此，课件"长方形、正方形的面积计算"的内容便基本制作完成了，读者可按"封面→目录→初识面积→面积公式→自主探究→课堂小结"的顺序调整幻灯片，最后按 Ctrl＋S 组合键保存当前课件。

图 4-57　制作剩余幻灯片

项目实训

一、制作课件"鸡兔同笼"探究新知页

利用本书配套素材"素材与实例"→"项目四"→"项目实训"→"项目实训一"文件夹中的图片和文案完成本实训。实训最终效果如图 4-58 所示。

图 4-58 "鸡兔同笼"探究新知页效果

提示：

(1) 先制作背景并输入标题和题干。其中，将标题的字体设置为"微软雅黑"，将字号设置为 44，将颜色设置为蓝色(R：0，G：126，B：205)，并加粗；将题干的字体设置为"楷体"，将字号设置为 28 并加粗。

(2) 制作男孩和女孩的对话。利用形状"对话气泡：圆角矩形"制作出对话框，然后在形状内直接编辑文字，设该文字的字体设置为"楷体"，将字号设置为 24 并加粗。

(3) 绘制一张表格，然后填充文字内容。表格中文字的字体均为"楷体"，字号均为 24。

二、制作课件"识字"

利用本书配套素材"素材与实例"→"项目四"→"项目实训"→"项目实训二"文件夹中的图片完成本实训。实训最终效果如图 4-59 所示。

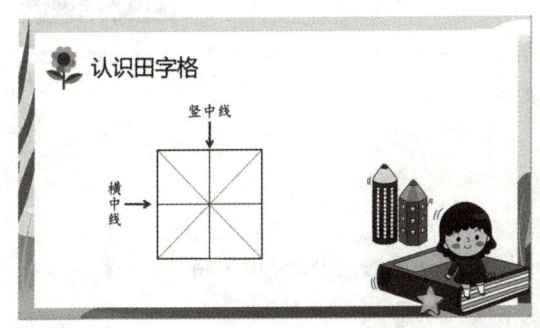

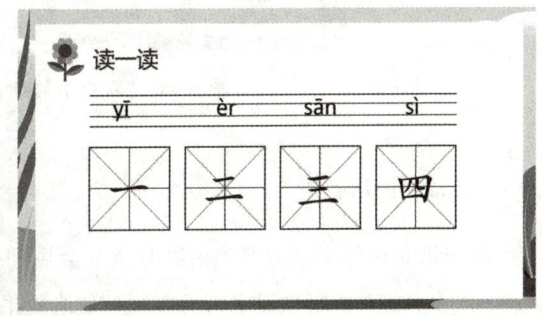

图 4-59 "识字"效果

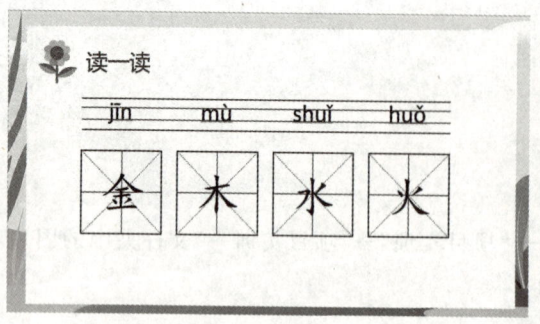

图 4-59 "识字"效果(续)

提示：

(1)各页幻灯片标题文字的字体为"方正卡通简体"，字号为 24，颜色为蓝色(R：0，G：126，B：205)。

(2)制作出第 1 页幻灯片中的田字格后，可复制到第 2 页幻灯片，然后利用字体"汉语拼音"输入拼音。

延伸拓展

一、制作双色字

双色字是指将两种不同颜色的文字混合到一起以获取特殊的视觉效果。其制作方法是先将文字矢量化，再利用裁剪功能对文字进行裁剪。下面通过制作"双色字"案例来学习在 PowerPoint 2016 中制作这种特殊文字的方法，最终效果如图 4-60 所示。

图 4-60 "双色字"案例效果

制作双色字

二、制作田字格

制作语文课件识字方面的内容时经常会用到田字格，下面通过制作"田字格"案例来学习在 PowerPoint 2016 中制作田字格的方法，最终效果如图4-61所示。

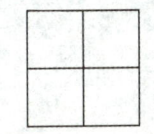

图 4-61 "田字格"案例效果

制作田字格

三、文案美化

在 PowerPoint 2016 中可以将文字保存成图片，然后对其进行美化处理，以制作出独特的画面效果。下面通过制作"文案美化"案例来学习在 PowerPoint 2016 中拆分图片的方法，最终效果如图 4-62 所示。

图 4-62 "文案美化"案例效果

文案美化

项目五

PowerPoint 2016 课件的动画设计

教学与学习目标

学习目标：

1. 学习如何在课件中插入和编辑动画、过渡效果、超链接等交互元素，以提高用户的参与度和优化学习体验。

2. 学习并实践如何通过动画效果、过渡方式增强演示文稿的表现力和吸引力。

3. 培养学生良好的视觉审美能力和创新思维，鼓励他们在实践中探索技术与艺术的融合，提升多媒体作品的艺术表现力。

4. 在完成动画设计项目的过程中，强调团队合作的重要性，促使学生共同讨论、分工合作，培养他们协同解决问题的能力，实现资源共享与互补，促进集体智慧的发挥。

5. 通过精细化的动画设置和调整，引导学生体验工匠精神，锻炼耐心细致的工作作风，让他们在追求卓越的动画呈现效果中养成认真负责的态度。

项目导读：

教师在利用 PowerPoint 2016 制作课件时，不但能为其中的文本、图片、图形等对象添加动画，使课件的表现效果更加生动，还可为课件添加幻灯片切换效果，使幻灯片的前后过渡自然、连贯。

任务一　添加和设置动画

任务描述

动画是使课件出彩的重要手段之一。本任务首先介绍 PowerPoint 2016 提供的 4 种动画类型和添加方法、高级动画设置及课件中动画使用注意事项等，以此使读者了解 PowerPoint 2016 的动画功能，然后通过任务实施——为课件"找春天"和"长方形、正方形的面积计算"添加动画，使读者掌握在实际课件制作中应用动画的技能。

知识储备

一、动画类型和添加方法

PowerPoint 2016 提供了 4 种类型的动画，分别是进入动画、强调动画、退出动画和动作路径动画。可利用"动画"选项卡的"动画"组为所选对象添加这些动画，如图 5-1 所示。

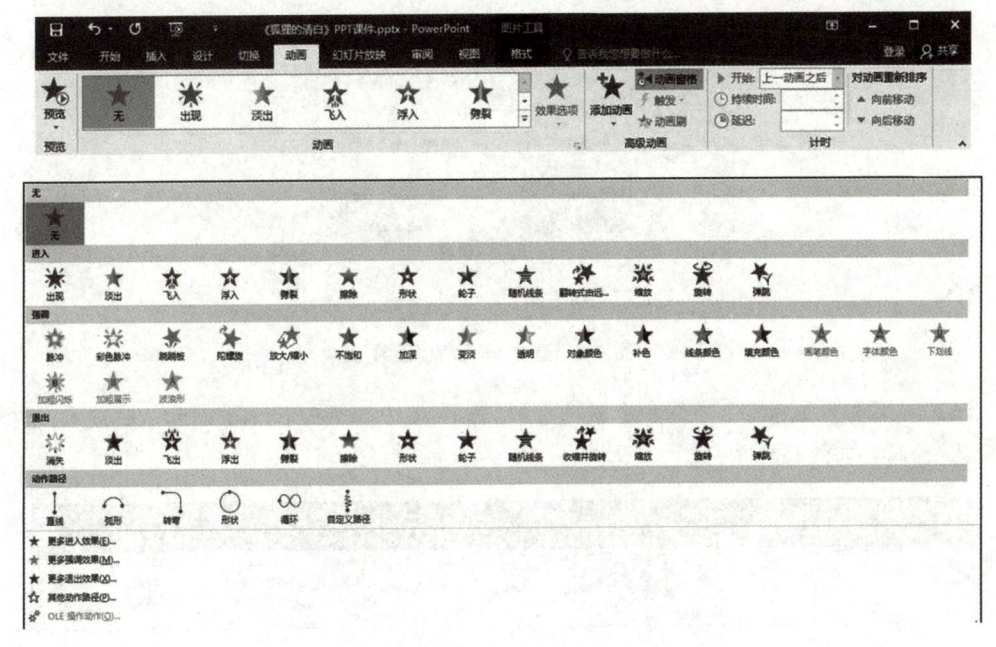

图 5-1　"动画"选项卡

1. 进入动画

进入动画是最基本、最常用的动画，是放映课件时对象进入幻灯片的动画。图 5-2 所示为 PowerPoint 2016 中的进入动画集合，总体来说有 4 大类型，即基本型、细微型、温和型和华丽型。

图 5-2　进入动画合集

在添加进入动画时，应首先选中幻灯片中需要添加动画的对象，然后单击"动画"选项卡"动画"组中的"其他"按钮，在弹出的下拉列表中选择合适的进入动画，接着设置动画效果选项、动画开始方式和持续时间等（也可以使用同样的方法添加强调动画、退出动画、动作路径动画并设置它们的动画效果）。下面以为"雾凇"课件中的"长颈鹿"图片添加动画为例进行说明。

步骤1 打开本书配套素材"素材与实例"→"项目五"→"任务一"文件夹中的"雾凇"课件。

步骤2 选择对象。在幻灯片选择窗格中选择第 8 张幻灯片，然后单击幻灯片编辑区中的"长颈鹿"图片，如图 5-3 所示。

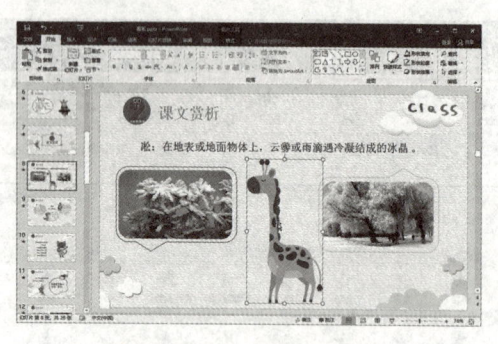

图 5-3 选中"长颈鹿"图片

步骤3 添加动画效果。在"动画"选项卡的"动画"组中选择右下角 按钮，在"进入"组中选择"浮入"动画，如图 5-4 所示。

图 5-4 为"长颈鹿"图片添加"进入"→"浮入"动画

步骤4 设置动画效果。单击"动画"组中的"效果选项"按钮，在弹出的下拉列表中选择"浮入"选项，如图 5-5 所示。不同类型的动画的效果选项不同。

步骤5 设置动画开始方式。单击"计时"组中"开始"选项右侧的三角按钮，在弹出的下拉列表中选择"上一动画之后"选项，如图 5-6 所示。

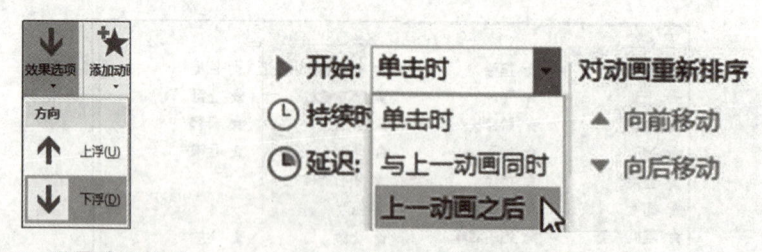

图 5-5 设置动画效果   图 5-6 设置动画的开始方式

知识链接

"开始"下拉列表中包括 3 种开始动画的方式，其各选项的意义如下。

(1)单击时：在放映幻灯片时，只有单击才会开始播放该动画。

(2)与上一动画同时：在放映幻灯片时，该动画自动与上一动画效果同时播放。

(3)上一动画之后：在放映幻灯片时，播放完上一动画后自动播放该动画。

步骤 6 设置动画持续时间。单击 2 次"计时"组中"持续时间"选项右侧向上的三角按钮，将动画持续时间延长至 1.5 s，如图 5-7 所示。

图 5-7 设置动画的持续时间

知识链接

持续时间：是指动画从开始播放到结束播放所需的时间。

延迟：用于设置触发动画之后的延迟时间。例如，若将延迟时间设置为 1 s，将动画开始方式设为"单击时"，则单击后 1 s 开始播放该动画。

2. 强调动画

在放映课件时，强调动画通过缩放、旋转、闪烁、变色等形式强调幻灯片中的重点内容，以吸引学习者的注意。图 5-8 所示为 PowerPoint 2016 中的强调动画集合，其与进入动画一样分为基本型、温和型、细微型、华丽型 4 种类型。

图 5-8 强调动画集合

3. 退出动画

退出动画是进入动画的逆过程，是放映课件时对象从幻灯片中退出的动画。图 5-9 所示为 PowerPoint 2016 中的退出动画集合，其同样分为 4 种类型，基本与进入动画一一对应。

图 5-9　退出动画集合

4. 动作路径动画

动作路径动画是指让对象按照绘制的路径进行运动的动画。用户可以利用它制作出很多酷炫的动画效果。图 5-10 所示为 PowerPoint 2016 中的动作路径动画集合，其分为基本、直线和曲线、特殊 3 种类型。

图 5-10　动作路径动画集合

在 PowerPoint 2016 中为幻灯片中的对象添加动作路径动画的操作步骤如下。

步骤 1　添加动画。在幻灯片中选中要添加动作路径动画的对象，然后在"动画"组中选择合适的动作路径动画，如系统内置的"转弯"动画，如图 5-11 所示。另外，也可以选择"自定义路径"选项，然后自行绘制动作路径。

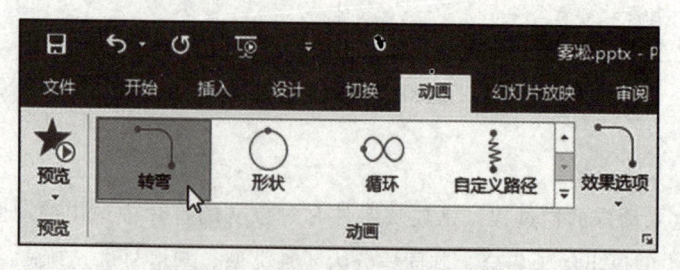

图 5-11　为对象添加路径动画

项目五　PowerPoint 2016 课件的动画设计

步骤 2　调整路径起点和终点。选中添加了动作路径动画的对象后，在幻灯片中会显示一条由箭头和虚线组成的运动轨迹（路径），其中，绿色箭头表示路径起点，红色箭头表示路径终点，拖动这两个箭头可改变对象运动的起点和终点，如图 5-12 所示。

步骤 3　调整路径形状。右击路径，在弹出的快捷菜单中选择"编辑顶点"选项，如图 5-13 所示。此时，路径中会出现用于调整其形状的顶点，通过拖动顶点或顶点两侧的控制柄，可将路径调整为需要的任意形状。

图 5-12　调整路径起点和终点　　　　图 5-13　调整路径形状

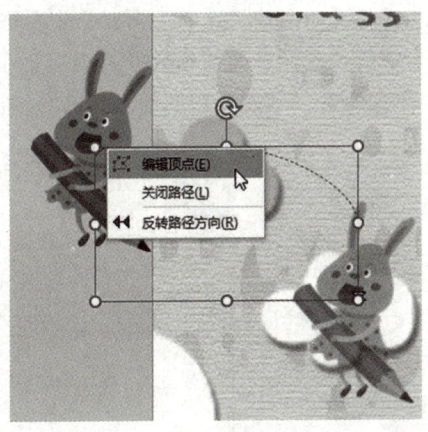

步骤 4　设置动画选项，参考前面设置进入动画的操作，设置"转弯"动画的动画效果、开始方式和持续时间等。

二、高级动画设置

为对象添加动画后，可以利用"高级动画"组（图 5-14）中的选项为该对象继续添加动画，或进一步调整动画，使其播放效果能满足课件制作的各种需要。

图 5-14　"高级动画"组

（1）为同一对象添加多个动画。利用"动画"组只能为同一对象添加一个动画，后添加的动画将自动替换先前添加的动画。如果要为同一对象添加多个动画（如同时添加进入和强调动画），可单击"高级动画"组中的"添加动画"按钮，在弹出的下拉列表中选择需要添加的动画；重复上述操作可为同一对象添加多个动画。

（2）选择动画。要设置为对象添加的动画，需要先将该动画选中。为此，可以在幻灯片中单击对象左上角的动画序号；或在"高级动画"组中单击"动画窗格"按钮，在 PowerPoint 2016 主窗口的右侧打开动画窗格（该窗格主要用于选择和管理动画），然后在该窗格中选择需要进行设置的动画。

(3)设置动画触发器。动画触发器用于设置触发动画播放的条件，如单击某个对象(不一定是添加了该动画的对象)开始播放动画，从而制作各种交互效果(如选择题和判断题)或控制视频播放等。本书将在项目七中具体讲解动画触发器的使用方法。

(4)使用动画刷复制动画。利用动画刷可以复制动画，从而快速为多个对象设置相同的动画效果。在使用时应先单击目标对象，在幻灯片中选择已设置动画的对象，单击"高级动画"组中的"动画刷"按钮，然后将鼠标光标移至目标对象上并单击，即可复制所选的动画。

(5)设置高级动画效果。在动画窗格中右击需要设置的动画，在弹出的快捷菜单中选择"效果选项"菜单项，在弹出的动画效果选项对话框中可以对所选动画进行各种设置，如图5-15所示。需要注意的是，不同类型的动画，其"效果"选项卡的设置也不同。

图 5-15　设置高级动画效果

知 识 链 接

图5-15所示对话框"效果"选项卡中部分选项的作用如下。

平滑开始：动画开始播放时在设置的时间内由慢到快。

平滑结束：动画结束播放时在设置的时间内由快到慢。

声音：为动画添加PowerPoint 2016内置或外部的声音。

动画播放后：动画播放结束后的对象状态。例如，对于退出动画，可以选择"播放动画后隐藏"选项，从而达到动画播放结束后，对象在幻灯片中隐藏的效果。

动画文本：设置文本动画的效果。例如，要制作文本逐字出现的动画，可首先为文本添加"进入"→"飞入"动画，然后在"动画文本"下拉列表中选择"按字母顺序"选项，再在下方的编辑框中设置逐字出现的时间间隔，如0.5 s。

"计时"选项卡中的"重复"选项用于设置动画的重复播放次数。例如，对于某些强调动画，可选择多次重复播放。

(6)更改动画的播放顺序。幻灯片中的动画都是按添加的顺序进行播放的，若需要更改动画的播放顺序，可在动画窗格中选择要调整的动画，然后按住鼠标左键将其拖拽到需要的位置。另外，也可单击动画窗格中的"上移一层"按钮或"下移一层"按钮，逐层调整所选动画的播放顺序，如图5-16所示。

需要注意的是，动画窗格中动画名称右侧的矩形代表了该动画的持续时间。

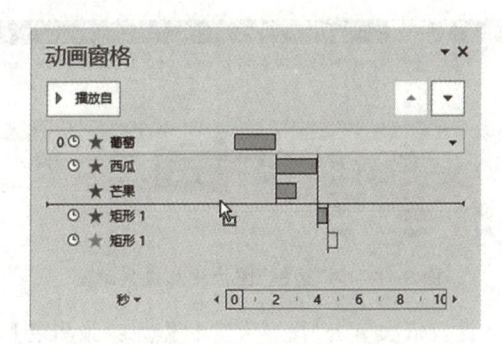

图 5-16　更改动画的播放顺序

(7)删除动画。首先在幻灯片或动画窗格中选择要删除的动画，然后按 Delete 键即可将其删除。

三、课件中动画使用注意事项

(1)避免过多的动画。过多的动画不利于幻灯片的调整和修改，因此在为对象添加动画时应尽量精简。当对多个对象应用相同的动画时，可先将需要添加动画的对象全部选中，然后按 Ctrl＋G 组合键编组，最后为编组的对象添加动画。

(2)动画应贴合对象特点。随意运用动画可能使课件失去风格、凌乱不堪，因此要根据对象的特点为其添加动画。例如，课件中文字的上方需要一个气球图片作为装饰，考虑到现实中的气球会飘在空中，可为其添加"浮入"动画。

任务实施 为课件"找春天"添加动画

下面为课件"找春天"中的内容添加进入动画、强调动画和动作路径动画，使课件更加活泼、生动，其中首页（封面）的动画效果如图 5-17 所示。

图 5-17　为课件"找春天"添加进入动画、强调动画和动作路径动画

步骤 1　打开本书配套素材"素材与实例"→"项目五"→"任务一"文件夹中的"找春天"课件。

温馨提示　分析动画顺序。课件首页的重点内容是课件的标题，因此标题及相关内容应优先出现，其次是呼应主题的"找春天"。

步骤 2　单击选中幻灯片编辑区中的"边框"图片，在"动画"选项卡的"动画"组中为其添加"进入"→"擦除"动画，然后单击"计时"组中"开始"选项右侧的三角按钮，在弹出的下拉列表中选择"上一动画之后"选项，如图 5-18 所示。

图 5-18 为"边框"图片添加进入动画

步骤 3 首先按住 Shift 键，依次单击"找春天""制作人：张华老师"文本，然后在"动画"选项卡的"动画"组中为其添加"进入"→"弹跳"动画，使两段文本均以弹跳的方式出现，接着选中"找春天"文本，在"计时"组中设置"开始"为"上一动画之后"，再选中"制作人：张华老师"文本，在"计时"组中设置"开始"为"与上一动画同时"，使两个文本同时出现，如图 5-19 所示。

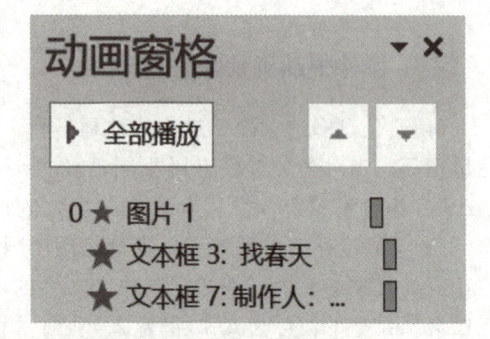

图 5-19 为文本添加进入动画

步骤 4 选中"小花朵"图片，将其移至幻灯片编辑区左侧，然后单击"动画"选项卡"高级动画"组中的"添加动画"按钮，在展开的下拉列表中为其添加"自定义路径"动画效果，接着在"小花朵"图片上按住鼠标左键向右拖动，绘制小花朵的动作路径，绘制完毕后按 Enter 键确定，最后在"计时"组中设置"开始"为"上一动画之后"，设置"持续时间"为 3 s，如图 5-20 所示。

图 5-20 为"小花朵"图片添加动作路径动画

步骤 5　选中"找春天"文本，然后单击"动画"选项卡"高级动画"组中的"添加动画"按钮，在展开的下拉列表中为其添加"强调"→"波浪形"动画，最后在"计时"组中设置"开始"为"上一动画之后"，如图 5-21 所示。

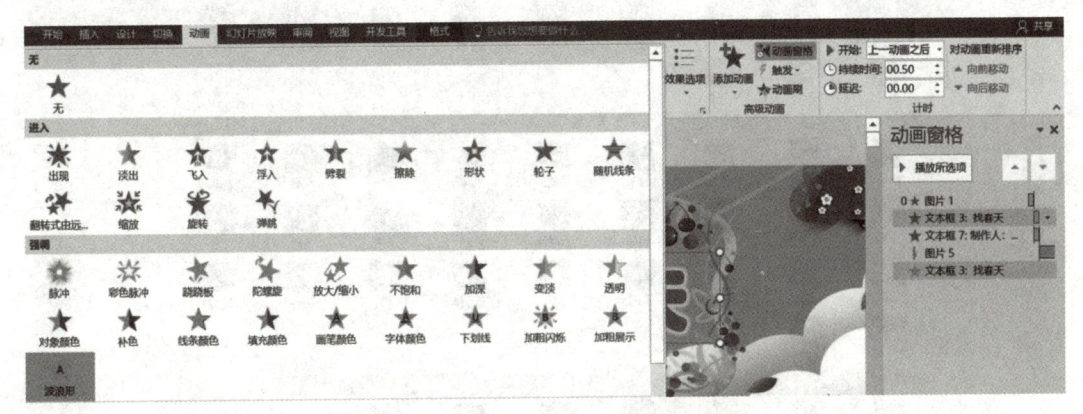

图 5-21　为标题文本添加强调动画

步骤 6　参照步骤 2～步骤 5 的操作，为"找春天"课件其他幻灯片中的对象添加动画。

任务实施　为课件"长方形、正方形的面积计算"添加动画

下面为课件"长方形、正方形的面积计算"中的内容添加动画。
步骤 1　打开本书配套素材"项目五"→"任务一"→"长方形、正方形的面积计算"课件。
步骤 2　参考上一个案例的操作为该课件各幻灯片中的对象添加动画，读者可自行选择动画类型和设置动画效果。

任务二　设置幻灯片切换效果

任务描述

幻灯片切换效果是指放映课件时，从一张幻灯片切换到下一张幻灯片时的动画和换片方式，这种效果能起到良好的过渡作用，并增强幻灯片的表现力。本任务首先介绍添加幻灯片切换动画和设置幻灯片的切换方式等知识，然后通过任务实施——为课件"长方形、正方形的面积计算"和"找春天"设置幻灯片的切换效果，使读者掌握在实际课件制作中设置幻灯片切换效果的技能。

知识储备

一、添加幻灯片切换动画

要为幻灯片添加切换动画，可以在选中要切换的幻灯片后，单击"切换"选项卡"切换到此幻灯片"组中的"其他"按钮，在弹出的下拉列表中选择需要的动画，如图 5-22 所示。添加某些切换动画后，还可以通过单击"切换到此幻灯片"组中的"效果选项"按钮对其效果进行调整。

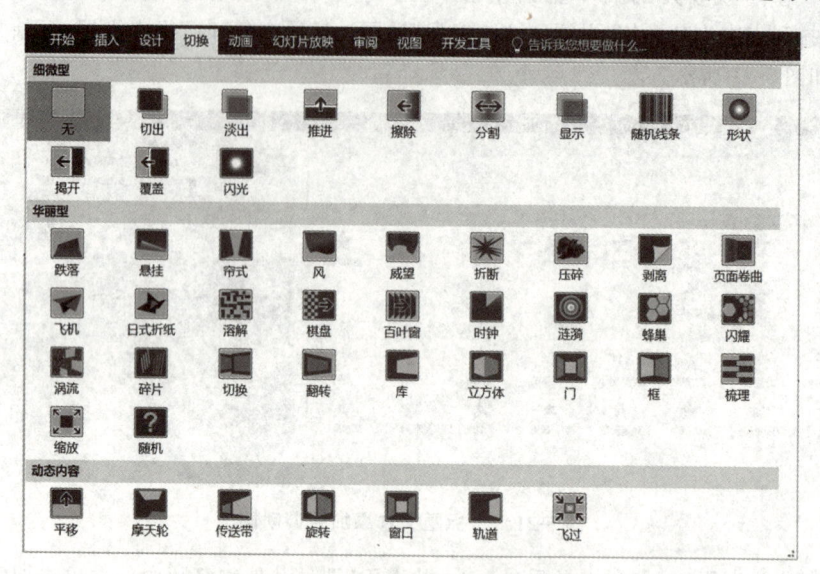

图 5-22 设置幻灯片切换效果

二、设置幻灯片的切换方式

可以通过"计时"组中的选项逐个或统一设置幻灯片的切换方式，如图 5-23 所示。

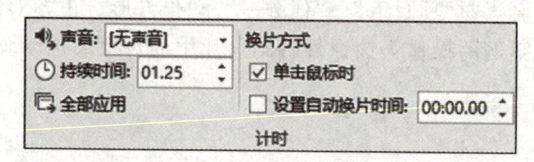

图 5-23 "切换"选项卡中的"计时"组

知识链接

"切换"选项卡"计时"组中各选项的作用如下。

声音：设置幻灯片切换时的声音效果，如爆炸声、打字机声、风铃声等。

持续时间：设置幻灯片切换动画持续的时间。

全部应用：将设置的幻灯片切换效果（包括动画）应用到所有幻灯片中。

换片方式：即触发切换幻灯片的操作。其中，"单击鼠标时"是指在课件放映过程中，单击鼠标可切换到下一张幻灯片；"设置自动换片时间"是指输入时间值，在指定的时间后自动切换到下一张幻灯片。

任务实施 为课件"长方形、正方形的面积计算"设置切换

下面为课件"长方形、正方形的面积计算"中的幻灯片添加"悬挂""帘式""飞机"等切换动画，并通过设置切换时的声音、切换持续时间来丰富切换效果，控制切换节奏，如图 5-24 所示。

项目五　PowerPoint 2016 课件的动画设计

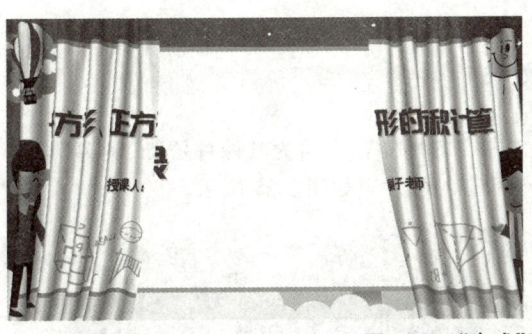

图 5-24　"帘式"和"飞机"切换效果

步骤 1　打开本书配套素材"素材与实例"→"项目五"→"任务二"文件夹中的"长方形、正方形的面积计算"课件。

温馨提示　在设计幻灯片切换效果时,应结合课件实际内容进行安排。例如,本例中开场使用"悬挂"切换动画,以吸引学生的注意力;在讲解正课时,使用"帘式"切换动画,使幻灯片如帷幕一样左右拉开,表示课程正式开始;后面的学习任务幻灯片使用"飞机"切换动画,以丰富幻灯片的切换方式。

步骤 2　选择首页幻灯片,在"切换"选项卡的"切换到此幻灯片"组中为其添加"悬挂"切换动画,如图 5-25 所示。

图 5-25　设置首页切换效果

步骤 3　选择第 2 页幻灯片,在"切换到此幻灯片"组中为其添加"帘式"切换动画,然后在"计时"组中单击"声音"右侧的三角图标,在弹出的下拉列表中选择"鼓掌"选项,为切换动画添加声音,最后设置"持续时间"为 4 s,如图 5-26 所示。

图 5-26　设置并调整第 2 页切换效果

步骤 4　选择第 3 页幻灯片,在"切换到此幻灯片"组中为其添加"飞机"切换动画,如图 5-27 所示。

图 5-27　设置第 3 页幻灯片的切换效果

步骤 5　参照步骤 2~步骤 4 的操作为"长方形、正方形的面积计算"课件中的其他幻灯片设置切换效果。

> **任务实施** 为课件"找春天"设置切换效果

《找春天》是一则散文,为了表现翻书叙述散文内容的感觉,下面为其课件添加"剥离"切换动画,并通过"全部应用"功能将此切换动画应用于所有幻灯片,如图 5-28 所示。

图 5-28 "剥离"切换效果

步骤 1 打开本书配套素材"素材与实例"→"项目五"→"任务二"文件夹中的"找春天"课件。

步骤 2 选择第 2 页幻灯片,在"切换到此幻灯片"组中为幻灯片添加"剥离"切换动画,然后在"计时"组中单击"应用到全部"按钮,将此切换动画应用于全部幻灯片,如图 5-29 所示。

图 5-29 为所有幻灯片添加"剥离"切换效果

步骤 3 选择首页幻灯片,在"切换到此幻灯片"组中选择"无"切换效果。

温馨提示 在切换幻灯片时,首页中的"剥离"效果会使背景出现大面积的黑色,为了不影响美观,首页不使用幻灯片切换效果。

> **项目实训**

一、为课件"秋天的图画"添加动画

打开本书配套素材"素材与实例"→"项目五"→"项目实训"→"项目实训一"→文件夹中的"秋天的图画"课件,完成首页动画和幻灯片切换动画,效果如图 5-30 所示。

图 5-30 "秋天的图画"课件动画展示

二、为课件"草虫的村落"添加动画

打开本书配套素材"素材与实例"→"项目五"→"项目实训"→"项目实训二"文件夹中的"草虫的村落"课件,完成首页动画,效果如图 5-31 所示。

图 5-31 "草虫的村落"课件动画展示

延伸拓展

一、制作汉字书写动画

在低年级语文教学课件中,汉字的笔画书写顺序是一项非常重要的教学内容,为了帮助学生掌握汉字的书写顺序,教师经常需要制作汉字书写动画。

本案例的制作思路是利用 Word 2016 将文字转换为图形(Windows 元文件)格式,然后复制到 PowerPoint 2016 中,利用动画效果完成笔画的书写,最终效果如图 5-32 所示。

制作汉字书写动画

图 5-32 汉字书写动画效果

二、制作卷轴动画

卷轴是我国古代文字的载体,未展开的卷轴带有神秘感,很容易吸引学生的注意力,因此很适合制作古文类型课件。本案例的制作思路是通过动作路径动画,使卷轴图片形成展开的效果,并在卷轴展开的同时,为底层图片添加"劈裂"动画效果,以此实现卷轴展开、文字显现的动画效果。最终效果如图 5-33 所示。

制作卷轴动画

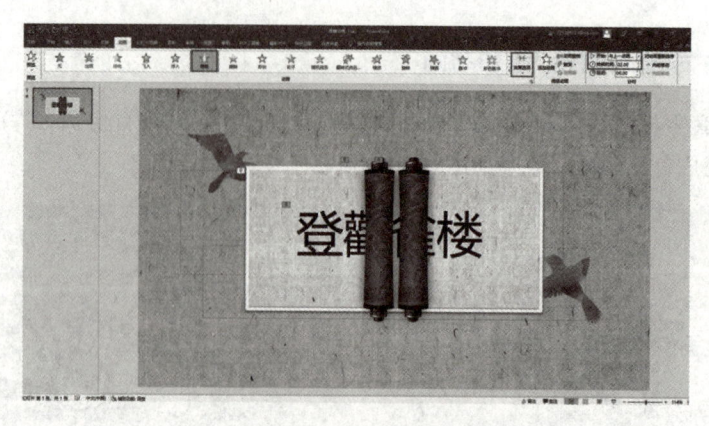

图 5-33 卷轴动画效果

三、制作倒计时动画

有些课件中的试题需要学生限时完成，这时就需要制作倒计时动画来提醒学生。本案例将通过"退出"→"擦除"等动画效果来模拟时间条倒计时效果，如图 5-34 所示。

制作倒计时动画

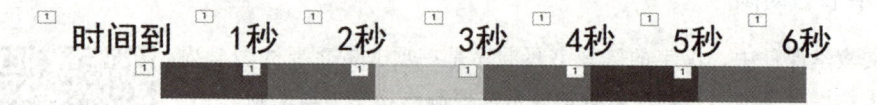

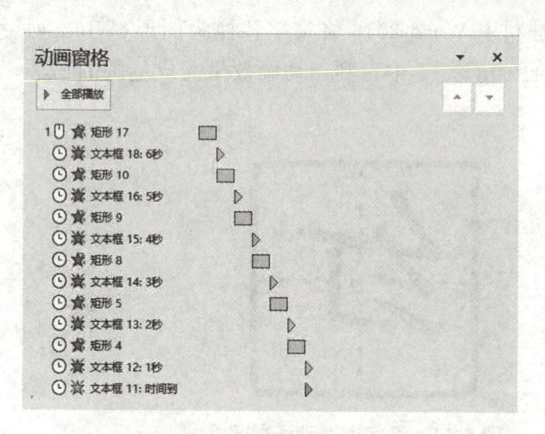

图 5-34 调整动画播放顺序

四、制作钟表摇摆动画

在学习认识时间的相关课程时，经常需要在课件中添加钟表图片来呼应主题。本案例的制作思路是通过"强调"→"陀螺旋"动画制作钟摆的左右摇摆效果，通过"效果选项"设置钟摆摆动的幅度，如图 5-35 所示。

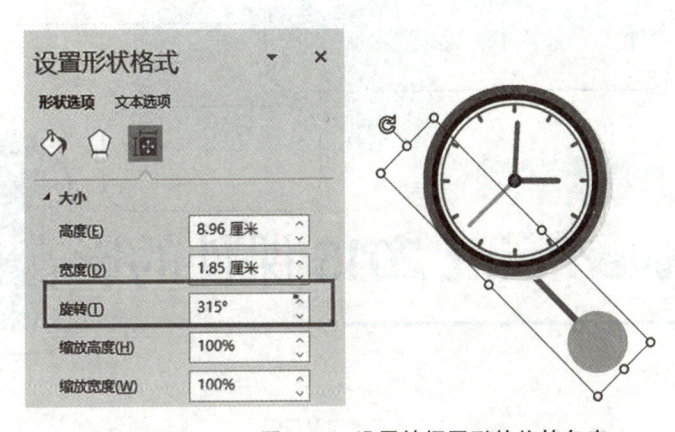

图 5-35　设置钟摆图形的旋转角度

制作钟表
摇摆动画

五、制作探照灯动画

根据主题内容，某些幻灯片的背景可能设置为深色，为了凸显标题，吸引学生的注意力，在展示课件的标题时常使用探照灯动画效果。本案例的制作思路是通过动作路径动画，使圆形光束从左至右移动，并在移动过程中"照亮"标题文本，效果如图 5-36 所示。

制作探照灯动画

图 5-36　探照灯动画效果

101

项目六

PowerPoint 2016 课件的影音处理

教学与学习目标

学习目标：

1. 掌握在 PowerPoint 2016 课件中插入、编辑音频和视频，以及控制音频和视频播放的方法。

2. 鼓励学生将所学理论知识应用于实际创作，借助影音处理技术进行个性化表达，培养其批判性思维和跨学科综合应用能力，助力创新型人才的成长。

3. 指导学生在制作课件过程中注重价值引领，利用影音手段传播社会主义核心价值观，弘扬中华优秀传统文化和时代精神，有效服务于教育教学和社会公益事业。

项目导读：

音频和视频不仅能极大地丰富课件内容，吸引学生的注意力，而且在讲解某些抽象的知识时，音频和视频也比纯文字式的讲解更容易让学生接受并理解，因此音频和视频是课件中必不可少的元素之一。本项目主要讲解在 PowerPoint 2016 中插入音频及视频的方法。

任务一 应用音频

任务描述

在 PowerPoint 2016 中插入音频的方法主要有两种，分别是插入 PC 上的音频和录制音频。本任务首先介绍以上两种插入音频的方法，以及编辑音频、控制音频播放等知识，然后通过任务实施——为课件"找春天"配音、为课件"火烧云"添加朗读音频，使读者掌握在课件中应用音频的技能。

知识储备

一、插入 PC 上的音频

插入 PC 上的音频功能适合插入时长较长的音频，如课文朗读、背景音乐等。下面以课件

"大自然的声音"为例，讲解在 PowerPoint 2016 中插入 PC 上的音频的方法。

步骤 1　打开本书配套素材"素材与实例"→"项目六"→"任务一"→"大自然的声音"文件夹中的"大自然的声音"课件。

步骤 2　选择第 2 页幻灯片，单击"插入"选项卡"媒体"组中的"音频"按钮，在弹出的下拉列表中选择"PC 上的音频"选项，如图 6-1 所示。

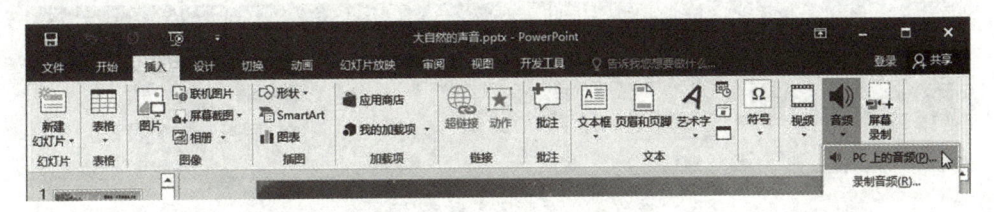

图 6-1　插入 PC 上的音频

步骤 3　在弹出的"插入音频"对话框中选择"素材与实例"→"项目六"→"任务一"→"大自然的声音"文件夹中的"鸟鸣 . mp3"音频文件，单击"插入"按钮将其插入，如图 6-2 所示。

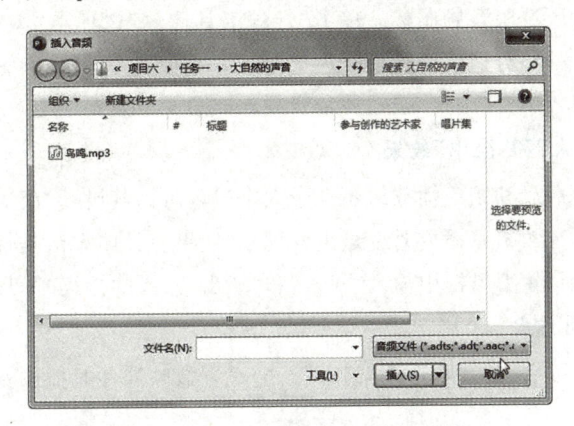

图 6-2　插入"鸟鸣 . mp3"音频文件

步骤 4　插入音频后，幻灯片中会显示一个小喇叭图标，将鼠标光标移至该图标上或选中该图标，将显示一个浮动控制条，利用它可以控制音频的播放，如图 6-3 所示。

图 6-3　插入音频后的效果

温馨提示　小喇叭图标是代表音频的一张图片，用户将其选中后，可在"音频工具格式"选项卡中设置其格式。另外，还可右击小喇叭图标，在弹出的快捷菜单中选择"更改图片"选项，将其替换成其他图片。

二、编辑音频和控制音频播放

插入音频后，用户可利用"音频工具播放"选项卡（图6-4）对音频进行编辑，如剪裁音频、添加书签、设置音频的"淡入"和"淡出"效果及设置播放音频的方式等。

图6-4 "音频工具播放"选项卡

1. 剪裁音频

某些音频可能存在时长过长、开始或结尾有空白等情况，用户可根据需要对其进行剪裁。为此，可在幻灯片编辑区选中音频图标，单击"音频工具播放"选项卡"编辑"组中的"剪裁音频"按钮，在弹出的"剪裁音频"对话框中拖动绿色的"起始时间"滑块和红色的"终止时间"滑块调整音频的起始及终止时间，单击"确定"按钮剪裁音频，如图6-5所示。

2. 设置音频的"淡入"和"淡出"效果

为了使音频在开始播放和结束播放时不至于太突然，可为其设置"淡入"（音频开始播放时音量由小到大）和"淡出"（音频结束播放时音量由大到小）效果。具体方法是选中音频图标，然后在"编辑"组的"渐强"和"渐弱"编辑框中输入"淡入"和"淡出"效果的持续时间。

3. 设置播放音频的方式

选中音频图标后，可利用"音频选项"组（图6-6）设置放映课件时播放音频的方式，部分设置项的作用如下。

(1)开始：用于设置音频的开始播放方式，有"自动"和"单击时"两个选项。其中，"自动"是指播放幻灯片时自动播放音频；"单击时"是指单击音频图标或其他触发器才开始播放音频。

(2)跨幻灯片播放：表示当符合条件时，可在幻灯片每一页都播放音频。

(3)循环播放，直到停止：表示一直循环播放音频。有以下几种情况可使音频播放停止——在未选中"跨幻灯片播放"复选框时，切换到下一页幻灯片；为音频添加了"暂停"或"停止"按钮并触发按钮；课件放映结束。

(4)放映时隐藏：放映课件时不显示音频图标。

(5)音量：设置音频的音量。

图6-5 "裁剪音频"对话框

图6-6 "音频选项"组

4. 利用书签控制音频播放

利用书签可以将音频播放进程快速定位到需要的位置。添加书签的方法如下。在幻灯片中播放音频，当播放到需要定位的位置时，单击"音频工具播放"选项卡"书签"组中的"添加书签"按钮，即可在浮动控制条的当前播放位置添加一个书签，如图 6-7 所示。

放映课件时，在浮动控制条中单击添加的书签，音频将直接跳转到书签处开始播放。若添加了多个书签，还可按 Alt＋Home 组合键跳转到下一个书签处，或按 Alt＋End 组合键跳转到上一个书签处。

图 6-7　浮动控制条中的书签

5. 利用触发器控制音频播放

可以利用触发器为音频添加"开始""暂停""停止""播放"按钮，以控制音频的播放，具体操作将在任务实施中讲解。

三、录制音频

录制音频功能比较灵活，适合录制时长较短的音频，如单词发音、生词领读、拼音领读等，可在制作课件的同时录制并插入录制好的音频。下面以课件"儿童认识蔬菜水果"为例，讲解在 PowerPoint 2016 中录制音频的方法。

步骤 1　打开本书配套素材"素材与实例"→"项目六"→"任务一"文件夹中的"儿童认识蔬菜水果"课件。

步骤 2　选择第 4 页幻灯片，单击"插入"选项卡"媒体"组中的"音频"按钮，在弹出的下拉列表中选择"录制音频"选项，即可弹出"录制声音"对话框，如图 6-8 所示。

图 6-8　"录制声音"对话框

步骤 3　在"录制声音"对话框中更改"名称"为"甜椒"，然后单击"开始录制"按钮，通过声音输入设备录制"甜椒"的英语单词发音。录制完毕后，单击"停止录制"按钮，再单击"确定"按钮，如图 6-9 所示。

图 6-9　录制"甜椒"音频

步骤 4　录制完毕后幻灯片中会出现音频图标，适当调整音频图标的位置，并设置"音频工具播放"选项卡"音频选项"组中的"开始"为"单击时"，最后参考步骤 2 和步骤 3 的操作，录制其他蔬菜的英语单词发音，效果如图 6-10 所示。

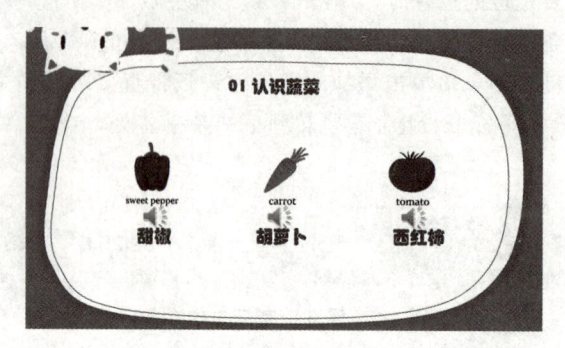

图 6-10　为各种蔬菜录制英文发音

任务实施　为课件"找春天"配音

下面为课件"找春天"字词学习模块 9~16 页中的生字配音，以此增强课件的实用性，效果如图 6-11 所示。

图 6-11　"找春天"课件录音效果

步骤 1　打开本书配套素材"素材与实例"→"项目六"→"任务一"→"找春天"文件夹中的"找春天"课件。

步骤 2　选择第 9 页幻灯片，单击"插入"选项卡"媒体"组中的"音频"按钮，在弹出的下拉列表中选择"录制音频"选项，即可弹出"录制声音"对话框。

步骤 3　在"录制声音"对话框中更改"名称"为"冲"，然后单击"开始录制"按钮，通过声音输入设备录制"冲"的发音，录制完毕后，单击"停止录制"按钮，再单击"确定"按钮，如图 6-12 所示。

图 6-12　为字词学习模块"冲"配音

步骤 4　适当调整音频图标的位置，并设置"音频工具播放"选项卡"音频选项"组中的"开始"为"单击时"，如图 6-13 所示。

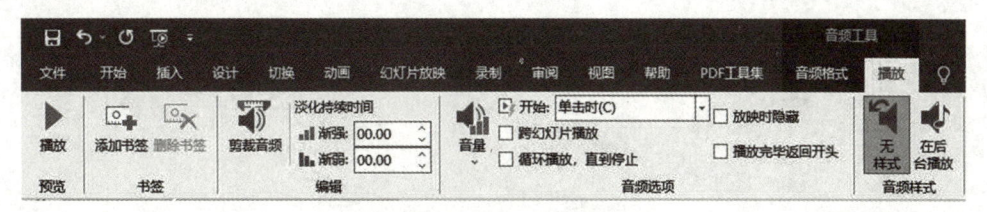

图 6-13　设置音频的开始播放方式

步骤 5　为音频添加动画。选中音频图标，在"动画"选项卡"动画"组中为其添加"浮入"动画，并在"计时"组中设置"开始"为"上一动画之后"，如图 6-14 所示。

图 6-14　为音频图标添加动画

步骤 6　参考步骤 2～步骤 5 录制字词学习模块 9～16 页中的发音，并为它们添加动画效果。

任务实施　为课件"火烧云"添加朗读音频

下面为课件"火烧云"添加课文朗读音频并为音频添加触发器，以此控制音频的播放，效果如图 6-15 所示。

图 6-15　"火烧云"课件音频展示

步骤 1　打开本书配套素材"素材与实例"→"项目六"→　"任务一"→"火烧云"文件夹中的"火烧云"课件。

步骤 2　选择第 11 页幻灯片，单击"插入"选项卡"媒体"组中的"音频"按钮，在弹出的下拉列表中选择"PC 上的音频"选项，如图 6-16 所示。

图 6-16　插入 PC 上的音频

步骤3 在弹出的"插入音频"对话框中，选择"素材与实例"→"项目六"→"任务一"→"火烧云"文件夹中的"火烧云朗读.wav"音频文件，单击"插入"按钮插入音频文件，如图6-17所示。

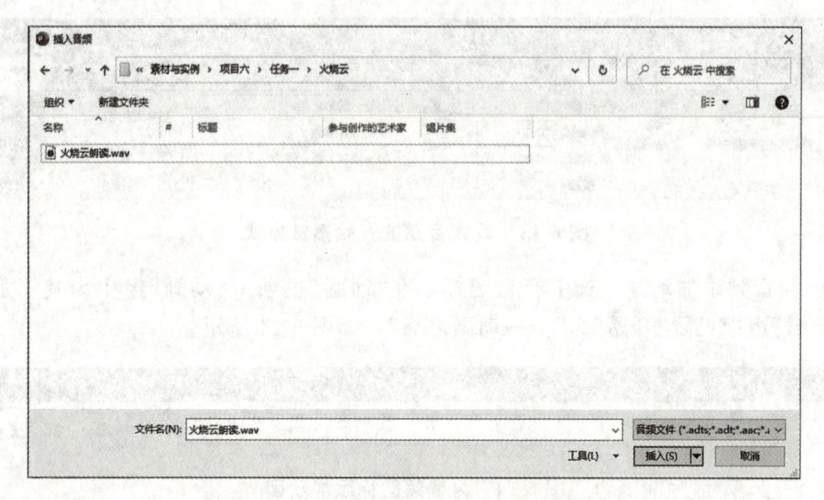

图 6-17 插入"火烧云朗读"音频文件

步骤4 选中音频图标，在"动画"选项卡"高级动画"组中单击"添加动画"按钮，在弹出的下拉列表中选择"媒体"→"播放"动画。

步骤5 单击"动画窗格"按钮，在弹出的"动画窗格"对话框中双击"播放"动画，即可弹出"播放音频"对话框，在"计时"选项卡中单击"触发器"按钮，然后单击"单击下列对象时启动动画效果"单选按钮，单击其右侧的下拉按钮，在弹出的下拉列表中选择"播放"选项，最后单击"确定"按钮，如图6-18所示。

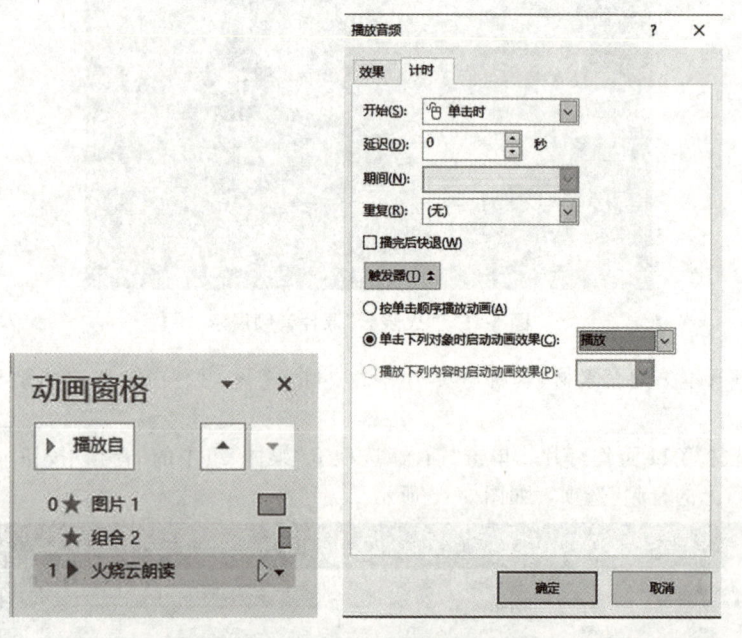

图 6-18 为"播放"动画添加触发器

步骤6 参考步骤4和步骤5的操作，为音频添加"媒体"→"暂停"动画，并通过"触发器"将

项目六　PowerPoint 2016 课件的影音处理

该动画与"暂停"按钮链接，然后为视频添加"媒体"→"停止"动画，并通过触发器将该动画与"停止"按钮链接，效果如图 6-19 所示。

图 6-19　制作"暂停""停止"动画的触发器

任务二　应用视频

任务描述

在 PowerPoint 2016 中，常用的插入视频的方式主要有两种，分别是插入 PC 上的视频和录制屏幕。本任务首先介绍以上两种插入视频的方法，以及编辑视频、设置视频的播放方式等知识，然后通过任务实施——为课件"找春天"添加视频，使读者掌握在课件中应用视频的技能。

知识储备

一、插入及设置视频

PowerPoint 2016 支持插入 MP4、AVI、MPEG 和 WMV 等格式的视频文件，插入方法与插入音频的方法类似。用户可以在"插入"选项卡"媒体"组中单击"视频"按钮，在弹出的下拉列表中选择"此设备"选项，插入 PC 上的视频，如图 6-20 所示。

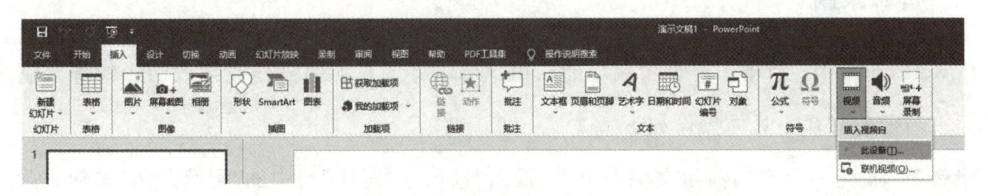

图 6-20　插入 PC 上的视频

插入视频后,可单击"视频工具 视频格式"选项卡"预览"组中的"播放"按钮预览视频。另外,还可根据需要,在该选项卡的"调整"组中调整视频的颜色、亮度和对比度等属性;在"视频样式"组中设置视频样式、视频形状、视频边框、视频效果;在"排列"组中设置视频的排列方式;在"大小"组中裁剪视频,或调整视频的宽度和高度。

这些操作方法与编辑图片的方法类似,具体可参考项目四中的相关知识。"视频工具视频格式"选项卡如图 6-21 所示。

图 6-21 "视频工具视频格式"选项卡

知识链接

在 PowerPoint 2016 中添加的视频文件默认以视频首帧画面作为视频未播放时的封面,若需要改变封面,可以单击"视频工具视频格式"选项卡"调整"组中的"海报框架"按钮,自定义视频的封面。

"视频工具播放"选项卡与"音频工具播放"选项卡功能类似。例如,用户可在其"书签"组中为视频添加书签;在"编辑"组中剪裁视频及设置视频的"淡入"和"淡出"效果。"视频工具播放"选项卡如图 6-22 所示。

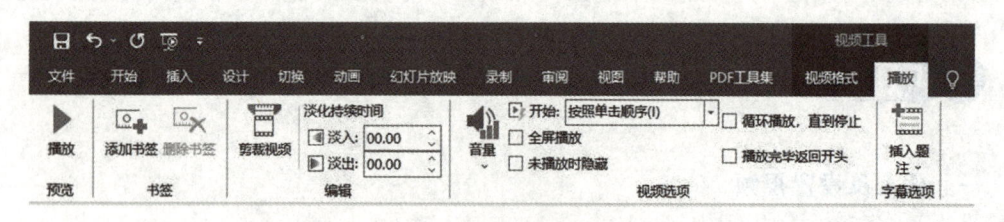

图 6-22 "视频工具播放"选项卡

二、屏幕录制

PowerPoint 2016 新增了屏幕录制功能,用户可以将屏幕上的操作或播放的影像等录制为视频,插入当前幻灯片,具体操作如下。

步骤 1 新建一个空白演示文稿,单击"插入"选项卡"媒体"组中的"屏幕录制"按钮,此时屏幕顶部会出现屏幕录制设置窗口,如图 6-23 所示。

图 6-23　屏幕录制设置窗口

知识链接

选择区域：单击该按钮，鼠标光标会呈"十"形，此时可将鼠标光标移至要录屏的区域，按住鼠标左键并拖动绘制屏幕录制区域。

音频：单击该按钮，在录制屏幕的同时会录制声音。

录制指针：单击该按钮，在录制屏幕的同时记录鼠标光标的操作过程。

步骤 2　单击"选择区域"按钮，在需要录制的区域绘制矩形区域（红色虚线），然后单击"录制"按钮，此时屏幕中间会出现一个倒计时动画，倒计时结束后，用户在矩形区域内进行的各种操作及播放的视频等都将被录制下来。

步骤 3　在录制过程中单击"暂停"按钮，可以暂停屏幕的录制，单击"停止"按钮，可以完成屏幕的录制，此时 PowerPoint 2016 会自动将刚才录制的视频插入当前幻灯片。

任务实施　为课件"找春天"添加视频

在课件"找春天"中，为了更形象地介绍春天的特点，吸引学生的注意力，可以在相应幻灯片中插入与春天景物相关的视频，如图 6-24 所示。

图 6-24　"找春天"课件视频展示

步骤 1　打开本书配套素材"素材与实例"→"项目六"→"任务二"→"找春天"文件夹中的"找春天"课件。

步骤 2　选择第 21 页幻灯片，单击"插入"选项卡"媒体"组中的"视频"按钮，在弹出的下拉列表中选择"此设备"选项，在弹出的"插入视频文件"对话框中选择"素材与实例"→"项目六"→"任务二"→"找春天"文件夹中的"找春天.mp4"视频文件，单击"插入"按钮插入视频，如图 6-25 所示。

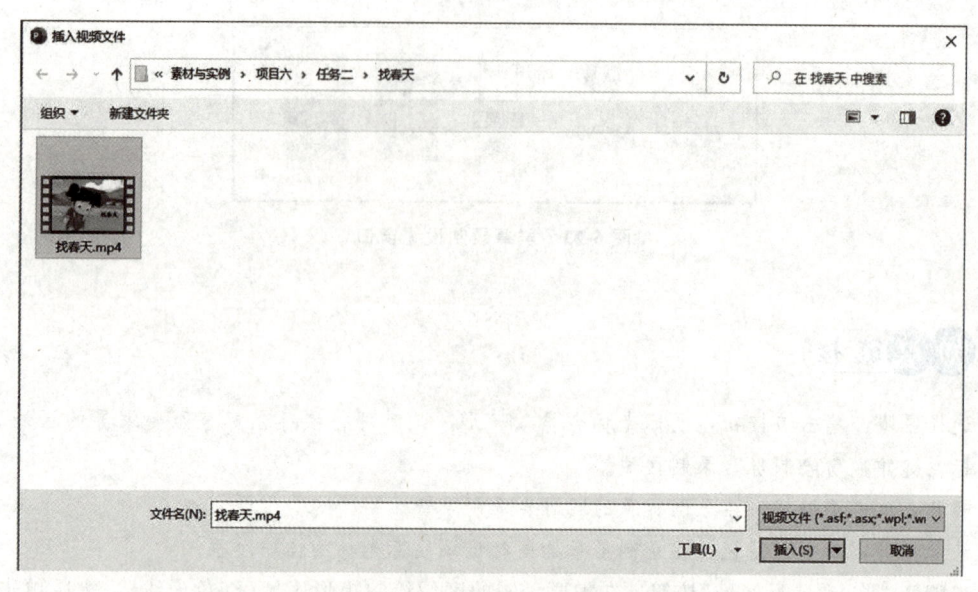

图 6-25　插入"找春天.mp4"视频文件

步骤 3　选中视频文件，在"视频工具视频格式"选项卡"视频样式"组中为其添加"简单框架，白色"样式，如图 6-26 所示。

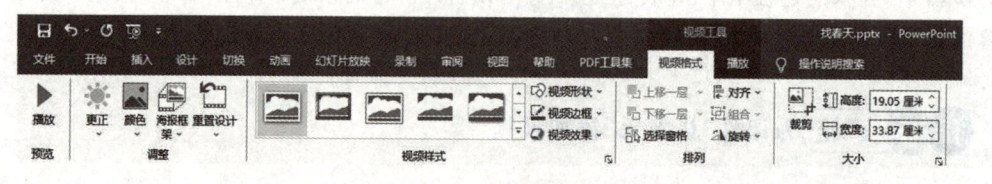

图 6-26　设置视频样式

项目实训

一、为课件"飞向月球"添加视频

在本书配套素材"素材与实例"→"项目六"→"项目实训"→"项目实训一"文件夹中的"飞向月球"课件中插入视频，并设置视频效果，效果如图 6-27 所示。

图 6-27　"飞向月球"课件视频展示

提示：
(1)在第 19 页幻灯片中插入"项目实训一"文件夹中的"宇航员.mp4"视频文件。
(2)设置视频的"视频样式"为"简单框架，白色"，"视频形状"为"对角圆角矩形"。
(3)利用"项目实训一"文件夹中的"封面.jpg"图片，为视频添加"标牌框架"效果。

二、为课件"少年闰土"添加视频

利用 Windows Media Player 控件为本书配套素材"素材与实例"→"项目六"→"项目实训"→"项目实训二"文件夹中的"少年闰土"课件的第 5 页幻灯片插入视频，效果如图 6-28 所示。

图 6-28 "少年闰土"课件视频展示

延伸拓展

一、为古诗词录制配音

PowerPoint 2016 虽然可以录制和剪裁音频，但它无法对音频进行降噪处理，因此若要得到清晰的录音效果，还需要使用其他专业的音频处理软件。GoldWave 是一款简单易用，且功能强大的音频处理软件，它不但可以录制音频，还可以对音频进行编辑和处理。

下面通过为"锦瑟"课件录制配音(图 6-29)，讲解使用 GoldWave 录制并处理音频的方法。

为古诗词录制配音

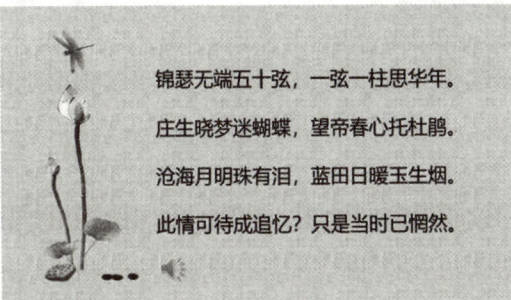

图 6-29 "锦瑟"课件音频插入页

二、利用控件插入视频

在课件中应用视频时，若视频文件很大，可能导致 PowerPoint 2016 课件的体积增加，进而影响播放效果。此时，可利用 Windows Media Player 控件将视频的路径插入课件，PowerPoint 2016 通过读取视频的路径来播放视频。

下面通过在"摩擦力"课件中插入视频（图 6-30）来介绍利用 Windows Media Player 控件插入视频的方法（扫描二维码学习）。

利用控件插入视频

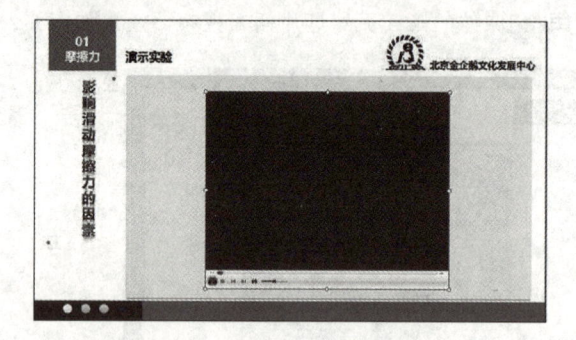

图 6-30 "摩擦力"课件视频展示

项目七

PowerPoint 2016 课件的交互设计

教学与学习目标

学习目标：

1. 掌握 PowerPoint 2016 中交互设计的原理和方法，锻炼严谨细致的专业态度，培养精益求精、追求卓越的工匠精神，以适应信息化时代对高品质教育软件的需求。

2. 了解在 PowerPoint 2016 课件中插入和编辑动画、过渡效果、超链接等交互元素的方法，以提高用户参与度和优化学习体验。

3. 通过交互式课件的设计与制作，培养学生良好的数字媒介素养，同时提高审美水平和人文关怀，以美育促进全面素质教育。

4. 使学生能够将所学的交互设计技巧运用于解决实际问题，服务于教育教学改革，促进教育资源的优化配置，为构建智慧教育环境贡献力量。

项目导读：

PowerPoint 2016 课件的交互是指它能使教师、学生互动。从教师的角度看，是指教师能够控制课件的演示，能够根据教学内容、教学目标、教学手段、学生的实际学习情况、学生的思维反应等来呈现教学信息。例如，控制幻灯片页面的跳转；控制音频、视频和动画的播放；控制选择题、填空题、连线题等答案的显示等。PowerPoint 2016 的交互功能主要是通过超链接、动作和触发器等来实现的，下面学习相关知识。

任务一 使用超链接和动作实现交互

任务描述

超链接和动作是课件中常用的交互手段，可通过为课件中的对象设置超链接或动作，完成切换幻灯片页面、打开文件、播放视频等操作，以此增强课件的互动性。本任务首先介绍 PowerPoint 2016 的超链接和动作等功能，然后通过任务实施——为课件"找春天"和课件"长方形、正方形的面积计算"制作页面跳转效果，让读者掌握在实际课件制作中应用超链接和动作实现交互的技能。

知识储备

一、使用超链接

超链接是一种内容跳转技术,在放映课件的过程中,当鼠标光标移到超链接对象(文字、图片、图形)上时,其会变为 形,单击可以跳转到预先设定好的链接目标,如现有文件或网页、本文档中的位置、新建文档或电子邮件地址等。

要为对象添加超链接,可先在幻灯片中选中要添加超链接的对象,然后单击"插入"选项卡"链接"组中的"超链接"按钮,在弹出的"插入超链接"对话框中设置链接目标,单击"确定"按钮,如图 7-1 所示。

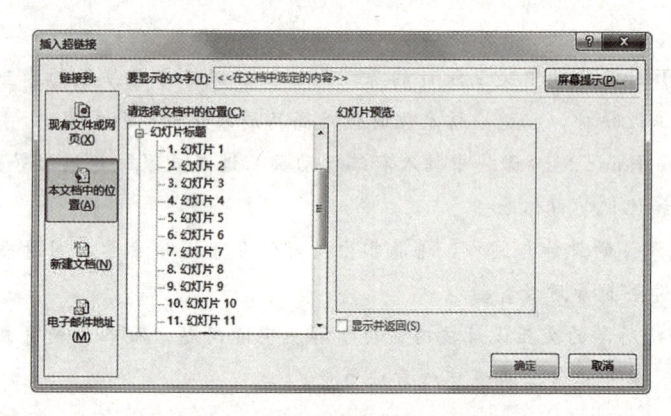

图 7-1 "插入超链接"对话框

(1) 现有文件或网页:选择该选项后,可选择计算机上的文件(如视频文件)或输入网址作为链接到的对象,这样在放映课件时,单击超链接对象可打开相应的文件或网页。

(2) 本文档中的位置:选择该选项后,可选择当前课件中的任意幻灯片作为链接到的对象,以实现幻灯片的跳转效果。该选项常用来制作课件目录页的跳转效果。

(3) 新建文档:选择该选项后,可新建演示文稿或 Word 文档等作为链接到的对象。其中,新建演示文稿时,只需在"新建文档名称"编辑框中输入主文件名即可;新建 Word 文档等时,需要输入"主文件名.扩展名",如"春天的故事.docx"。

(4) 电子邮件地址:选择该选项后,输入电子邮件地址作为链接到的对象。

二、使用动作

在 PowerPoint 2016 中,除了可以使用超链接功能实现课件的交互外,还可以使用动作实现交互。动作与超链接的功能类似,主要区别是超链接只能通过单击超链接对象进行交互,而动作还可通过将鼠标光标悬停在动作对象上进行交互。

要制作动作对象,可先在幻灯片中选中要设置为动作的对象(图形、图片、文本等),然后单击"插入"选项卡"链接"组中的"动作"按钮,在弹出的"操作设置"对话框中为所选对象设置动作,单击"确定"按钮,如图 7-2 所示。

项目七　PowerPoint 2016 课件的交互设计

图 7-2　"操作设置"对话框

PowerPoint 2016 提供了一些预设动作按钮,用户可单击"插入"选项卡"插图"组中的"形状"按钮,在弹出的下拉列表中找到它们,见表 7-1。

表 7-1　预设动作按钮及其预设动作

按钮	名称	超链接到
◀	后退或前一项	上一张幻灯片
▶	前进或下一项	下一张幻灯片
◀◀	开始	第一张幻灯片
▶▶	结束	最后一张幻灯片
⌂	第一张	第一张幻灯片
●	信息	默认情况下没有内容,但可以让它指向包含信息的幻灯片
↩	上一张	所观看的上一张幻灯片,而不是幻灯片页码顺序的上一张
▭	影片	默认情况下没有内容,但可以设置播放指定的影片
📄	文档	默认情况下没有内容,但可以设置打开指定的文件
🔊	声音	默认播放"鼓掌"声音,但可以设置播放其他声音
?	帮助	默认情况下没有内容,但可以让它指向帮助文件
▢	自定义	默认情况下没有内容,可以添加文件或创建自定义按钮

任务实施　为课件"找春天"制作页面跳转效果

本任务为课件"找春天"的目录页添加超链接,为节过渡页添加"返回"按钮,使课件放映者能快速在目录页和节过渡页之间跳转,效果如图 7-3 所示。

图 7-3　"找春天"课件的目录页和节过渡页

117

步骤 1 打开本书配套素材"素材与实例"→"项目七"→"任务一"文件夹中的"找春天"课件。

步骤 2 选择第 2 页幻灯片，选中"课前导读"文字，单击"插入"选项卡"链接"组中的"超链接"按钮，在弹出的"编辑超链接"对话框中选择"链接到"区域的"本文档中的位置"选项，再选择"请选择文档中的位置"列表框中的"3. 课前导读"幻灯片，单击"确定"按钮，如图 7-4 所示。

图 7-4 为"课前导读"文字添加超链接

步骤 3 参考步骤 2 的操作，依次为"字词学习""课文赏析""拓展延伸"文字添加超链接，分别链接到"8. 字词学习""20. 课文赏析""26. 拓展延伸"，如图 7-5 所示。

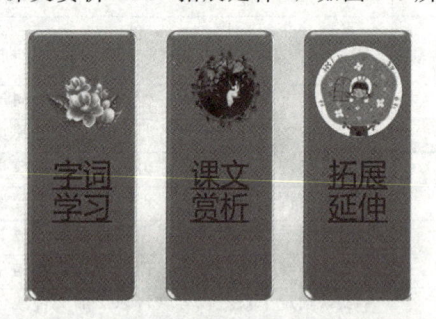

图 7-5 为目录页的其他文字添加超链接

步骤 4 选择第 3 页幻灯片，单击"插入"选项卡"插图"组中的"形状"按钮，在弹出的下拉列表中单击"转到主页"按钮，然后按住 Shift 键，在幻灯片编辑区绘制动作按钮，如图 7-6 所示。

图 7-6 绘制动作按钮

项目七　PowerPoint 2016 课件的交互设计

步骤 5　在弹出的"操作设置"对话框中单击"超链接到"单选按钮，然后在其下方的下拉列表中选择"幻灯片"选项，接着在弹出的"超链接到幻灯片"对话框中选择"2. 幻灯片 2"选项，最后依次单击两个对话框中的"确定"按钮，如图 7-7 所示。

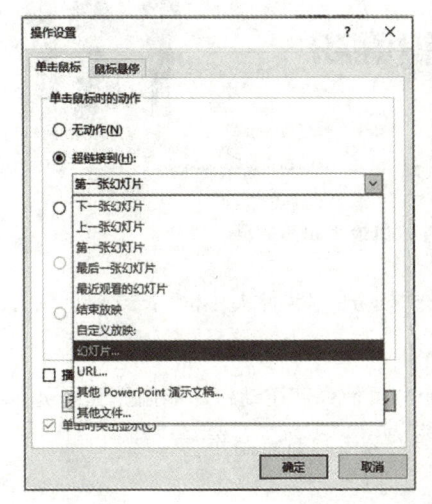

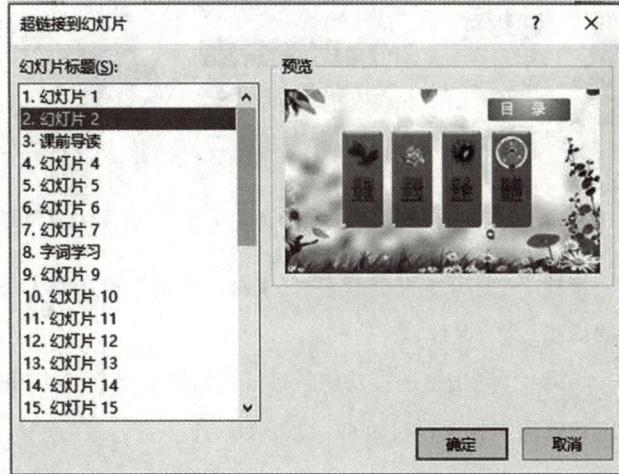

图 7-7　调整动作按钮的超链接位置

步骤 6　选中刚才制作的按钮，在"格式"选项卡"形状样式"组中单击"其他"按钮，在弹出的下拉列表中选择"浅色 1 轮廓，色彩填充绿色，强调颜色 6"样式，然后单击"形状轮廓"按钮，在弹出的下拉列表中选择"粗细"→"2.25 磅"选项，如图 7-8 所示。

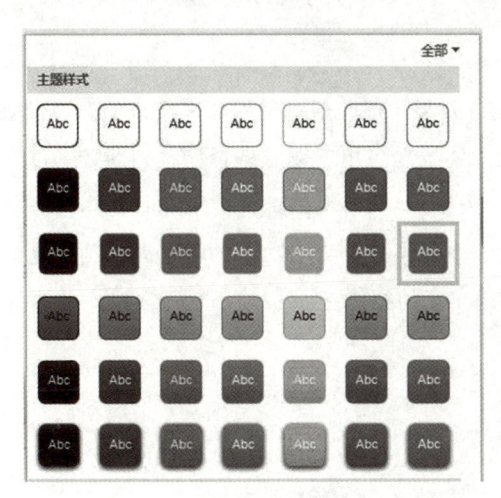

图 7-8　设置动作按钮的样式

步骤 7　选中动作按钮，按 Ctrl+C 组合键复制该按钮，然后分别切换到第 8 页、第 20 页和第 26 页幻灯片，按 Ctrl+V 组合键粘贴按钮。

任务实施　为课件"长方形、正方形的面积计算"制作页面跳转效果

本任务为课件"长方形、正方形的面积计算"的目录页和其他页制作跳转效果，如图 7-9 所示。

119

图 7-9 "长方形、正方形的面积计算"课件的目录页和其他页

步骤 1 打开本书配套素材"素材与实例"→"项目七"→"任务一"文件夹中的"长方形、正方形的面积计算"课件。

步骤 2 利用超链接功能将目录页的导航文字链接到相应页面；利用动作功能制作其他页面的跳转效果，如返回目录页、上一页、下一页、最后一页等，读者可自行制作。

任务二　使用触发器实现交互

任务描述

PowerPoint 2016 中较复杂的交互效果一般是通过触发器来实现的。通过触发器可以控制动画的播放，进而制作具有交互功能的连线题、填空题、选择题、判断题，以及控制音频、视频的播放(通过"开始""暂停"和"停止"按钮)，从而增强课件的互动性。本任务首先介绍使用触发器的基础知识，然后通过任务实施——制作具有交互功能的填空题、判断题和拼音显示，使读者掌握在课件制作中应用触发器实现交互的技能。

知识储备

一、认识触发器

触发器是 PowerPoint 2016 实现交互效果的重要功能，是播放动画、音频、视频的一个触发条件。可设置为触发器的对象包括图片、图形、文本框、按钮等，设置好触发器后，放映课件时，单击触发器对象便会触发预先设定好的动作，从而实现交互效果。

二、使用触发器

下面以"信"课件为例，介绍使用触发器的方法(在放映课件时，将鼠标光标移至触发器对象上,鼠标光标会呈手形),如图 7-10 所示。

步骤 1 打开本书配套素材"素材与实例"→"项目七"→"任务二"文件夹中的"信"课件。

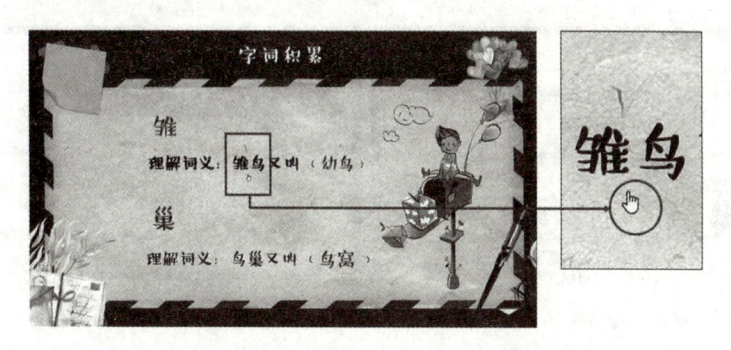

图 7-10 "信"课件的字词积累页面

步骤 2 选择第 8 页幻灯片,然后选中"幼鸟"文字,为其添加"进入"组中的"弹跳"动画效果。

步骤 3 在动画窗格中双击"幼鸟"动画效果,即可弹出"弹跳"对话框,切换至"计时"选项卡,单击其中的"触发器"按钮,并单击"单击下列对象时启动动画效果"单选按钮,接着在该单选按钮右侧的下拉列表中选择"TextBox3:理解词义:雏鸟又叫……"对象,最后单击"确定"按钮,如图 7-11 所示。为对象添加触发器后,对象左上角会出现图标。

图 7-11 为"幼鸟"文字添加触发器

步骤 4 参考上述方法为"鸟窝"文字添加触发器。如此一来,在放映课件时,单击"雏鸟又叫"或"鸟巢又叫"文本,将弹出相应的答案。

任务实施 为课件"长方形、正方形的面积计算"制作填空题和判断题

课件"长方形、正方形的面积计算"包含需要让学生当堂完成的填空题和判断题,可利用触

发器为这些题制作交互功能,教师可在教学时先给学生展示题目,待学生回答问题后再给出正确答案,以此增强教学的互动性,活跃课堂气氛,如图 7-12 所示。

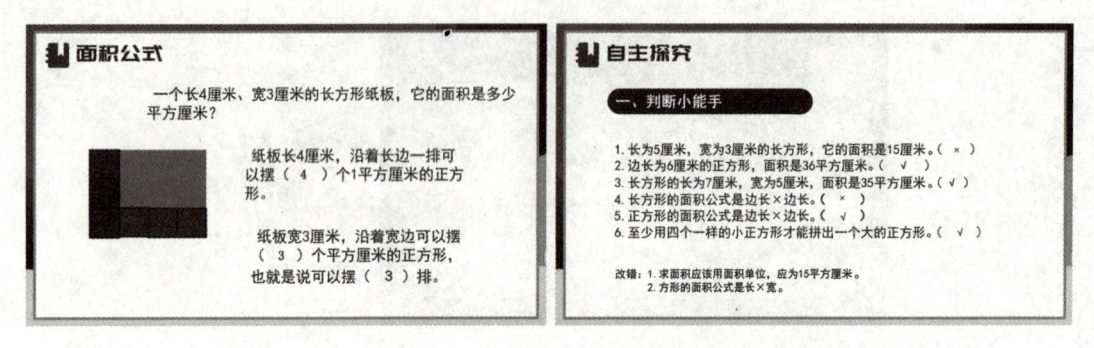

图 7-12 "长方形、正方形的面积计算"课件的填空题和判断题页面

步骤 1 打开本书配套素材"素材与实例"→"项目七"→"任务二"文件夹中的"长方形、正方形的面积计算"课件。

步骤 2 选择第 9 页幻灯片,分别选中填空题答案"4",为其添加"进入"→"飞入"动画。

步骤 3 在动画窗格中双击斜线的动画效果,即可弹出"飞入"对话框,切换至"计时"选项卡,单击其中的"触发器"按钮,并单击"单击下列对象时启动动画效果"单选按钮,然后在该单选按钮右侧的下拉列表中选择"纸板长 4 厘米,沿着长边一排可以摆……"对象,最后单击"确定"按钮,如图 7-13 所示。

图 7-13 为答案"4"添加触发器

步骤 4 参考步骤 2 和步骤 3 的操作为答案"3"添加触发器,效果如图 7-14 所示。

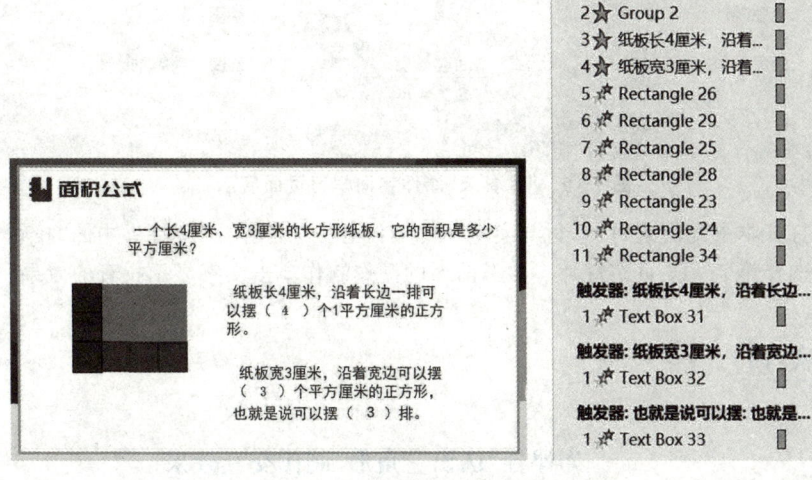

项目七　PowerPoint 2016 课件的交互设计

图 7-14　为其他答案添加触发器

步骤 5　选择第 17 页幻灯片，参考制作填空题的思路，为判断题第一个答案"×"添加"进入"→"飞入"动画，然后将"1. 长为 5 厘米，宽为 3 厘米的长方形……"对象设为该动画的触发器；之后为其他判断答案"√""√""×""√""√"分别添加动画并设置触发器，效果如图 7-15 所示。

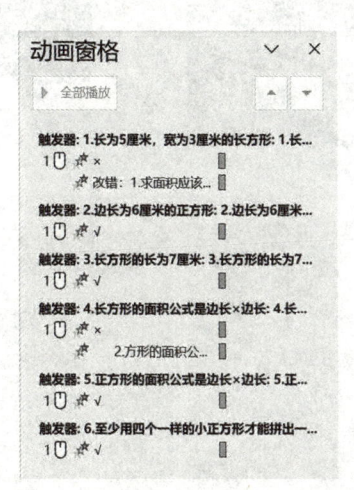

图 7-15　判断题页面的动画窗格

任务实施　控制课件"找春天"的拼音显示

在讲解"找春天"课件中的字词时，为了测试学生是否掌握了汉字的正确读音，教师需要先隐藏拼音，让学生试读，然后给出正确拼音让学生跟读，如图 7-16 所示。下面利用触发器来实现上述效果。

图 7-16 "找春天"课件字词学习页面展示

步骤 1 打开本书配套素材"素材与实例"→"项目七"→"任务二"文件夹中的"找春天"课件。

步骤 2 选择第 9~16 页幻灯片，参考前面的操作制作单击文字显示拼音的效果。

项目实训

为课件"认识三角形"制作交互效果

为课件"认识三角形"制作目录超链接、返回按钮和交互判断题，效果如图 7-17 所示。

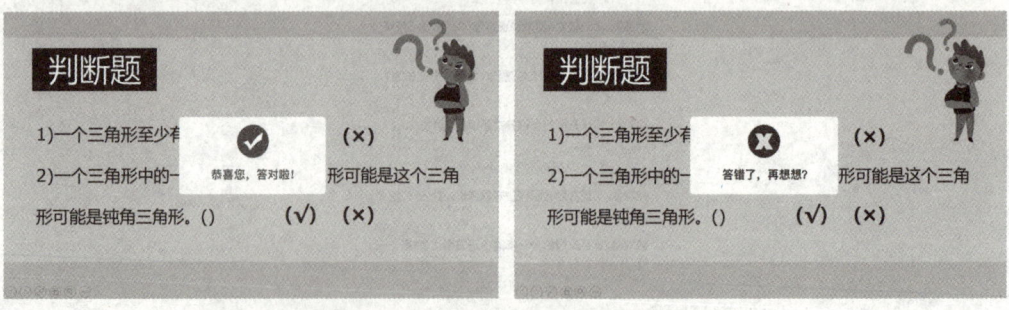

图 7-17 "认识三角形"课件交互效果页面

提示：

（1）打开本书配套素材"素材与实例"→"项目七"→"项目实训"文件夹中的"认识三角形"课件。

（2）选择第 2 页幻灯片，为其中的导航文本添加超链接，分别链接到第 3 页、第 8 页、第 13 页和第 16 页幻灯片。

（3）选择第 3 页幻灯片，插入"第一张"按钮，并将该按钮链接到第 2 页幻灯片；复制按钮，分别粘贴到第 8 页、第 13 页和第 16 页幻灯片。

（4）选择第 14 页幻灯片，插入本书配套素材"正确.png"图片，为其添加"进入"→"翻转式由远及近"动画，然后为其设置触发器，使用户在单击"（√）"时弹出。

（5）为"正确"图片添加"退出"→"消失"动画，并设置"开始"为"上一动画之后"，"持续时间"为 1 s，目的是使其自动退出。

（6）参考上述操作，制作回答错误的动画效果。

技能提高

一、使用超链接打开视频

放映课件时，可使用超链接打开课件外的视频，从而缩小课件的体积，使课件播放更加流畅。下面以"使至塞上"课件为例说明，效果如图 7-18 所示。

使用超链接打开视频

图 7-18 "使至塞上"课件视频展示页面

二、自制按钮控制视频播放

在播放课件中的视频时，除了可以利用视频下方自带的按钮来控制视频的播放和暂停外，还可以自制按钮，通过触发器来控制视频的播放、暂停和停止。下面通过"窃读记"课件，讲解利用自制按钮控制视频播放的方法，如图 7-19 所示。

自制按钮控制视频播放

图 7-19 "窃读记"课件作者简介页面效果

项目八

设计并制作小学语文课件

教学与学习目标

学习目标：

1. 借助小学语文课件的设计与制作，引导学生深入了解和热爱中华优秀传统文化，强化民族自豪感和文化自信，弘扬社会主义核心价值观，注重对学生道德品质的塑造与提升。

2. 通过教授学生如何利用现代信息技术工具设计与制作语文教学课件，培养学生的创新思维能力和动手实践能力，树立学以致用的教学理念，使其能够将所学知识转化为实际教育教学技能。

3. 将美学教育融入课件设计，培养学生对美的感知和创造力，使其能够在课件内容编排、色彩搭配、图文布局等方面体现美感，同时结合语文课文的情感内涵，对学生进行情感熏陶和人文关怀教育。

4. 通过小组合作的方式设计小学语文课件，培养学生的团队协作精神和社会交往能力，使其理解并承担传播知识、服务社会的责任担当。

项目导读：

小学语文是基础教育的核心学科，是学习其他学科的基础。优质的小学语文课件可以为学生创设良好的学习情境，充分调动其学习兴趣和积极性。本项目首先介绍小学语文教学及小学语文课件的相关知识，然后通过一个综合案例，介绍设计和制作小学语文课件的方法。

知识储备

一、小学语文教学的主要内容和教学目标

语文是人们进行思想交流、互通信息等交际活动的重要工具，也是学习其他学科的基础。下面简单介绍小学语文教学的主要内容和教学目标。

1. 小学语文教学的主要内容

小学语文教学的主要内容包括汉语拼音、识字、查字典、写字、阅读、习作和口语交际等。小学教学一般分低、中、高3个阶段，每个阶段教学内容的侧重点各不相同。在教学过程中应

注意将语言文字与情感熏陶结合、将发展语言与发展思维结合、将教师指导与自主学习结合、将课内与课外结合，以提高教学质量。

2. 小学语文的教学目标

(1)培养学生的爱国主义情感和社会主义道德品质，逐步形成积极的人生态度和正确的价值观，提高文化品位和审美情趣。

(2)使学生认识中华文化的丰厚与博大，吸收民族文化智慧。

(3)培养学生热爱祖国语言文字的情感，养成语文学习的自信心和良好习惯，掌握最基本的语文学习方法。

(4)使学生在发展语言能力的同时，发展思维能力，激发想象力和创造潜能，逐步养成实事求是、崇尚真知的科学态度，初步掌握科学的思考方法。

(5)使学生能主动进行探究性学习，在实践中学习和运用语文。

(6)使学生学会汉语拼音，能说普通话，认识约 3 500 个常用汉字，能正确、工整地书写汉字，并有一定的书写速度。

(7)使学生具有独立阅读的能力，注重情感体验，形成良好的语感。

(8)使学生能根据日常生活需要，运用常见的表达方式进行写作。

(9)使学生具有日常口语交际的基本能力，在各种交际活动中学会倾听、表达与交流，初步学会文明地进行人际沟通和社会交往。

(10)使学生学会使用常用的语文工具书，初步具备收集和处理信息的能力。

二、小学语文课件的作用与制作要求

小学语文课件的设计与制作应与小学语文教学的主要内容和教学目标紧密结合，充分发挥多媒体课件的优势以提高教学质量。下面简单介绍小学语文课件的作用与制作要求。

1. 小学语文课件的作用

在小学语文教学中，使用多媒体课件可以创设图文并茂、动静结合、生动活泼的教学情境，从而有利于学生集中注意力，理解学习内容，并引导学生积极思考。另外，具有交互功能的多媒体课件可以充分调动学生学习课堂知识的积极性，从而提高教学效果。

2. 小学语文课件的制作要求

(1)内容设计合理：小学语文课件的内容应具有互动性和扩展性，不能使课件成为课本和板书的替代品。

(2)注重文学性：小学语文课件的内容应注重文学性，避免使用大量花哨的素材，以至于舍本逐末。

(3)以学生为主体：应注意课堂的主体是学生，课堂教学不仅是放映课件，还应注重培养学生听、读、说、写的能力。

(4)注意区分文体：为不同文体的文章制作课件的侧重点应有所不同，不能千篇一律。例如，为记叙文制作课件时，应根据写作背景进行配色和配图；为议论文和说明文制作课件时，应突出显示各要素。

项目实施——制作"和时间赛跑"课件

下面首先分析"和时间赛跑"一课的教学设计，对课件进行初步构思，然后设计课件脚本，最后使用 PowerPoint 2016 制作图 8-1 所示的课件。本案例最终效果可参考本书配套素材"素材与实例"→"项目八"文件夹中的"和时间赛跑"课件。

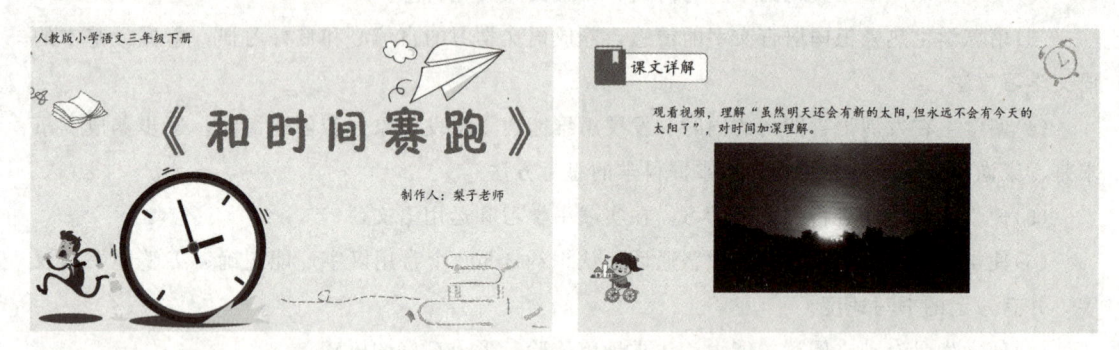

图 8-1 "和时间赛跑"课件（部分）

一、分析教学设计

下面先来了解"和时间赛跑"一课的教学设计，然后通过分析教学设计，对课件进行初步构思。

"和时间赛跑"一课的教学设计如下。

【教学目标】

(1)会认、会写本课生字，正确读写词语。

(2)有感情地朗读课文，背诵自己喜欢的部分。收集、积累有关珍惜时间的名言警句，体会时间的意义。

(3)联系上下文和生活经验，理解重点词句的意思。

教学重点、难点

(1)"我"从爸爸的一席话和生活体验中认识到时间的宝贵。

(2)"我"是怎样和时间赛跑并不断取得成功的。

【教学准备】

制作 PowerPoint 2016 课件。

【教学方法】

情景教学法、讲解法。

【教学过程】

1. 谜语导入，引入新课

(1)以与时间有关的谜语引入课程主题，激发学生对时间概念的兴趣和好奇心。

(2)你们听到了什么？有什么感受？(听到了钟表走动的声音，感到时间在一直往前走，不断流逝。)

(3)中国台湾作家林清玄不仅让我们感受到了时间不断流逝、时间的珍贵，更让我们敬佩的是他在生活中还能和时间赛跑。(板书课文题目)

(4)今天我们学习第 13 课《和时间赛跑》。

2. 初读课文，整体感知

(1)出示生字、新词卡片，学生朗读。

赛 sài　梭 suō　赢 yíng

慰 wèi　狂 kuáng　若 ruò

赛 sài 跑　忧 yōu 伤　安慰 wèi　哀痛 tòng

草坪 píng　欺骗 piàn　庭 tíng 院　狂 kuáng 奔

假若 ruò　虽 suī 然　疼 téng 爱　将 jiāng 来

日月如梭 suō　受益 yì　无穷 qióng

(2)在学习这篇课文前，我们先来认识一下这篇课文的作者：林清玄先生。

(3)自读课文，思考课文讲了哪些事。

"我"因为外祖母的去世而忧伤不已，后来在爸爸一席话的启示下，从太阳落山、鸟儿飞行中，"我"明白了为什么要珍惜时间；从和时间赛跑的经历中，"我"体会到了怎样珍惜时间，这让"我"在成长的过程中受益无穷。(如果学生说不全，则引导其他学生补充。)

(4)默读课文，想想你还有什么地方不明白，同桌可讨论交流。

老师在学生的问题的基础上提出共性问题。

1)"所有时间里的事物，都永远不会回来了"是什么意思？

2)"我"把什么当作一个谜？

3)"我"怕什么？

4)"说不出的滋味"是什么滋味？

5)"虽然明天还会有新的太阳，但永远不会有今天的太阳了"是什么意思？

同学们，带着这些问题深入学习课文。

3. 重点探究，解决问题

用自己喜欢的方式朗读课文，理清文章脉络。

(1)课文可以分成哪几个部分？

课文可以分成三个部分。

第一部分(第 1～5 自然段)：写外祖母去世使"我"认识到时间和时间里的事物都永远不会回来，让人可怕、可忧。

第二部分(第 6～8 自然段)：写"我"感受到时间的流逝，常做和时间比赛的游戏。

第三部分(第 9～10 自然段)：写抓紧时间和时间赛跑，使"我"成功。

(2)学习课文第1~5自然段，品读句子。

1)学习并理解课文内容

读小学的时候，我的外祖母去世了。外祖母生前最疼爱我。我无法排除自己的忧伤，每天在学校操场上一圈一圈地跑着，跑的累倒在地上，扑在草坪上痛哭。（从划线词语可以看出"我"沉浸在失去外祖母的悲伤中。）

"所有时间里的事物，都永远不会回来。你的昨天过去了，它就永远变成昨天，你再也不能回到昨天了。爸爸以前和你一样小，现在也不能回到你这么小的童年了。……"（昨天过去了，就再也回不到昨天；小孩子长大了，就再也回不到童年。爸爸用后两句话来解释前一句话，说明了时间具有不可逆性。这也正是事件珍贵的原因，为下文"我"与时间赛跑埋下了伏笔。）

"……有一天你会长大，你也会像外祖母一样老，有一天你度过了你的所有时间，也会像外祖母一样永远不能回来了。"爸爸说。（爸爸告诉儿子所有人都在时间流逝中长大，都要面对死亡。）

爸爸等于给我说了一个谜。这个谜比"一寸光阴一寸金，寸金难买寸光阴"还让我感到可怕，比"光阴似箭，日月如梭"更让我觉得有一种说不出的滋味。（年幼的"我"还没有体会到爸爸所说的话的深刻含义，所以感觉像是一个"谜"一样难以捉摸。）（引用两句耳熟能详的惜时名句与爸爸的话对比，用"还让""更让"表现出"我"开始对时间流逝感到害怕。）

学生自由读，以小组交流讨论的方式学习，联系外祖母去世时爸爸说的话谈一谈自己的感受。

2)理解词语

光阴似箭：时光像射出去的箭一样飞逝而过，形容时间过得极快。

日月如梭：太阳和月亮像穿梭一样来去，形容时间飞逝。

(3)学习6~8自然段，品读句子。

是啊，就因为"我"对事物永远不会回来这个问题产生了疑问，对时间有了朦胧的可怕认识，促使"我"在生活中去有意观察。通过观察，"我"又有了新的认识。

1)自由朗读第6、8自然段并理解课文内容。

虽然明天还会有新的太阳，但永远不会有今天的太阳了。（以太阳为例说明时间的一去不复返，有些东西虽然还在，但已经不是今天的了，这变化不易察觉，容易让人们忽视，表现了"我"对时间流逝的感叹。）

我看到鸟儿飞到天空，它们飞得很快呀。明天它们再飞过同样的路线，也永远不是今天了。或许明天飞过这条路线的，不是老鸟，而是小鸟了。（①通过"明天"和"今天"飞过的鸟儿的对比，流露出"我"对时间一去不复返的伤感。②通过鸟儿飞行的例子说明"我"对时间流逝的体验。）

时间过得飞快，使我的小心眼里不只是着急，还有悲伤。（心理描写。"着急""悲伤"点出"我"因为时间流逝开始感到不安，此句为过渡句。）

有一天我放学回家，看到太阳快落山了，就下决心说："我要比太阳更快地回家。"我狂奔回去，站在庭院里喘气的时候，看到太阳还露着半边脸，我高兴地跳起来，那一天我跑赢了太阳。（①"狂奔"和"喘气"写出"我"与太阳赛跑的样子，"跳"写出了"我"跑赢太阳的高兴心情。②写"我"决定开始与时间赛跑）

以后我就时常做那样的游戏，有时和太阳赛跑，有时和西北风比快，有时一个暑假才能做完的作业，我十天就做完了。那时我三年级，常常把哥哥五年级的作业拿来做。（①运用排比的句式列举了"我"和时间赛跑的三个故事，可见"我"开始抓紧一切时间做事。②说明"我"走在时间的前面。）

2）出示课件，学生观察，帮助理解。

视频：一天中时间流逝，太阳东升西落。让学生观察，进而明白"虽然明天还会有新的太阳，但永远不会有今天的太阳了"这句话，对时间加深理解。

3）结合生活体验谈感受。

同学们一起回忆自己过去最有意义或最留恋的某段时间或某件事情。（例如：入队仪式、幼儿园的美好时光、生日聚会……）

想不想重新来一次？这个愿望能否实现？为什么？（愿望不能实现，因为时间流逝不复返。）

(4)学习第9、10自然段，品读句子。

虽然我知道人永远跑不过时间，但是可以比原来跑快一步。如果加把劲，有时可以快好几步。那几步虽然很小很小，用途却很大很大。（作者连用了"虽然……但是……""如果……"这些关联词语阐述了珍惜时间的重大意义。我们跑不过时间，但可以在属于我们的时间里多做一些事情，拉长我们生命的长度。）

假若你一直和时间赛跑，你就可以成功。（在和时间赛跑的经历中，"我"体会到了应该怎样珍惜时间，获得了人生的启示。这句话是全文的中心句。）

4. 拓展提升

(1)运用恰当的语言表达自己的心情。

(2)在习作中如何运用恰当的语言表达自己的心情？

(3)珍惜时间的名言。

5. 随堂练习

(1)组词语。

赛（   ）慰（   ）

暑（   ）忧（   ）

塞（   ）蔚（   ）

署（   ）优（   ）

(2)补充句子。

（　　　　　　　），老大徒伤悲。

花有重开日，(　　　　　　)。

一日之计在于晨，(　　　　　　)。

黑发不知勤学早，(　　　　　　)。

6. 总结回顾

本文通过写"我"从外祖母去世这件事知道过去的就不会再回来，并和时间赛跑的故事，告诉我们时光匆匆流逝，只有珍惜时间，努力和时间赛跑才会成功的道理。

7. 课后作业

(1)抄写生字，为每个生字加拼音，并用生字组词和造句。

(2)预习下一节课的课文内容。

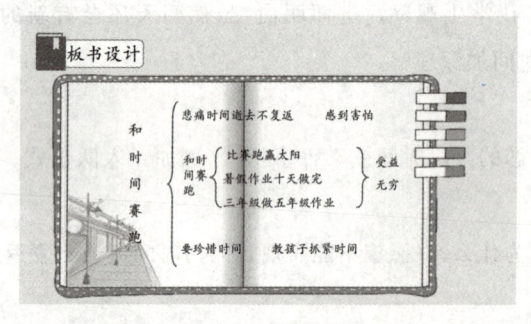

分析上述教学设计，对"和时间赛跑"课件的初步构思如下。

1)本课件拟分为"导入""初读课文""重点探究""拓展提升""随堂练习""总结回顾"和"课后作业"共7个模块。

2)"导入"模块通过谜语引出本文的主题——时间，然后让学生发表对时间的看法，并进行正确引导。

3)"初读课文"模块首先讲解生字的发音、笔画和组词，再介绍课文作者的信息，最后指出课文的主要内容。

4)"重点探究"模块通过课文详解品读句子，理解课文内容，让学生对课文进行深入思考，最后通过播放时间流逝的视频，让学生加深对时间的理解。

5)"拓展提升"模块通过让学生学会用恰当的语言表达自己的心情，理解心情词语的正确用法，并通过学习珍惜时间的名言，让学生学会珍惜当下，努力学习。

6)"随堂练习"模块通过练习组词和扩充句子，让学生巩固所学知识。

7)"总结回顾"模块用于总结本课所学内容、回顾本课所学的重要知识。

8)"课后作业"模块用于布置课后作业，加深对本课的理解。

二、设计课件脚本

对"和时间赛跑"一课进行教学设计分析，并对该课的课件进行初步构思后，接下来为课件设计脚本(前5张幻灯片的脚本)，如图8-2所示。

课件题目	小学语文三年级下册"和时间赛跑"
教学目标	知识与技能： 会认、会写本课生字，能够正确读写"赛跑""哀痛""受益无穷"等词语 过程与方法： (1)能有感情地朗读课文，掌握课文主要内容，体会时间的含义 (2)联系课文和生活经验，理解文中重点语句的意思
创作平台	PowerPoint 2016
创作思路	课件首先用谜语导入主题，然后初读课文，学习生字后，简单了解作者，接着细读课文，使学生对时间有一个简单的认识；接下来利用拓展提升让学生学会珍惜当下，努力学习，利用随堂练习环节了解学生本节课的学习成果，通过总结回顾加深学生对所学知识的印象；最后布置课后作业

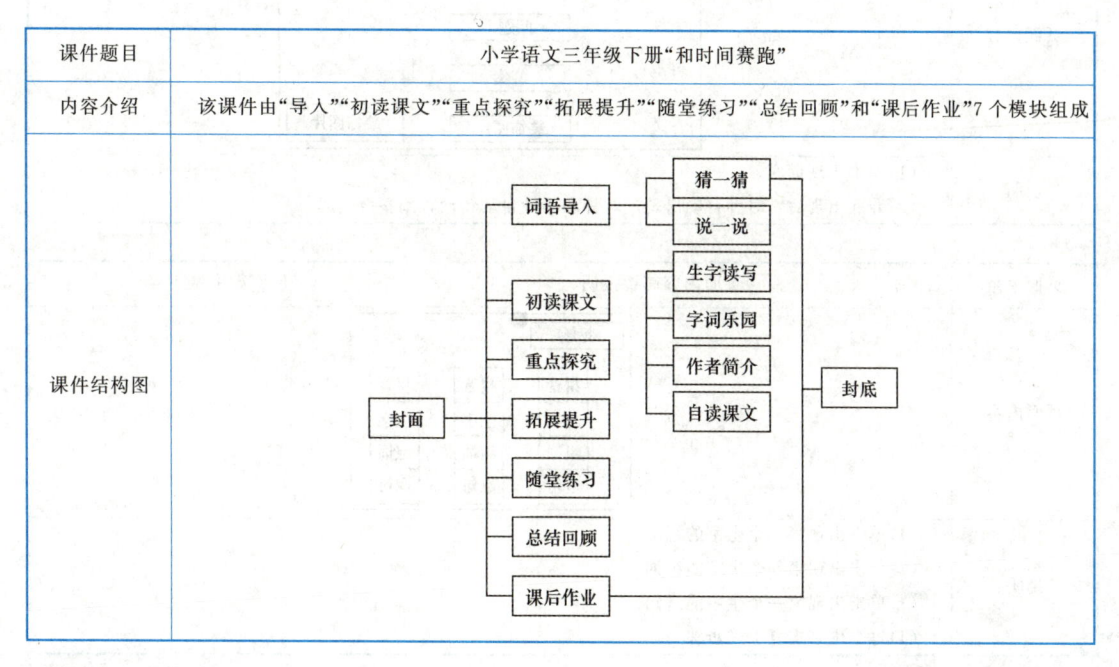

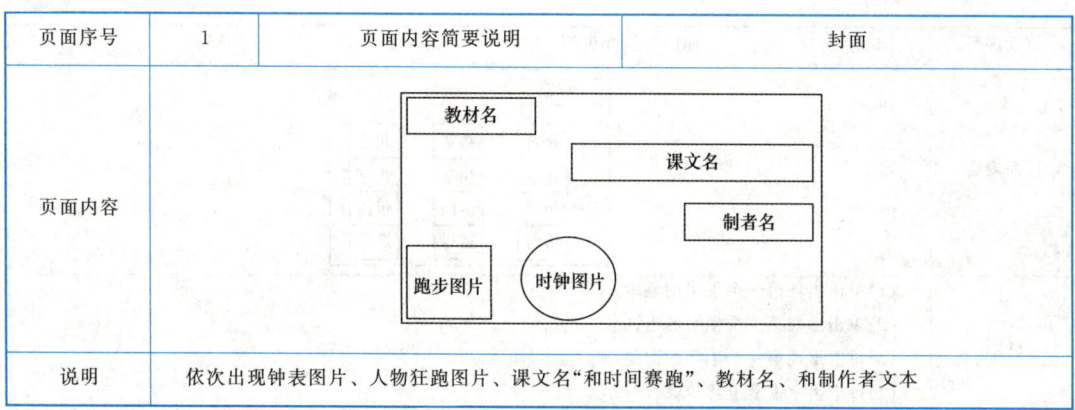

课件题目	小学语文三年级下册"和时间赛跑"
内容介绍	该课件由"导入""初读课文""重点探究""拓展提升""随堂练习""总结回顾"和"课后作业"7个模块组成
课件结构图	封面—词语导入—猜一猜/说一说；初读课文—生字读写/字词乐园；重点探究—作者简介；拓展提升—自读课文—封底；随堂练习；总结回顾；课后作业

页面序号	1	页面内容简要说明		封面
页面内容		教材名、课文名、制者名、跑步图片、时钟图片		
说明	依次出现钟表图片、人物狂跑图片、课文名"和时间赛跑"、教材名、和制作者文本			

图 8-2 "和时间赛跑"课件脚本

页面序号	2	页面内容简要说明	谜语导入
页面内容		标题　　　　　　　　　　时钟图片 　　　　谜语内容 　　　　　　　　　　谜底	
说明	(1)单击出现谜底 (2)谜底出现后，时钟自动出现，时针和分针自动转动，滴答声响起		

页面序号	3	页面内容简要说明	说一说
页面内容		标题 问题1 问题2 答案 装饰图片　装饰图片	
说明	(1)单击出现谜底。 (2)谜底出现后，时钟自动出现，时针和分针自动转动，滴答声响起		

页面序号	4	页面内容简要说明	生字读写
页面内容		标题 拼音　拼音　拼音 生字　生字　生字 组词　组词　组词 造句　造句　造句	
说明	(1)单击出现第一个生字的笔画。 (2)单击出现第一个生字的组词。 (3)单击出现第一个生字的造句。 (4)每个生字重复上述步骤		

页面序号	5	页面内容简要说明	生字读写
页面内容		标题 拼音　拼音　拼音 生字　生字　生字 组词　组词　组词 造句　造句　造句	
说明	(1)单击出现第一个生字的笔画。 (2)单击出现第一个生字的组词。 (3)单击出现第一个生字的造句。 (4)每个生字重复上述步骤		

图 8-2　"和时间赛跑"课件脚本(续)

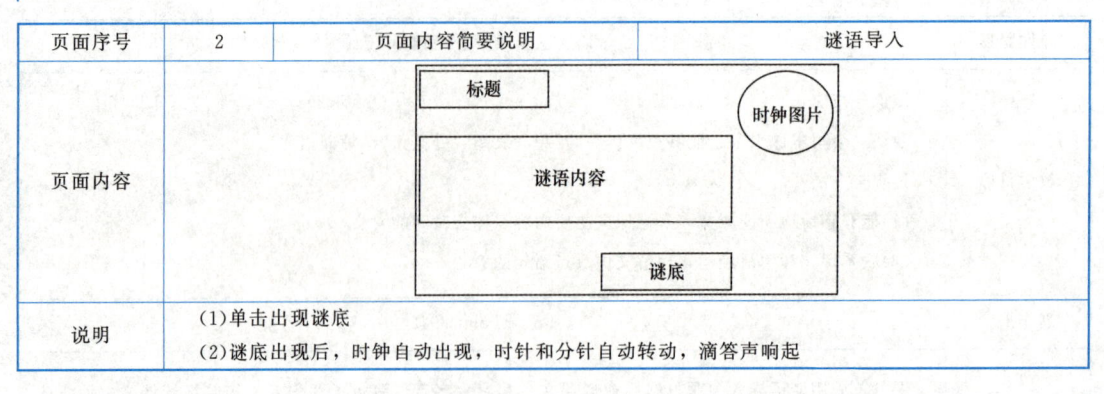

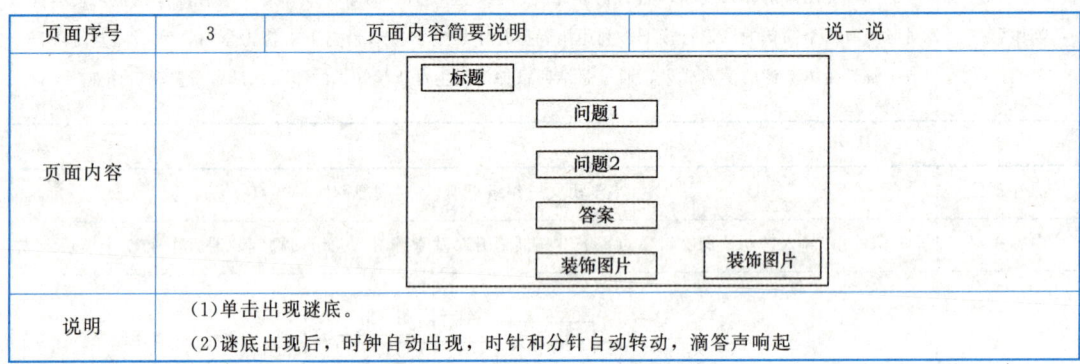

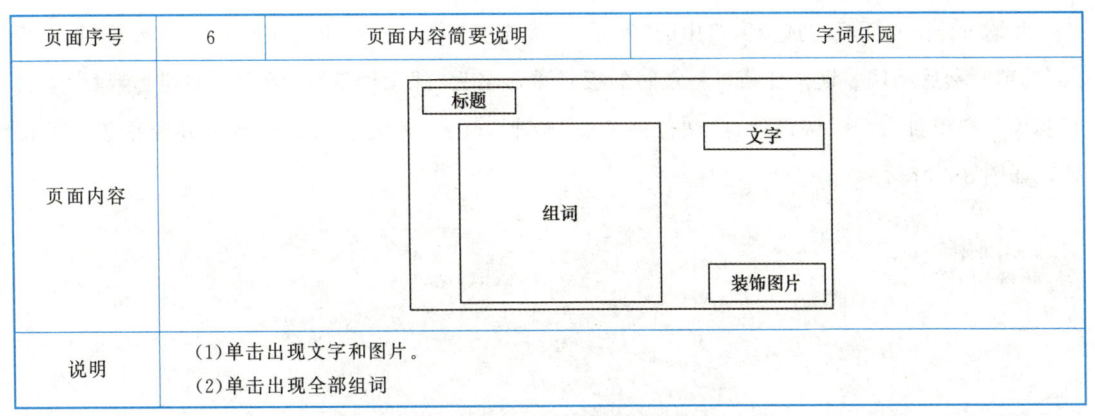

页面序号	6	页面内容简要说明		字词乐园
页面内容		标题 组词 文字 装饰图片		
说明	(1)单击出现文字和图片。 (2)单击出现全部组词			

图 8-2 "和时间赛跑"课件脚本(续)

三、制作教学课件

设计好课件脚本后，即可根据脚本制作课件，具体操作如下。

1. 设置母版并制作课件封面

步骤 1 新建一个空白演示文稿，并将其以"和时间赛跑"为名保存，然后单击"视图"选项卡"母版视图"组中的"幻灯片母版"按钮，进入幻灯片母版视图后，选中左侧版式选择窗格中最上方的幻灯片母版。

步骤 2 单击"幻灯片母版"选项卡"背景"组中的"背景样式"按钮，在弹出的下拉列表中选择"设置背景格式"选项，在打开的"设置背景格式"对话框中单击"纯色填充"单选按钮，然后单击"填充颜色"单选按钮，将背景颜色设置为RGB(250，245，215)，如图 8-3 所示。

步骤 3 单击"背景"组中的"字体"按钮，在弹出的下拉列表中选择"自定义字体"选项，在弹出的"新建主题字体"对话框中设置标题和正文文本的字体，并单击"保存"按钮，如图 8-4 所示。

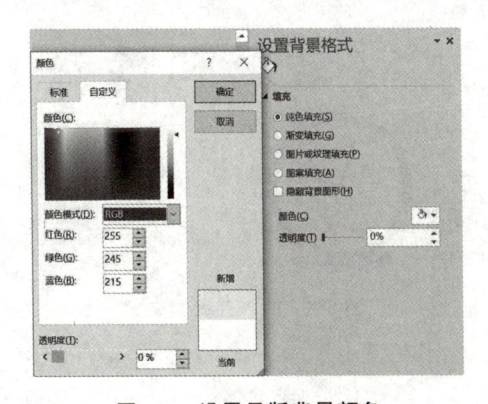

图 8-3 设置母版背景颜色　　　　图 8-4 设置主题字体

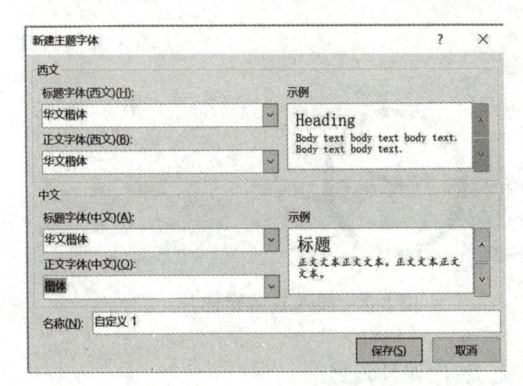

步骤 4 在左侧的版式选择窗格中选择"仅标题"版式，然后在幻灯片母版中调整标题占位符的大小和位置，在"开始"选项卡中将其字号设置为 36，将字体颜色设置为黑色，将对齐方式设置为居中，插入本书配套素材"素材与实例"→"项目八"→"课件素材"文件夹中的"标题图片.png"图片，调整其位置，并将标题占位符的位置调整到图片上，如图 8-5 所示。

步骤 5　在左侧版式选择窗格中的"仅标题"版式上右击,在弹出的快捷菜单中选择"复制版式"选项,然后利用右键快捷菜单将复制的版式重命名为"课文详解",插入本书配套素材"素材与实例"→"项目八"→"课件素材"文件夹中的"骑车.png""钟表2.png"图片,并调整图片的位置,如图8-6所示。

图 8-5　设置"仅标题"版式图　　　　　　图 8-6　创建并设置"课文详解"版式

步骤 6　单击"幻灯片母版"选项卡中的"关闭母版视图"按钮,退出幻灯片母版视图,然后将第1页幻灯片的版式设为"空白",在其中插入项目八"课件素材"文件夹中的"时钟和人物.png""书本1.png""书本2.png""纸飞机.png"和"线条.png"图片,并移至合适位置,如图8-7所示。

步骤 7　分别在幻灯片左上方、中间和右侧插入三个文本框,并分别输入"人教版小学语文三年级下册""《和时间赛跑》"和"制作人:梨子老师"文本,然后设置文本的字体和字号,并调整文本框的宽度和位置,如图8-8所示。

图 8-7　插入并调整图片　　　　　　图 8-8　插入并调整文字

2. 制作课件内容

步骤 1　新建一个"仅标题"版式的幻灯片,在幻灯片中输入标题文本,并调整标题占位符的宽度,然后插入"课件素材"文件夹中的"心形.png"和"女孩1.png"图片,并调整其位置,接着在幻灯片中插入两个文本框,并分别输入文本,如图8-9所示。

图 8-9 制作第 2 页幻灯片中的内容

步骤 2　创建一个正圆形，将其形状填充设置为浅绿色，将形状轮廓设置为无轮廓，然后创建一条与正圆直径等长的垂直线段，将其形状轮廓设置为黑色，将粗细设置为 2.25 磅，接下来将垂直线段复制 5 份，并调整副本线段的角度。

步骤 3　将正圆形复制一份，将副本图形适当缩小，并使其圆心与原有正圆形的圆心对齐，接着创建一个黑色的小正圆形，并将其圆心与原有正圆形的圆心对齐，最后将所有图形组合，作为钟表的表盘，如图 8-10 所示。

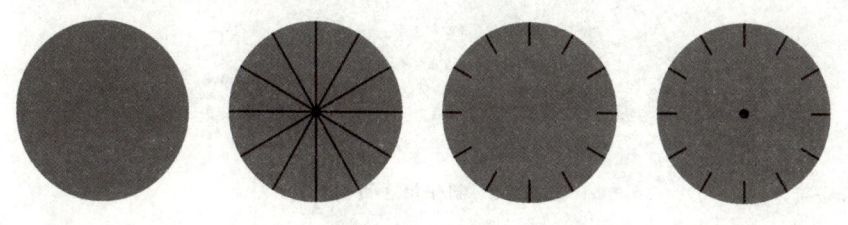

图 8-10　制作表盘

步骤 4　创建一个矩形图形，将其形状填充和形状轮廓均设置为黑色，并使其底端与黑色正圆形的圆心对齐，然后将矩形复制一份，并使其顶端与黑色正圆形的圆心对齐，再将矩形副本的形状填充和形状轮廓的透明度都设置为 100%，并将矩形及其副本组合，作为钟表的分针，如图8-11 所示。

步骤 5　参照步骤 3 的操作，制作钟表的时针，如图 8-12 所示（以这种方式制作分针和时针，是为了方便后面为分针和时针制作旋转动画），调整好钟表的位置，最终效果如图 8-13 所示。

图 8-11　制作分针　　　　　　图 8-12　制作时针

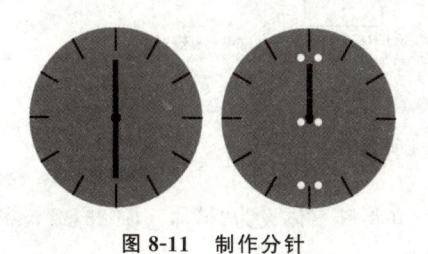

图 8-13　第 2 页幻灯片制作效果

步骤 6　新建一个"仅标题"版式的幻灯片，参照步骤 1 的操作在幻灯片中输入标题文本和正文文本，然后插入"课件素材"文件夹中的"书本 3.png""线条.png"图片，并调整其大小和位置，如图 8-14 所示。

图 8-14　制作第 3 页幻灯片

步骤 7　新建一个"仅标题"版式的幻灯片，输入标题文本"生字读写"，调整标题占位符的宽度和位置，在右上角插入"课件素材"文件夹中的"书本 4.png"图片，并调整到合适位置。通过创建矩形和线段制作生字格，并将其组合，最后将生字格复制 2 份，在生字格上方插入拼音，在生字格下面插入文本框并输入正文文本，如图 8-15 所示。

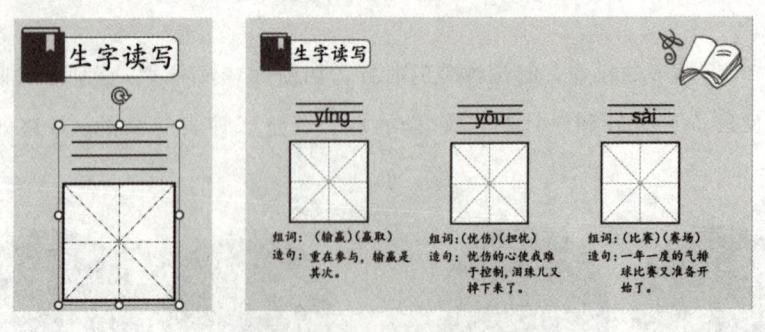

图 8-15　制作第 4 页幻灯片

步骤 8　启动 Word 2016，在其中输入"赢"字，并将其字体设为"楷体_GB2312"，字号设为 133，字体效果设为空心，然后按 Ctrl＋C 组合键将其复制到剪贴板中。

步骤9　返回 PowerPoint 2016 软件操作界面，单击"开始"选项卡"剪贴板"组中"粘贴"按钮，在弹出的下拉列表中选择"选择性粘贴"选项，然后在弹出的"选择性粘贴"对话框中选择"作为"列表框中的"图片（Windows 元文件）"选项，并单击"确定"按钮，将文字作为图片元文件粘贴到幻灯片中，如图 8-16 所示。

步骤10　将粘贴的文字进行两次解组（在弹出的对话框中单击"是"按钮），然后删除最外侧的线框，再将文字的所有笔画组合，并将形状填充设置为红色，复制该形状，将填充设置为黑色，接着将两个"赢"字形状移至第一个生字格中，黑色形状完全覆盖红色形状，最后将黑色"赢"字形状取消组合，如图 8-17 所示。

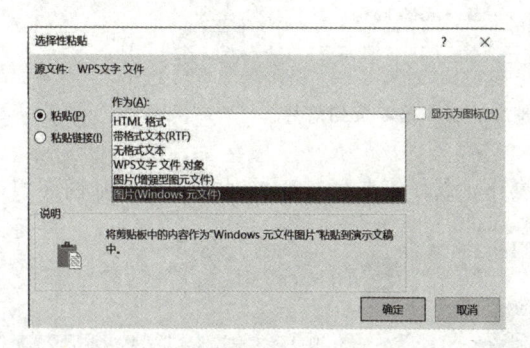

图 8-16　将文字作为图片元文件粘贴到幻灯片中　　图 8-17　调整粘贴的文字

步骤11　参照步骤 8~步骤 10 的操作，在 Word 2016 中分别输入文字"忧""赛""狂""若""将"，复制后在第 4、5 页幻灯片中依次选择"选择性粘贴"选项，在第 4 页幻灯片中添加"忧""赛"的图片元文件，在第 5 页幻灯片中添加"狂""若""将"的图片元文件，最终效果如图8-18、图 8-19 所示。

图 8-18　第 4 页幻灯片效果　　图 8-19　第 5 页幻灯片效果

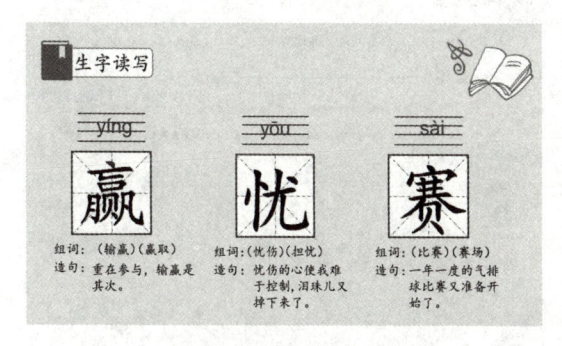

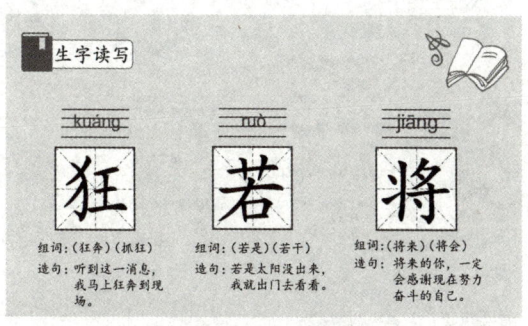

步骤12　新建一个"仅标题"版式的幻灯片，输入标题文本"字词乐园"，调整标题占位符的宽度和位置，选择"插入"→"形状"→"矩形"→"矩形"选项，在幻灯片中绘制矩形形状，在"绘图工具"→"格式"→"形状样式"中，将形状填充设置为"白色，背景 1"，将轮廓设置为"2.25 磅，青色，RGB（44，168，170）"，复制该形状，将新复制的形状调整为比原形状稍小的形状，放入原形状中，将新复制的形状填充设置为"无填充颜色"，将轮廓虚线设置为"短划线"。在形状中

插入文本框，输入文本内容和拼音，将字体、字号设置为"楷体，32 磅"，在形状右侧再插入一个文本框，输入文本"我会读"，在右下角插入"课件素材"文件夹中的"女孩2.png"图片，并调整到合适位置，如图8-20 所示。

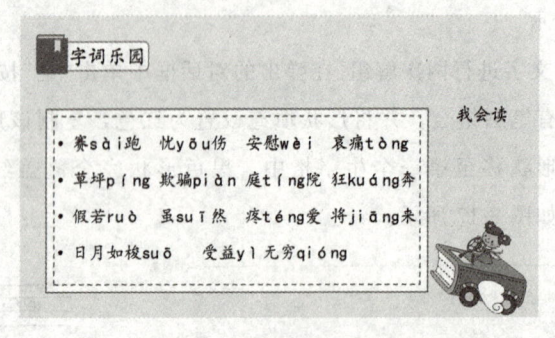

图 8-20 制作第 6 页幻灯片

步骤 13 参照步骤 1～步骤 12 的操作，制作第 7 页～第 28 页幻灯片，如图 8-21 所示。

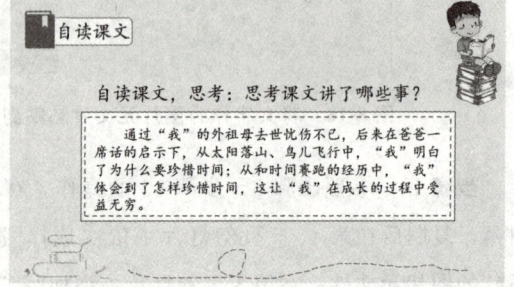

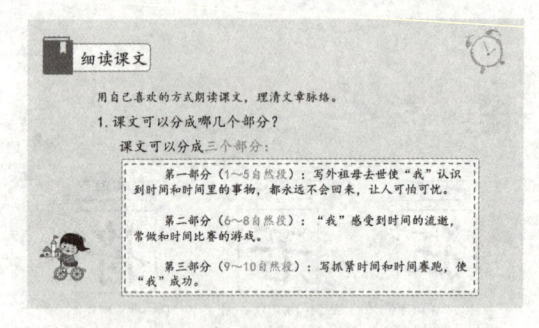

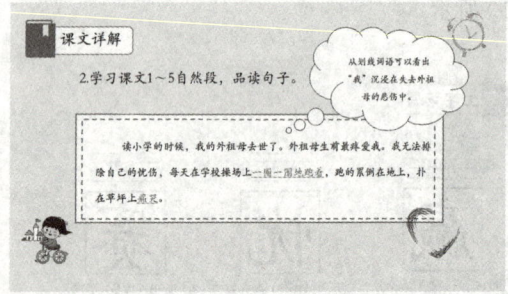

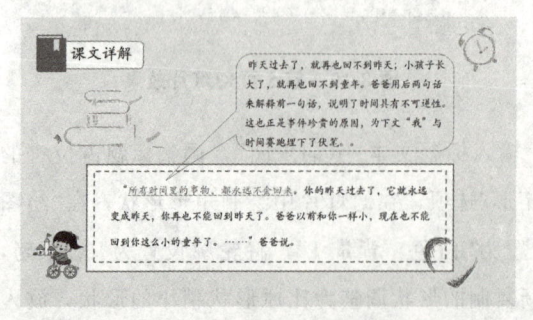

图 8-21 制作第 7 页～第 28 页幻灯片

图 8-21　制作第 7 页～第 28 页幻灯片(续)

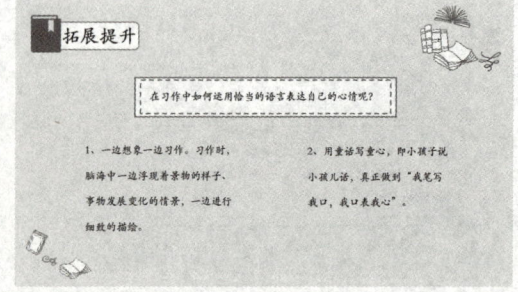

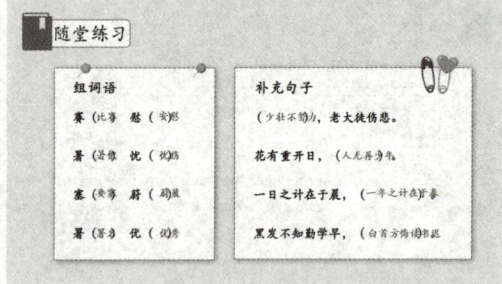

图 8-21 制作第 7 页～第 28 页幻灯片(续)

步骤 14 插入一个"空白"版式的幻灯片,插入"课件素材"文件夹中的"骑车.png""书本1.png""书本2.png""纸飞机.png"图片,并调整其位置,选择"插入"→"形状"→"云形标注"选项,绘制出云形,在云形中插入文本"下次再见!",字体为"方正少儿简体",字号为80,颜色为"青色,RGB(44,168,170)",如图 8-22 所示。

图 8-22 制作第 29 页幻灯片

步骤 15　切换到第 20 页幻灯片，插入"课件素材"文件夹中的"时间流逝.mp4"视频文件，并调整其大小和位置，如图 8-23 所示。

图 8-23　插入视频文件

步骤 16　选中插入的视频，在"视频工具播放"选项卡的"视频选项"组中勾选"全屏播放"复选框，如图 8-24 所示。

步骤 17　切换到第 2 页幻灯片，插入"课件素材"文件夹中的"钟表声.mp3"音频文件，然后在"音频工具播放"选项卡的"音频选项"组中进行设置，如图 8-25 所示。

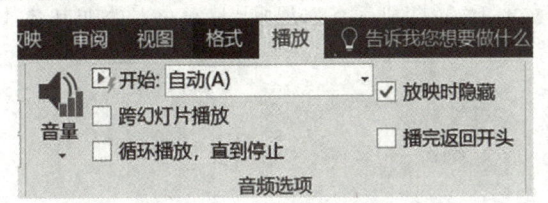

图 8-24　设置视频的播放选项

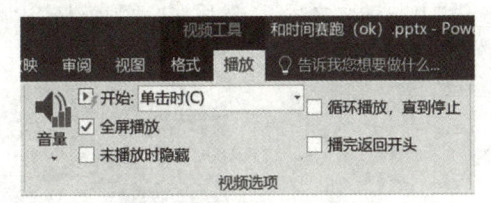

图 8-25　设置音频的播放选项

3. 为课件添加动画

步骤 1　切换到第 1 页幻灯片，选中其中的"时钟和人物"图片，为其添加"动作路径"组中的"自定义路径"动画效果，然后在幻灯片右下方单击确定路径起点，在"时钟和人物"图片上双击确定路径终点。选择"添加动画"→"强调"→"脉冲"选项，为"时钟和人物"图片添加强调动画，如图 8-26 所示。

步骤 2　将"自定义路径"动画的"开始"设为"上一动画之后"，将持续时间设置为"2.5 秒"，然后打开动画窗格，双击添加的动画，在弹出的"自定义路径"对话框的"效果"选项卡中，将"平滑开始"和"平滑结束"都设置为"1.25 秒"，并单击"确定"按钮，如图 8-27 所示。

图 8-26　为卡通图片创建动画路径

图 8-27　设置动画效果的平滑时间

步骤 3 保持选中卡通图片，单击"添加动画"按钮，为其添加"强调"效果中的"脉冲"动画，并将其"开始"设置为"与上一动画同时"，打开动画窗格，在"效果选项"的"计时"组中将"期间"设置为"非常快（0.5秒）"，将"重复"设为"直到下次单击"。

步骤 4 选中"书本1"和"书本2"图片，为其添加"进入"效果中的"浮入"动画，并将其"效果选项"设置为"上浮"，将"书本2"的"开始"设置为"上一动画之后"，将"书本1"的"开始"设置为"上一动画同时"。

步骤 5 选中下方的线条，为其添加"进入"效果中的"擦除"动画，并将其"效果选项"设置为"自右侧"，将"开始"设置为"上一动画之后"。

步骤 6 选中纸飞机图片，为其添加"进入"效果中的"飞入"动画，并将其"效果选项"设置为"自左下部"，将"开始"设置为"上一动画之后"。

步骤 7 选中"《和时间赛跑》"文字，为其添加"进入"效果中的"缩放"动画，并将其"效果选项"设置为"对象中心"，将"开始"设置为"上一动画之后"。

步骤 8 为"人教版小学语文三年级下册"文本添加"进入"效果中的"切入"动画，并将其"效果选项"设置为"自左侧"，将"开始"设置为"上一动画之后"。

步骤 9 为"制作人：梨子老师"文本添加"进入"效果中的"随机线条"动画，并将其"开始"设置为"上一动画之后"，然后在"动画窗格"中将文本上的"随机线条"动画上移一格，改变其播放顺序，如图8-28所示。

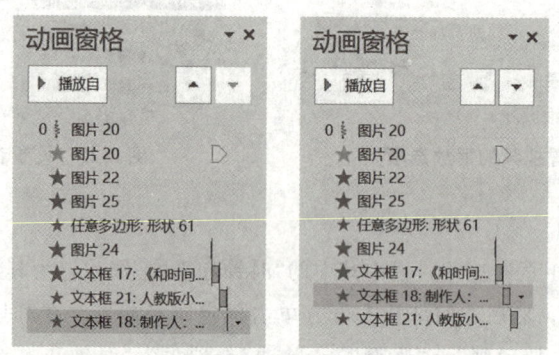

图8-28 调整"随机线条"动画的播放顺序

步骤 10 切换到第2页幻灯片，选中"谜底：时间"文本，为其添加"进入"效果中的"弹跳"动画。

步骤 11 选中钟表的表盘图形，为其添加"进入"效果中的"轮子"动画，将"开始"设置为"上一动画之后"。

步骤 12 按住Ctrl键，依次选中钟表的分针和时针图形，为其添加"进入"效果中的"出现"动画，并将分针图形上动画的"开始"设置为"上一动画之后"。

步骤 13 选中分针图形，单击"添加动画"按钮，为其添加"强调"效果中的"陀螺旋"动画，并将其"开始"设置为"上一动画之后"，将持续时间设置为"6秒"，然后在动画窗格中双击添加的"陀螺旋"动画，在弹出的"陀螺旋"对话框的"效果"选项卡中将"数量"设置为"1080°顺时针"，并单击"确定"按钮，如图8-29所示。

步骤 14 参照步骤13的操作，为时针图形添加"强调"效果中的"陀螺旋"动画，将其"效果选项"设置为"四分一旋转"，将"开始"设置为"与上一动画同时"，将持续时间设置为"6秒"。

步骤 15 选中幻灯片中的声音图标，将其"开始"设置为"与上一动画同时"，然后在动画窗格中将音频的播放顺序移至最下方，如图 8-30 所示。

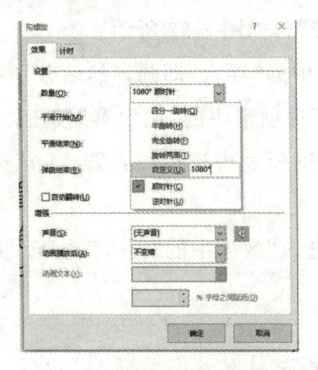

图 8-29 设置"陀螺旋"动画的旋转角度　　图 8-30 调整音频的播放顺序

步骤 16 参照步骤 1～步骤 15 的操作为第 3 页、第 4 页幻灯片中的对象制作动画。

步骤 17 选中第 5 页幻灯片中的黑色"赢"字，为其添加"进入"效果中的"擦除"动画，将"开始"设置为"上一动画之后"，然后选中"赢"字上部的点，将其"效果选项"设置为"自顶部"，接着选中左侧的点，将其"效果选项"设置为"自左侧"，根据笔画顺序调整"赢"字擦除动画顺序，制作书写动画，如图 8-31 所示。

图 8-31 为"赢"字设置动画

步骤 18 选中"（输赢）（赢取）"文本，为其添加"进入"效果中的"劈裂"动画，并将其"效果选项"设置为"中央向左右展开"，为"重在参与，输赢是其次。"文本添加"进入"效果中的"淡出"动画。

步骤 19 参照步骤 17、步骤 18 的操作，分别为"忧"和"赛"字制作书写动画，并为其组词和造句文本添加动画。

步骤 20 参照步骤 1～步骤 19 的操作，为第 6 页～第 29 页幻灯片中的对象制作动画。

4. 为课件添加交互效果

步骤 1 切换到第 26 页幻灯片，选中其中的"赛（　）"文本，在"选择"窗格中将其重命名为"1"，按照相同的操作，依次将"慰（　）"文本重命名为"2"，将"暑（　）"文本重命名为"3"，将"忧（　）"文本重命名为"4"，将"塞（　）"文本重命名为"5"，将"蔚（　）"文本重命名为"6"，将

"署（ ）"文本重命名为"7"，将"优（ ）"文本重命名为"8"，将"（ ），老大徒伤悲。"文本重命名为"9"将"花有重开日，（ ）"文本重命名为"10"，将"一日之计在于晨，（ ）。"文本重命名为"11"，将"黑发不知勤学早，（ ）。"文本重命名为"12"，如图 8-32 所示。

步骤 2 选中"比赛"文本，为其添加"进入"效果中的"浮入"动画，然后分别在动画窗格中双击添加的动画，在弹出的"浮入"对话框中单击"计时"选项卡中的"触发器"按钮，再单击"单击下列对象时启动动画效果"单选按钮，并在其右侧的下拉列表中选择"1：赛（ ）"选项，最后单击"确定"按钮，如图 8-33 所示。

步骤 3 参照步骤 2 的操作，为其他文本添加"进入"效果中的"浮入"动画，并为动画设置相应的触发器。至此，该案例就完成了。

图 8-32 重命名文本   图 8-33 为动画设置触发器

项目九

设计并制作小学数学课件

教学与学习目标

学习目标：

1. 通过学习设计和制作小学数学课件，着重培养学生的科学探究精神和逻辑推理能力，强调实事求是、严谨细致的学术态度，激发学生对数学知识的好奇心与探索欲望，养成理性思考的习惯。

2. 结合现代信息技术手段，让学生掌握数学课件设计的基本技能与方法，鼓励他们在实践中不断创新，提高解决问题的能力，使学生能灵活运用技术工具服务于数学教学。

3. 引导学生在设计数学课件时紧密联系现实生活，展示数学与社会生活的密切关系，培养学生的实践意识和社会责任感，理解数学学科解决实际问题的价值，提升服务社会、贡献国家的意识。

4. 通过数学史实、中国数学成就等内容的融入，增强学生的民族自豪感和文化自信，使学生认识到中国数学智慧的卓越价值，进一步坚定实现中华民族伟大复兴中国梦的信心与决心。

项目导读：

小学数学是基础教育的重要支柱学科之一，可为初中课程和日常生活中的计算打下良好的数学基础。使用小学数学课件可将教学过程中比较抽象、难以理解、不易描述的内容，通过图片、视频、动画等方式进行演示，学生更易理解，教师也更易讲解。本项目首先介绍小学数学教学及小学数学课件的相关知识，然后通过一个综合案例介绍设计和制作小学数学课件的方法。

知识储备

一、小学数学教学的主要内容和教学目标

数学是学习现代自然科学和社会科学的基础与工具，也是进一步学习物理、化学等学科的知识基础。下面简单介绍小学数学教学的主要内容和教学目标。

1. 小学数学教学的主要内容

小学数学教学的主要内容包括算术知识、量的计量、几何形状初步知识、代数初步知识、统计初步知识等，在教学过程中应始终贯彻应用题教学策略。

2. 小学数学的教学目标

（1）使学生具有一定的计算能力、逻辑思维能力、空间观念、实践能力和解决简单实际问题

的能力。

（2）培养学生的创新意识、认真学习的态度、独立思考和创造性的思维能力。

（3）使学生养成仔细计算、书写整洁、自觉检查的良好习惯。

二、小学数学课件的作用与制作要求

1. 小学数学课件的作用

在数学教学中，充分合理地使用多媒体课件，可以创设图文并茂、有声有色的教学情境，激发学生学习数学的兴趣。同时，多媒体课件能够将图片与声音、动态与静态完美地结合起来，化抽象为形象，有利于突破教学中的重点和难点。另外，多媒体课件还可以调动学生学习课堂知识的积极性，从而有效提高教学效果。

2. 小学数学课件的制作要求

（1）具有现实性和趣味性：在制作小学数学课件时，应选取密切联系学生生活、具有现实性和趣味性的题材，以提高学生的学习兴趣。

（2）内容形式多样化：小学数学课件的内容应呈现多样化，可利用文字、图片、视频、音频和动画等多种形式展示教学内容，使学生能够积极、主动地参与学习过程。

（3）展示过程，便于思考：小学数学课件的内容要注意展示数学知识的形成过程和思维过程，为学生提供思考、探索和交流的空间。

（4）具有弹性，关注需求：小学数学课件的内容要有一定的弹性，应关注不同学生对数学课程的学习需求。

项目实施 制作"分数的初步认识"课件

下面，首先通过分析"分数的初步认识"一课的教学设计，对课件进行初步构思，然后设计课件脚本，最后使用 PowerPoint 2016 制作图 9-1 所示的课件。本案例最终效果可参考本书配套素材"素材与实例"→"项目九"文件夹中的"分数的初步认识"课件。

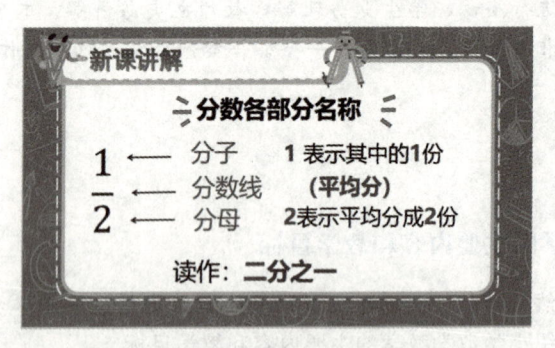

图 9-1 "分数的初步认识"课件（部分）

一、分析教学设计

下面先了解"分数的初步认识"一课的教学设计，然后通过分析该教学设计，对课件进行初步构思。

"分数的初步认识"一课的教学设计如下。

【教学三维目标】

知识与技能目标：使学生初步认识几分之一，会读写几分之一，能比较分子是1的分数的大小。

过程与方法目标：通过小组合作学习活动，培养学生的合作意识、数学思考与语言表达能力。

情感与态度目标：在动手操作、观察比较中培养学生勇于探索和自主学习的精神，使学生获得运用知识解决问题的成功体验。

【教学重点、难点】

教学重点：认识几分之一的含义。

教学难点：使学生在头脑中建构几分之一的表象。

【教学准备】

制作 PowerPoint 2016 课件，准备小兔子、小猪、圆规、小蛋糕等图片素材。

【教学过程】

1. 创设情境，引入新知

思维始于疑问，而好奇是儿童的天性，是学生探索未知世界的起点。教师结合生活实际创设问题情境，激发学生的兴趣。教师问道："有 4 个小蛋糕，平均分给一只小兔子和一只小猪，它们分别得到几个呢？你能用掌声表示吗？"学生兴趣盎然地拍手两次。教师继续问道："有两个小蛋糕平均分给一只小兔子和一只小猪，它们又分别得到几个呢？"学生均能用响亮的掌声回答。接着，教师故作为难地说："有一个小蛋糕，平均分给一只小兔子和一只小猪，它们分别得到几个呢？"这时学生不能用完整的掌声回答，学生们面面相觑。有的学生不由自主地说"半个"，这时教师不失时机地说："对，半个，半个该怎样表示呢？这就是我们今天要认识的一个新朋友——分数。"如此巧妙地引出课题——分数的初步认识。

这一环节为学生创设了他们熟悉的、感兴趣的现实情境，激发了学生的求知欲望，让学生以饱满的热情投入探究。

2. 探索新知。

(1) 认识 1/2。引导学生知道把一个小蛋糕平均分成两份，每份是这个蛋糕的一半，也就是它的二分之一，写作 1/2。接下来指导分数 1/2 的写法、读法，以及使用讲解法讲解各部分名称及其意义，并让同桌相互交流，写一写，读一读，引导学生对 1/2 的概念进行完整的表述。

(2) 动手操作。数学源于生活，应用于生活。在学生认识分数的读法和写法及各部分名称及其意义的基础上，进一步带领学生深刻理解分数。

让学生拿出事先准备好的正方形、圆形纸片，动手折一折，找出 1/4、1/8 并涂上自己喜欢的颜色，完成后与同桌交流分数是怎么得到的。教师也参与到学生中与他们共同探讨、共同交流，然后请学生展示成果。

接下来教师进一步引导学生思考：除了能折出一张纸的 1/4、1/8，还能折出它的几分之一呢？这样的设疑大大激发了学生学习的兴趣。有的学生会说，我能折出这张纸的 1/3；还有的学生会说，我能折出它的 1/5。这时，教师趁机总结："像 1/2、1/3、1/4、1/5 这样的数都是分数。"

这一环节本着"以学生为主体"的思想，大胆放手，让学生的多种感官参与学习活动，鼓励学生在操作过程中独立思考，培养学生的思维能力，使学生体验到学习的成功与快乐，真正把学习的主动权交给学生，落实新理念。

3. 巩固提高

练习是使学生掌握知识、形成技能、发展创新思维的重要手段。本课设计了判断图形中有颜色的部分是几分之一的练习。设计这个练习的目的主要是培养学生根据图形判断分数的能力，巩固本课所学基本知识点。

4. 总结

老师问："学习了这节课，你有什么收获？你觉得自己学得怎么样？有什么地方值得表扬或需要改进呢？"学生各抒己见，有的说知道了把一个物体平均分成几份，每一份就是它的几分之一；有的说学会了通过折纸表达几分之一；有的说学会了读、写几分之一。

这样做对整节课的教学内容起到梳理概括、画龙点睛的作用，有利于学生将新知识纳入已有的知识结构，提高学生的整体思维能力和概括能力。

5. 课后作业

为了巩固学生在这节课上所学的知识，布置课后作业让学生选一张自己喜欢的图形纸片，动手折一折、涂一涂，找一找图中的几分之一。

二、设计课件脚本

对"分数的初步认识"一课进行教学设计分析，并对该课的课件进行初步构思，然后为课件设计脚本(本案例只提供前 5 页幻灯片的脚本)，如图 9-2 所示。

课件题目	小学数学五年级下册第三单元第一课"分数的初步认识"中的第一课时"几分之一"
教学目标	知识与技能目标：学生初步认识几分之一，会读写几分之一，能比较分子是 1 的分数的大小。 过程与方法目标：通过小组合作学习活动，培养学生的合作意识、数学思考与语言表达能力。 情感与态度目标：在动手操作、观察比较中培养学生勇于探索和自主学习的精神，使其获得运用知识解决问题的成功体验
创作平台	PowerPoint 2016
创作思路	课件创设情境，引入本节课的内容"分数的初步认识"，然后在新课讲解模块通过分蛋糕案例认识 1/2，通过动手操作环节进一步认识几分之一，学生进一步掌握所学知识，再通过总结回顾模块加深学生对所学知识的印象，最后布置课后作业
内容介绍	该课件由"课题导入""新课讲解""课堂检测"和"知识总结"四个模块组成
课件结构图	封面 — 课题导入 — 创设情境 引入新识 新课讲解 — 认识1/2 动手操作 思考延伸 — 封底 课堂检测 — 巩固提高

图 9-2 "分数的初步认识"课件脚本

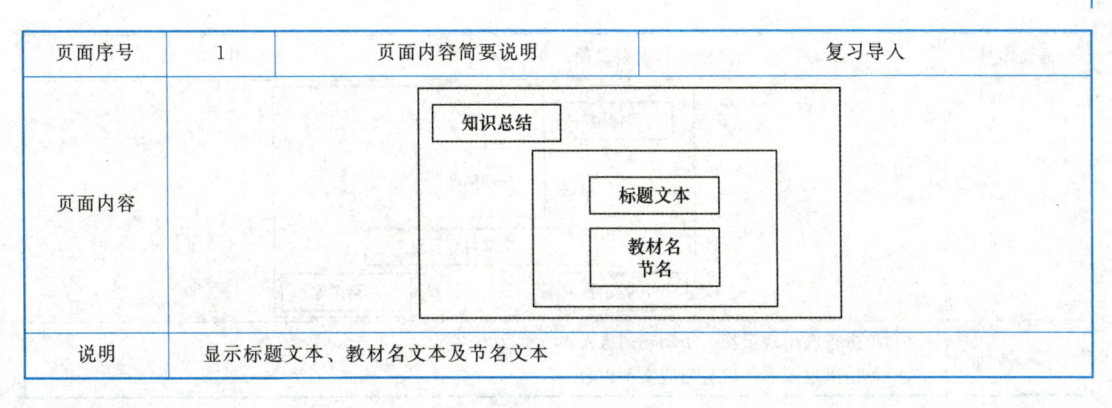

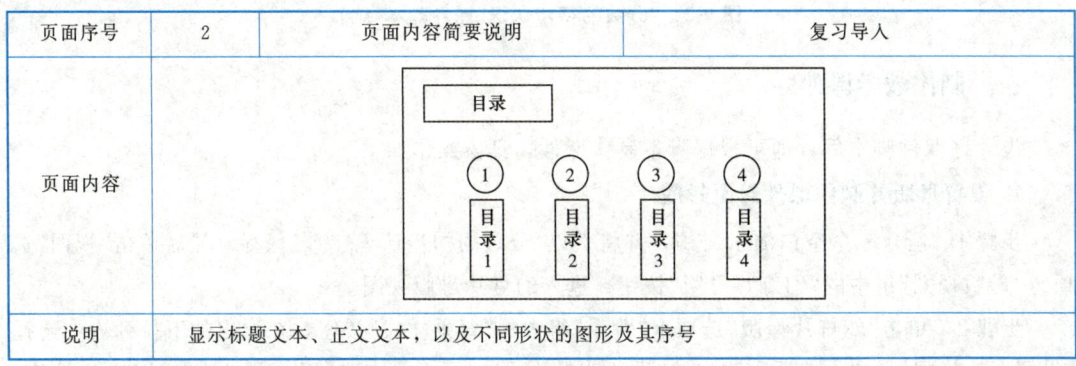

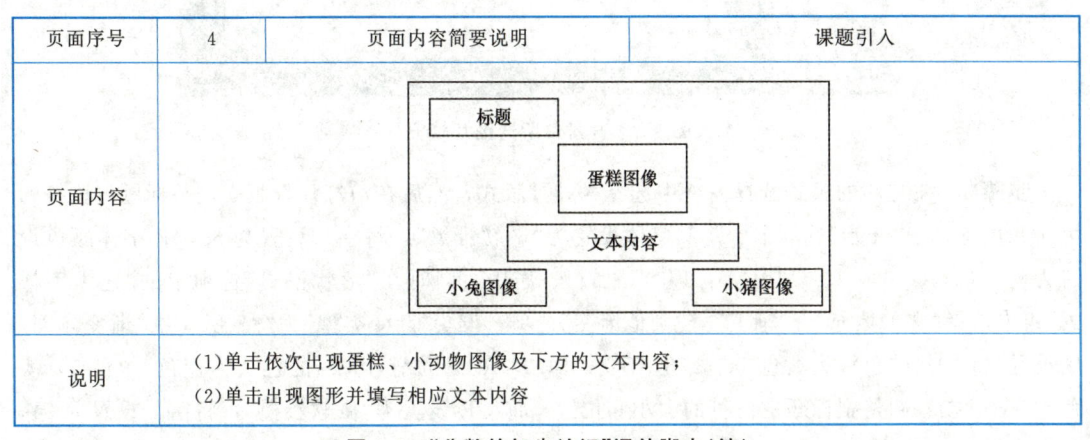

页面序号	1	页面内容简要说明	复习导入
页面内容		知识总结 标题文本 教材名 节名	
说明	显示标题文本、教材名文本及节名文本		

页面序号	2	页面内容简要说明	复习导入
页面内容		目录 ① ② ③ ④ 目录1 目录2 目录3 目录4	
说明	显示标题文本、正文文本,以及不同形状的图形及其序号		

页面序号	3	页面内容简要说明	课题引入
页面内容		标题	
说明	单击出现大括号及右侧的文本内容		

页面序号	4	页面内容简要说明	课题引入
页面内容		标题 蛋糕图像 文本内容 小兔图像　小猪图像	
说明	(1)单击依次出现蛋糕、小动物图像及下方的文本内容; (2)单击出现图形并填写相应文本内容		

图 9-2 "分数的初步认识"课件脚本(续)

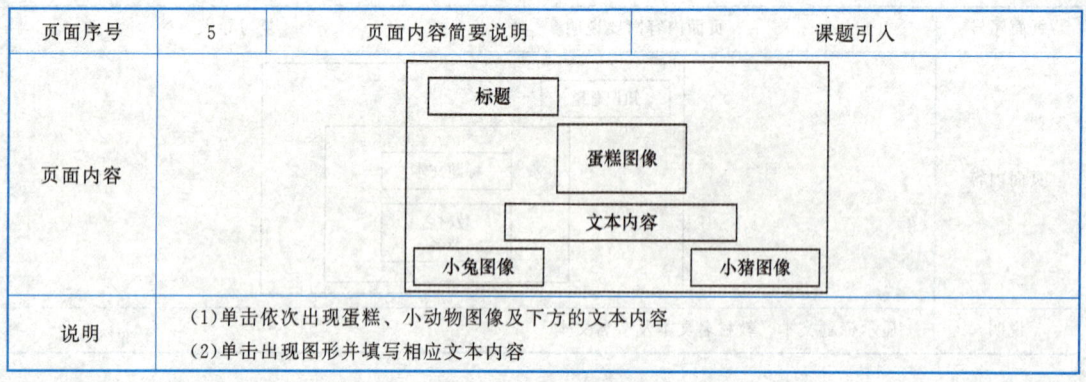

页面序号	5	页面内容简要说明	课题引入
页面内容		标题 蛋糕图像 文本内容 小兔图像　　　小猪图像	
说明	(1)单击依次出现蛋糕、小动物图像及下方的文本内容 (2)单击出现图形并填写相应文本内容		

图 9-2　"分数的初步认识"课件脚本(续)

三、制作教学课件

设计好课件脚本后,即可根据脚本制作课件,具体操作如下。

1. 设置母版并制作课件封面封底

步骤 1　新建一个空白演示文稿,并将其以"分数的初步认识"为名保存,然后单击"视图"选项卡"母版视图"组中的"幻灯片母版"按钮,进入幻灯片母版视图。

步骤 2　单击"幻灯片母版"选项卡"背景"组中的"背景样式"按钮,在弹出的下拉列表中选择"设置背景格式"选项,然后在弹出的"设置背景格式"对话框中单击"图片或纹理填充"单选按钮,接着单击"文件"按钮,在弹出的对话框中选择本项目配套的素材图片"背景图",单击"插入"→"全部应用"按钮,这样背景就由图片填充,效果如图 9-3 所示。

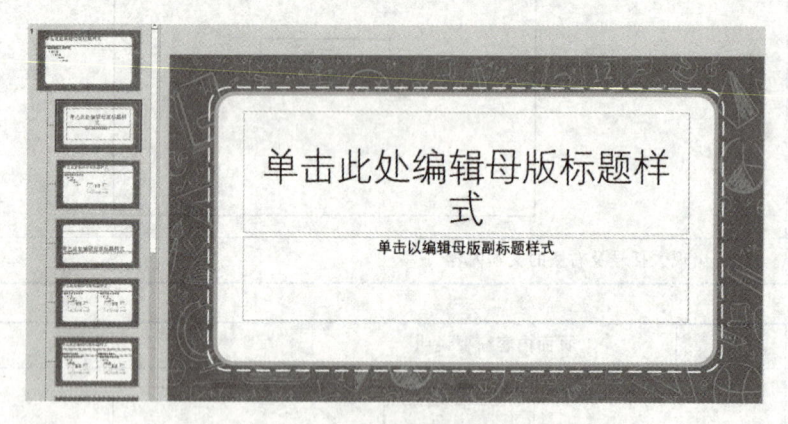

图 9-3　背景由所选图片填充

步骤 3　在左侧的版式选择窗格中选择"标题"版式,然后在幻灯片母版中调整标题占位符的大小和位置,在"开始"选项卡中将其字体设置为"微软雅黑",将字号设置为 66,将字体颜色设置为蓝灰色(R:66,G:119,B:169),加粗、居中,同时在"形状格式"选项卡的"艺术字样式"组中选择"文本填充"→"渐变"→"其他渐变"选项,设置"渐变类型"为"路径",在"渐变光圈"中设置位置 0% 的色块为黄色(R:255,G:255,B:0),位置 100% 的色块为蓝色(个性 5,淡色 40%)。接着调整副标题占位符的大小和位置,将字体设置为"微软雅黑",将字号设置为 24,将字体颜色设置为蓝灰色(R:66,G:119,B:169)、居中。依次插入本书配套素材"素材与实例"→"项目九"→"课件素材"文件夹中的"放大镜.png""橡皮擦.png""小剪刀.png""圆规.png"图片,并调整其位置,如图9-4所示。

图9-4 标题母版

步骤4 在左侧的版式选择窗格中选择"仅标题"版式,然后在幻灯片母版中调整标题占位符的大小和位置,将其字体设置为"微软雅黑",将字号设置为44、加粗、居中,同时在"形状格式"选项卡的艺术字样式组中选择"文本填充"→"渐变"→"其他渐变"选项,设置"渐变类型"为"路径",在"渐变光圈"中设置位置0%的色块为绿色(R:105,G:243,B:128),位置23%的色块为红色(R:255,G:0,B:0),位置83%的色块为黄色(R:255,G:255,B:109),位置100%的色块为浅绿色(R:146,G:208,B:80)。依次插入本书配套素材"素材与实例"→"项目九"→"课件素材"文件夹中的"图像1",并调整其位置,如图9-5所示。

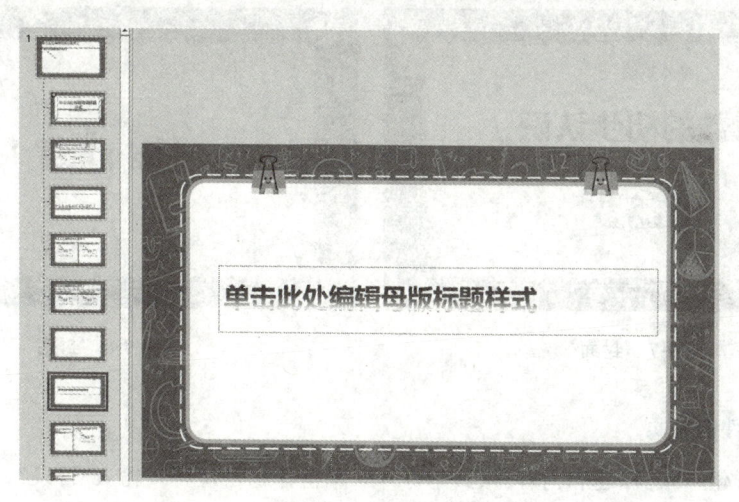

图9-5 仅标题母版

步骤5 在左侧的版式选择窗格中选择"标题和内容"版式,插入本书配套素材"素材与实例"→"项目九"→"课件素材"文件夹中的"图像2"并调整其位置,然后调整标题占位符的大小和位置,将其字体设置为"微软雅黑",将字号设置为44、加粗、居中,同时在"形状格式"选项卡的"艺术字样式"组中选择"文本填充"→"渐变"→"其他渐变"选项,设置"渐变类型"为"路径",在"渐变光圈"中设置位置0%的色块为绿色(R:105,G:243,B:128),位置23%的色块为红色(R:255,G:0,B:0),位置83%的色块为黄色(R:255,G:255,B:109),位置100%的色块为浅绿色(R:146,G:208,B:80),如图9-6所示。

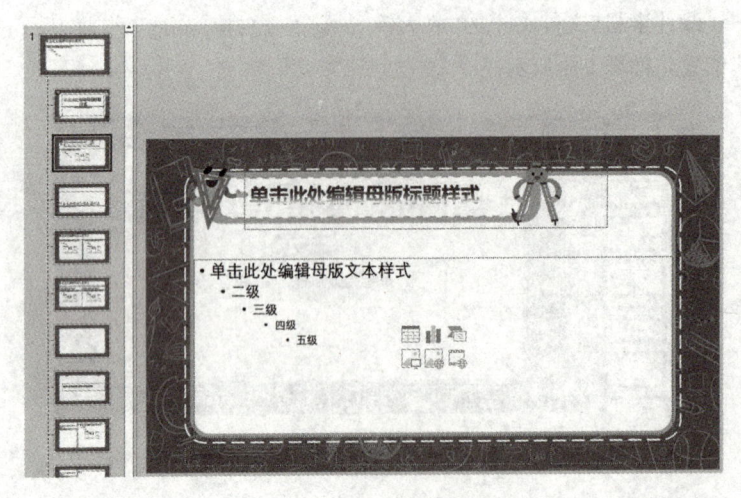

图 9-6 标题和内容母版

步骤 6　单击"幻灯片母版"选项卡中的"关闭母版视图"按钮，退出幻灯片母版视图。在第一页幻灯片中的标题占位符中输入"分数的初步认识"，在副标题占位符中输入"人教版数学三年级上册 第一课时 几分之一"，并调整其位置，如图 9-7 所示。使用同样的方法制作封底，如图 9-8 所示。

图 9-7　封面　　　　　　　　图 9-8　封底

2. 制作课件内容页

步骤 1　新建一张"标题和内容"版式幻灯片，单击标题占位符，输入"目录"。然后，创建一个圆形，圆形的形状填充为灰色 25%，背景 2；形状轮廓的颜色为蓝色，个性 1，粗细为 1 磅。创建 6 个小矩形，矩形形状轮廓的颜色为蓝色，个性 1，粗细为 1 磅；形状填充为"渐变填充"，设置"渐变类型"为"线性"，在"渐变光圈"中设置位置 0% 的色块为绿色（R：20，G：205，B：104），位置 100% 的色块为深绿色（R：11，G：110，B：56），如图 9-9 所示。插入两个文本框，分别输入"01""课题引入"，先用格式刷复制"目录"的格式，然后把文字"01"的字号设置为 32 号，效果如图 9-10 所示。

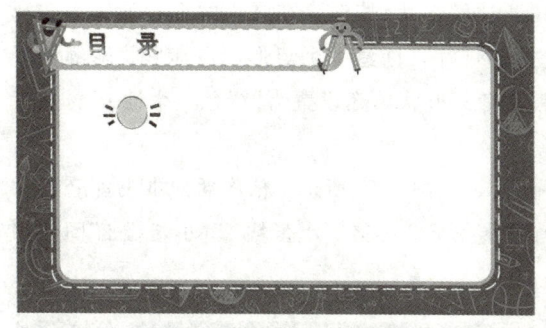

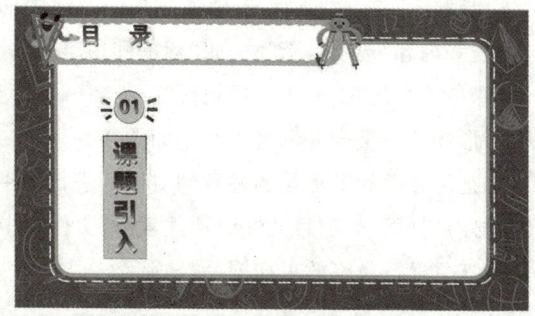

图 9-9 制作项目符号图片

图 9-10 输入并设置目录文本格式

步骤 2 利用同样的方法输入并设置目录的其他文本,最终效果如图 9-11 所示。

步骤 3 单击"开始"选项卡"幻灯片"组中的"新建幻灯片"按钮,在弹出的下拉列表中选择"仅标题"选项,新建一张仅标题版式的幻灯片,输入标题"01 课题引入",完成第 3 页幻灯片的制作,效果如图 9-12 所示。

图 9-11 目录页的最终效果

图 9-12 制作第 3 页幻灯片

步骤 4 参照步骤 3,制作第 7、16、19 页幻灯片,如图 9-13 所示。

图 9-13 制作第 7、16、19 页幻灯片

步骤5 单击"开始"选项卡"幻灯片"组中的"新建幻灯片"按钮,在弹出的下拉列表中选择"标题和内容"选项,新建一张"标题和内容"版式的幻灯片,创建一个矩形,将其形状轮廓设置为"绿色,个性6,1磅,短划线"。创建一个箭头,将其形状填充设置为"绿色,个性6",然后把矩形和箭头组合并调整大小,如图9-14所示。

把组合后的图形复制并移到右侧后进行水平翻转,如图9-15所示。依次插入本书配套素材"素材与实例"→"项目九"→"课件素材"文件夹中的"小兔子""小猪""小蛋糕1""小蛋糕2"图片并调整其位置,最终效果如图9-16所示。

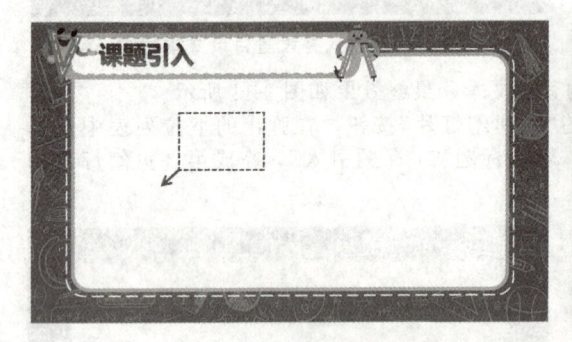

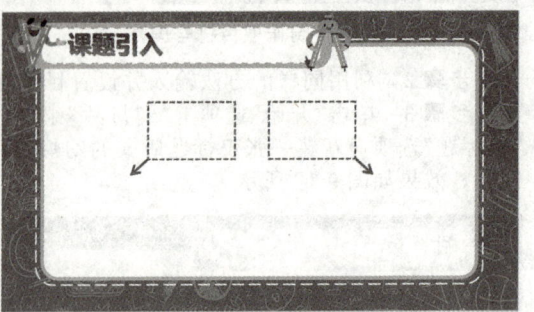

图 9-14 创建矩形和箭头 　　　　　　　图 9-15 复制图形并水平翻转

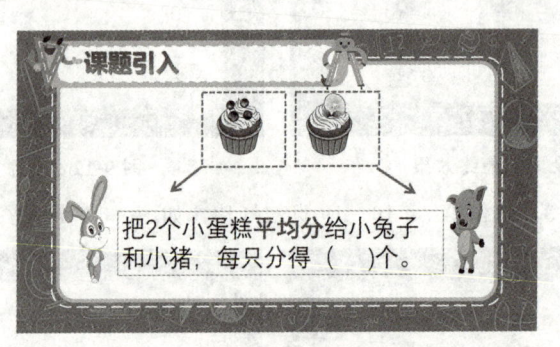

图 9-16 第 4 页幻灯片最终效果

步骤6 参照步骤5的操作制作第5页、第6页幻灯片,分别如图9-17、图9-18所示。

图 9-17 第 5 页幻灯片 　　　　　　　图 9-18 第 6 页幻灯片

步骤7 单击"开始"选项卡"幻灯片"组中的"新建幻灯片"按钮,在弹出的下拉列表中选择"标题和内容"选项,新建一张标题和内容版式的幻灯片,依次插入本书配套素材"素材与实

例"→"项目九"→"课件素材"文件夹中的"小兔子""小猪""大蛋糕左半边""大蛋糕右半边"图片并调整其位置,如图 9-19 所示。选中大蛋糕,选择"下移一层"→"置于底层"选项,然后选择"插入"→"形状"→"直线"选项,绘制一条直线和两条箭头线(红色,个性 1,深色 25%,4.5 磅)。单击"插入"选项卡的"形状"按钮,在弹出的下拉列表中选择"圆角矩形"选项,然后右击圆角矩形,在弹出的快捷菜单中选择"编辑文字"选项,选择"插入"→"公式"→"分数"选项,输入"1/2"(红色,字号 40)。插入文本框,输入"半边"(红色,字体"微软雅黑",字号 44)。调整各对象的大小和位置,最终效果如图 9-20 所示。

图 9-19　把大蛋糕均分成两半的效果　　　　图 9-20　第 8 页幻灯片的效果

步骤 8　参照步骤 5～步骤 7 的操作制作第 9 页～第 11 页幻灯片,如图 9-21 所示。

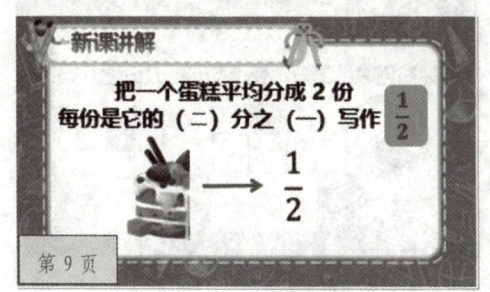

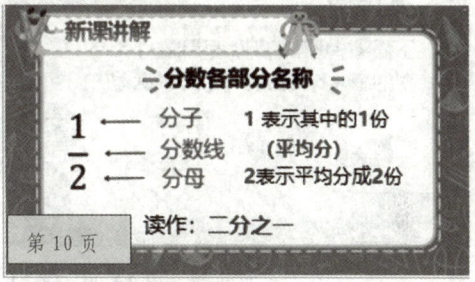

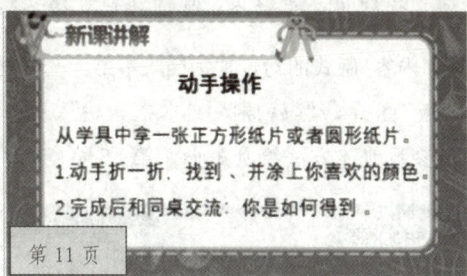

图 9-21　第 9 页～第 11 页幻灯片

步骤 9　单击"开始"选项卡"幻灯片"组中的"新建幻灯片"按钮,在弹出的下拉列表中选择"标题和内容"选项,新建一张"标题和内容"版式的幻灯片,创建 4 个相同的矩形,其中一个矩形填充橙色(个性 1,淡色 40%),然后调整各矩形的位置,如图 9-22 所示。参照前述方法绘制圆角矩形和文本框,第 12 页幻灯片的效果如图 9-23 所示。

图 9-22　图形表示 1/4 的效果

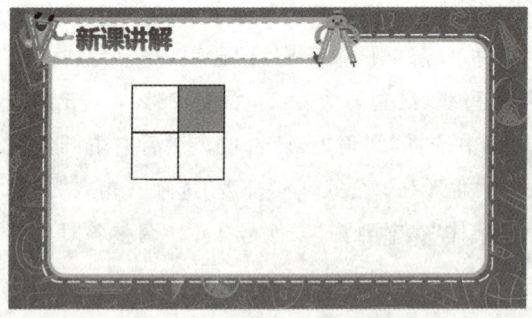

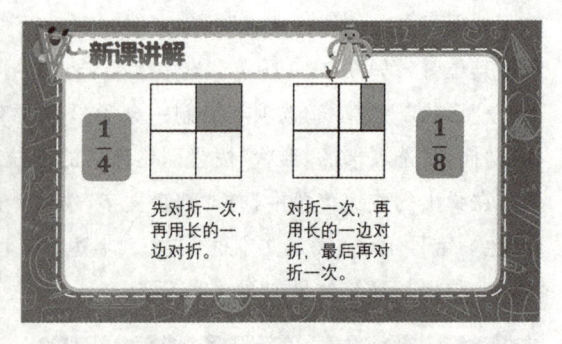

图 9-23　第 12 页幻灯片的效果

步骤 10　参照步骤 9 制作第 13 页、第 14 页、第 16 页、第 18 页幻灯片，如图 9-24 所示。

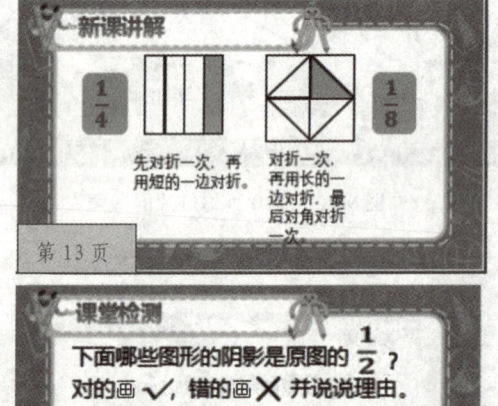

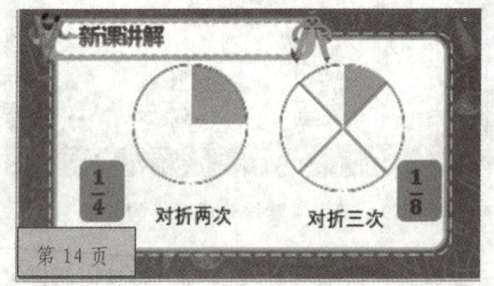

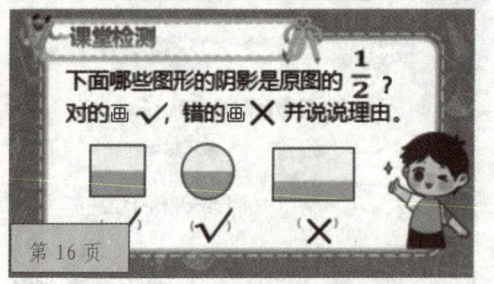

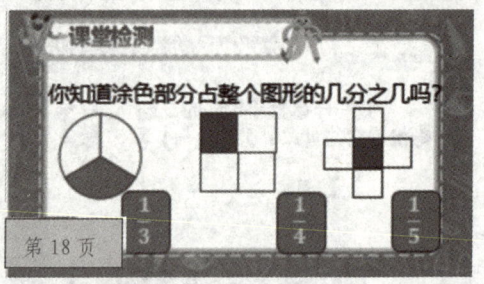

图 9-24　第 13 页、第 14 页、第 16 页和第 18 页幻灯片

步骤 11　新建一张"标题和内容"版式的幻灯片，插入本书配套素材"素材与实例"→"项目九"→"课件素材"文件夹中的"小黑板"图片，然后插入文本框，输入图 9-25 所示的文字（微软雅黑，40）及分式（红色，字号 40），参照前述方法绘制矩形，第 15 页幻灯片的效果如图 9-25 所示。

图 9-25　制作第 15 页幻灯片

步骤 12　新建一张标题和内容版式的幻灯片，插入文本框，制作第 20 页、第 21 页幻灯片，如图 9-26 所示。

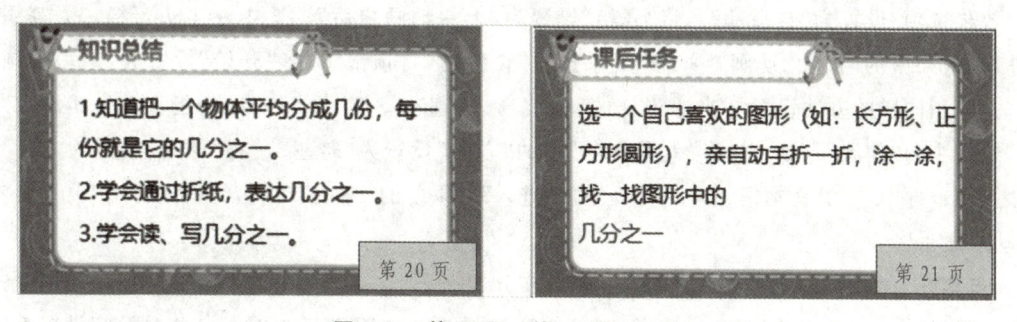

图 9-26　第 20 页、第 21 页幻灯片

3. 为课件添加动画

步骤 1　选中第 4 页幻灯片中的小兔子，为其添加"进入"效果中的"缩放"动画，并将"效果选项"中的"消失点"设置为"对象中心"，将"开始"设置为"上一项之后"；选中小猪，为其添加"进入"效果中的"缩放"动画，并将"效果选项"中的"消失点"设置为"对象中心"，将"开始"设置为"与上一动画同时"；选中两个蛋糕，在"动画"选项卡中为其添加"进入"效果中的"飞入"动画，并将其"效果选项"设置为"自底部"，将"开始"设置为"与上一动画同时"；选中左边矩形和左边的箭头组合"　　"，为其添加"进入"效果中的"擦除"动画，并"效果选项"设置为"自顶部"，将"开始"设置为"上一动画之后"；选中右边矩形和右边的箭头组合"　　"，为其添加"进入"效果中的"擦除"动画，并将"效果选项"设置为"自顶部"，将"开始"设置为"与上一动画同时"；选中"把 2 个小蛋糕……"文本框，在"动画"选项卡中为其添加"进入"效果中的"飞入"动画，并将"效果选项"中的"消失点"设置为"作为一个对象"，将"序列"设置为"作为一个对象"，将"开始"设置为"上一动画之后"；选中"1"文本框，在"动画"选项卡中为其添加"进入"效果中的"浮入"动画，并将"效果选项"设置为"上浮"，将"开始"设置为"上一动画之后"。

步骤 2　参照步骤 1 设置第 5 页幻灯片的动画。

步骤 3　选中第 6 页幻灯片中的小兔子，在"动画"选项卡中为其添加"进入"效果中的"缩放"动画，并将"效果选项"中的"消失点"设置为"对象中心"，将"开始"设置为"上一动画之后"；选中小猪，在"动画"选项卡中为其添加"进入"效果中的"缩放"动画，并将"效果选项"中消失点设置为"对象中心"，将"开始"设置为"与上一动画同时"；选中蛋糕，在"动画"选项卡中为其添加"进入"效果中的"飞入"动画，并将"效果选项"设置为"自底部"，将"开始"设置为"上一动画之后"；选中"如果把一个……"文本框，为其添加"进入"效果中的"飞入"动画，并将"效果选项"设置为"自底部"，将序列设置为"作为一个对象"，将"开始"设置为"上一动画之后"；选中"我们如何分蛋糕呢?"标注组合，在"动画"选项卡中为其添加"进入"效果中的"曲线向上"动画，并将"开始"设置为"上一动画之后"；选中"你一半 我一半"标注组合，在"动画"选项卡中为其添加"进入"效果中的"曲线向上"动画，并将"开始"设置为"上一动画之后"。

步骤 4　选中第 8 页幻灯片中的小兔子，在"动画"选项卡中为其添加"进入"效果中的"缩放"动画，并将"效果选项"中的"消失点"设置为"对象中心"，将"开始"设置为"上一动画之后"；选中小猪，为其添加"进入"效果中的"缩放"动画，并将"效果选项"中的"消失点"设置为"对象中心"，将"开始"设置为"与上一动画同时"；选中蛋糕，为其添加"进入"效果中的"擦除"动画，并将"效果选项"设置为"自顶部"，将"开始"设置为"上一动画之后"；选中左半边蛋糕，为其添加"进入"效果中的"擦除"动画，并将"效果选项"设置为"自顶部"，将"开始"设置为"上一动画之后"；利用同样的方法设置右半边蛋糕的动画。选中"直线、箭头、一半"的组合，为其添加"进入"效果中的"伸展"动画，并将"效果选项"中的"方向"设置为"跨越"，将"开始"设置为"上一动画之后"；选中"1/2"文本框组合，为其添加"进入"效果中的"弹跳"动画，并将"开始"设置为"上一动画之后"。

步骤 5 选中第 9 页幻灯片中"把一个蛋糕分成……"文本框，在"动画"选项卡中为其添加"进入"效果中的"百叶窗"动画，并将"效果选项"中的"方向"设置为"水平"，将"序列"设置为"作为一个对象"，将"开始"设置为"上一动画之后"；用同样的方法设置半边蛋糕的动画；选中"二"文本框，为其添加"进入"效果中的"飞旋"动画，并将"效果选项"中的"序列"设置为"作为一个对象"，将"开始"设置为"与上一动画同时"；选中"圆角矩形、1/2 文本框"组合，在"动画"选项卡中为其添加"进入"效果中的"浮入"动画，并将"效果选项"设置为"上浮"，将"开始"设置为"与上一动画同时"；选中箭头，为其添加"进入"效果中的"擦除"动画，并将"效果选项"设置为"自左侧"，将"开始"设置为"上一动画之后"；选中"1/2"文本框，为其添加"进入"效果中的"擦除"动画，并将"效果选项"设置为"自顶部"，将"开始"设置为"与上一动画同时"。

步骤 6 在第 10 页幻灯片选中"分数各部分名称、形状"的组合，在"动画"选项卡中为其添加"进入"效果中的"擦除"动画，并将"效果选项"设置为"自底部"，将"开始"设置为"上一动画之后"；同样的方法分别设置"1/2、分子、分数线、分母"的组合、"1 表示其中的 1 份"文本框、"（平均分）"文本框、"2 表示平均分成 2 份"文本框、"读作二分之一"文本框的动画。

步骤 7 在第 11 页幻灯片选中"动手操作"文本框，为其添加"进入"效果中的"飞入"动画，并将"效果选项"设置为"自底部"，将"开始"设置为"上一动画之后"；同样的方法设置"从学具中……"文本框的动画。

步骤 8 在第 12 页幻灯片选中左侧矩形和"先对折……"文本框的组合，为其添加"进入"效果中的"飞入"动画，并将"效果选项"设置为"自底部"，将"开始"设置为"上一动画之后"；选中"1/4"圆角组合，为其添加"进入"效果中的"浮入"动画，并将"效果选项"设置为"上浮"动画效果，将"开始"设置为"上一动画之后"；选中右侧矩形和"对折一次……"文本框组合，为其添加"进入"效果中的"飞旋"动画，并将"开始"设置为"上一动画之后"；选中"1/8"为其添加"进入"效果中的"浮入"动画，并将"效果选项"设置为"上浮"动画效果，将"开始"设置为"上一动画之后"。

步骤 9 同样方法设置第 13 页、第 14 页的动画。

步骤 10 在第 15 页幻灯片中，选中"像 1/2……都是分数"组合，在"动画"选项卡中为其添加"进入"效果中的"擦除"动画，并将"效果选项"设置为"自顶部"，将"开始"设置为"上一动画之后"；用同样的方法分别设置右侧的"1/2"文本框、"1/3"文本框、"1/4"文本框、"1/5"文本框的动画。

步骤 11 在第 17 页幻灯片选中"下面哪些……"文本框组合，为其添加"进入"效果中的"擦除"动画，并将"效果选项"设置为"自左侧"，将"开始"设置为"上一动画之后"；选中"正方形、长方形、圆形和（）"的组合，添加"进入"效果中的"飞入"动画，并将"效果选项"设置为"自底部"，将"开始"设置为"上一动画之后"；选中"√"文本框，为其添加"进入"效果中的"浮入"动画，并将"效果选项"中的"方向"设置为"上浮"，将"序列"设置为"作为一个对象"，将"开始"设置为"上一动画之后"；利用同样的方法设置"×"文本框的动画；选中"小孩"图片，为其添加"进入"效果中的"伸展"动画，并将"效果选项"设置为"跨越"，将"开始"设置为"上一动画之后"。

步骤 12　在第 18 页幻灯片同时选中上部的文本框和中部的所有图形，添加"进入"效果中的"擦除"动画，并将"效果选项"设置为"自顶部"，将"开始"设置为"与上一动画同时"；选中底部的"1/3"文本框组合，添加"进入"效果中的"弹跳"动画，并将"开始"设置为"上一动画之后"；利用同样的方法设置"1/4"文本框、"1/5"文本框和"小孩"图片的动画。

步骤 13　为第 20 页、第 21 页幻灯片中的文本框都添加"进入"效果中的"擦除"动画，并将"效果选项"设置为"自左侧"，将"开始"设置为"上一动画之后"。

4. 设置幻灯片切换效果

步骤 1　选中第 1 页幻灯片，选择"切换"选项卡中的"帘式"切换效果，其他参数不变。

步骤 2　选中第 2 页幻灯片，选择"飞过"切换效果。

步骤 3　同时选中第 3 页、第 7 页、第 16 页、第 19 页幻灯片，选择"飞机"切换效果。其余幻灯片无切换效果。

项目十

设计并制作小学英语课件

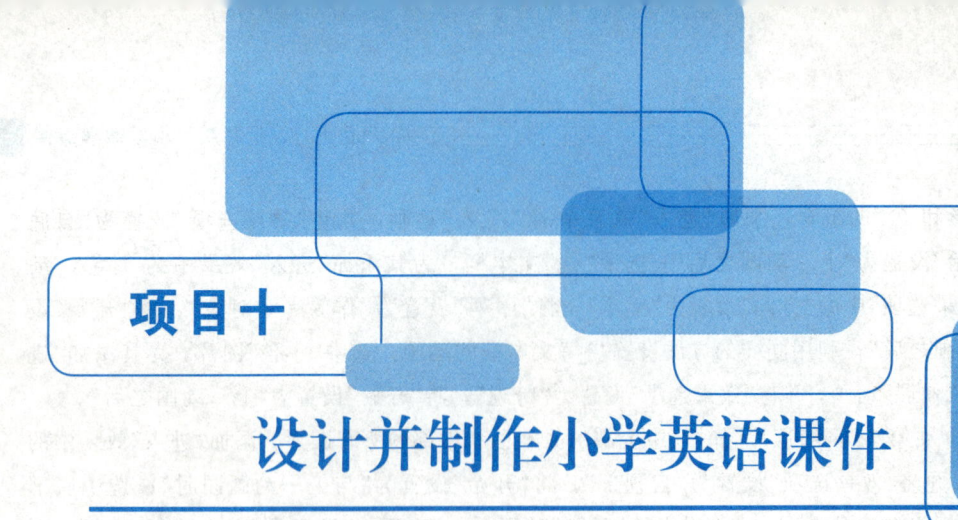

教学与学习目标

学习目标：

1. 通过制作小学英语课件，引导学生深入理解和尊重中外多元文化，增强对中华优秀传统文化的认同感和自豪感，同时拓宽国际视野，培养学生跨文化交流与合作的能力，形成开放包容的世界观。

2. 掌握利用多媒体技术和网络资源进行英语课件设计的方法，激发学生的创新意识和动手实践能力，提升其在信息时代的必备技能，如信息筛选、整合及有效传播的能力，助力其在数字化教育环境下自主学习。

3. 在设计英语课件时注重情感价值观的融入，关注学生的身心发展需求，培养学生的人文关怀精神和社会责任感，使其能够以更加生动有趣的方式传递关爱他人、和谐相处的价值理念。

4. 通过小组合作完成英语课件的设计与制作，强化学生的团队协作精神和组织协调能力，学会在遵守法律、法规及尊重知识产权的前提下开展创造性劳动，树立良好的职业道德和社会规范意识。

项目导读：

随着时代的发展和社会的进步，英语越来越受到人们的重视，小学英语在基础教育中的地位也越来越高。在小学英语教学中，课件的制作至关重要，一个好的课件既可帮助教师丰富课堂内容，又可激发学生的学习兴趣。本项目首先介绍小学英语教学及小学英语课件的相关知识，然后通过一个综合案例，介绍设计和制作小学英语课件的方法。

知识储备

一、小学英语教学的主要内容和教学目标

英语是当今世界的主要国际通用语言，其使用范围非常广泛，是重要的国际交际工具。下面简单介绍小学英语教学的主要内容和教学目标。

1. 小学英语教学的主要内容

小学英语教学的内容主要包括26个英文字母、单词积累、语法知识、句法知识、书写、发音等。教师应利用多样化的教学手段，充分调动学生学习的积极性，使教学过程充满乐趣。

2. 小学英语的教学目标

(1)激发和培养学生学习英语的兴趣，使学生树立自信心，养成良好的学习习惯。

(2)培养学生形成较好的语感，打下良好的语音基础，掌握一定的英语基础知识和听、说、读、写的技能，形成一定的综合语言运用能力。

(3)培养学生的观察、记忆、思维和想象能力，以及创新精神。帮助学生了解世界，以及中西方文化的差异。帮助学生拓宽视野、培养爱国主义精神、形成健康的人生观，为其终身学习和发展打下良好的基础。

二、小学英语课件的作用与制作要求

1. 小学英语课件的作用

在英语教学中，使用多媒体课件可以创设图文并茂、动静结合、声情融汇的教学情境，可以提高学生学习英语的兴趣。另外，结合学生好奇、求趣、求新的年龄特点，模拟真实情景，创设接近生活的语言环境，有利于学生理解和掌握所学知识。

2. 小学英语课件的制作要求

(1)与教学风格统一。教师在教学过程中会形成自己的教学风格，在制作小学英语课件时应注意将自己的教学风格融入课件，这样既可体现自身的教育思想，又可使学生易于接受，从而获得更好的教学效果。

(2)内容形式多样。在制作小学英语课件时，应综合使用图片、音频、视频等多种媒体形式，充分发挥多媒体的优势，提高学生学习英语的兴趣。

(3)具有趣味性。小学英语课件的选材应具有"新""奇""趣"等特点，以此激发学生的求知欲，使其由被动学习变为主动学习，在接受知识的过程中增加无意记忆、联想记忆成分，减少机械记忆成分。

项目实施——制作"Welcome back to school"课件

首先通过分析"Welcome back to school"一课的教学设计，对课件进行初步构思，然后设计课件脚本，最后使用PowerPoint 2016制作图10-1所示的课件。本例最终效果可参考本书配套素材"素材与实例"→"项目十"文件夹中的"Welcome back to school"课件。

图10-1 "Welcome back to school"课件(部分)

一、分析教学设计

下面先了解"Welcome back to school"一课的教学设计，然后通过分析该教学设计，对课件进行初步构思。

"Welcome back to school"一课的教学设计如下。

【教学目标】

（1）能够基于图片，在教师的帮助下理解对话大意。

（2）能够用正确的语音、语调朗读对话，并能进行角色表演。

（3）能够在情景中理解并运用句型"Hi, I'm… I'm from…"。

（4）能够在语境中理解生词或短语 welcome，new friends 的意思，并能正确发音。

（5）能够在 Look and say 活动中理解并运用句型"Hi, I'm… I'm from…"。

（6）能够通过对话感受身为中国人的自豪感。

【教学重点、难点】

教学重点：运用正确的语音、语调朗读并表演对话。在情景中理解并运用句型"Hi, I'm… I'm from…"。

教学难点：理解句子"Boys and girls, we have two new friends today."的意思并正确朗读。

【教学准备】

制作 PowerPoint 2016 课件。

【教学过程】

1. Warm-up

（1）呈现"开学"的图片，引出句子"Welcome back to school."，理解其意思并教读。

（2）Look and say.

①呈现课本中出现的人物并说出名字。

②通过图片学习单词 boys，girls。

（3）由学习句子引出歌曲 boys and girls。播放歌曲，引入学习话题。

2. Presentation and practice

（1）Watch and answer. 呈现 Miss White 的图片，引出三个问题，让学生带着问题看视频。

（2）Let's watch.

观看视频，通过看、听、读等形式理解文本。

（3）Check the answers.

回答第一个问题，引出人物 Amy and Zhang Peng。

回答第二个问题，引出生词 UK，呈现图片并理解意思。

回答第三个问题，引出单词 China，Shandong，呈现图片并理解意思。

（4）Look, listen and repeat. 分句跟读，要求学生边听边模仿。注意语音、语调和语气的模仿。

（5）Fill in the blanks. 对文本内容进一步梳理、理解和巩固。

（6）Role-play. 四人一组朗读并表演对话，分层次提成任务要求。

3. Consolidation

（1）句型点拨。

（2）Look and say. 呈现图片和句子模式：I'm Han Mei. I'm from_____. 填写地名或国籍，以巩固新知。

（3）Watch and follow. 观看视频，学习运用核心句型描述所在国籍。

（4）Role-play. 通过角色扮演进行会话交流。

(5) Play a game.
(6) Summary. 课堂小结。
(7) Exercise. 英汉对对碰。

4. Homework

(1) 听录音跟读对话，注意模仿正确的语音、语调。
(2) 分角色朗读对话。
(3) 完成同步练习册。

分析上述教学设计，对"Welcome back to school"课件的初步构思如下。

(1) 本课件拟分为"Warm-up""Presentation and practice""Consolidation"和"Homework"4 个模块。
(2) "Warm-up"模块通过呈现"开学"的图片，引出本课的课题"Welcome back to school"，让学生理解意思并教读。
(3) "Presentation and practice"模块依次进行单词教学、短语教学和对话教学。
(4) "Consolidation"模块首先通过句型介绍进行句型教学，然后通过对话进行练习巩固。
(5) "Homework"模块用于布置课后作业。

二、设计课件脚本

对"Welcome back to school"一课进行教学设计分析，并对该课的课件进行初步构思后，接下来为课件设计脚本，如图 10-2 所示。

课件题目	人教版小学英语三年级下册 Unit 1"Welcome back to school"
教学目标	(1) 能够基于图片，在教师的帮助下理解对话大意。 (2) 能够用正确的语音、语调朗读对话，并能进行角色表演。 (3) 能够在情景中理解并运用句型"Hi, I'm… I'm from…"。 (4) 能够在语境中理解生词或短语 welcome, new friends 的意思，并能正确发音。 (5) 能够在 Look and say 活动中理解并运用句型"Hi, I'm… I'm from…"。 (6) 能够通过对话，感受身为中国人的自豪感
创作平台	PowerPoint 2016
创作思路	课件从"Warm-up"模块的提问引出本课课题，然后在"Presentation and practice"模块学习新的单词、短语和对话，再在"Consolidation"模块通过句型练习巩固所学知识，最后在"Homework"模块布置课后作业
内容介绍	该课件由"Warm-up""Presentation and practice""Consolidation"和"Homework"4 个模块组成
课件结构图	封面 → Warm-up / Presentation and practice / Consolidation / Homework → 封底

图 10-2 "Welcome back to school"课件脚本

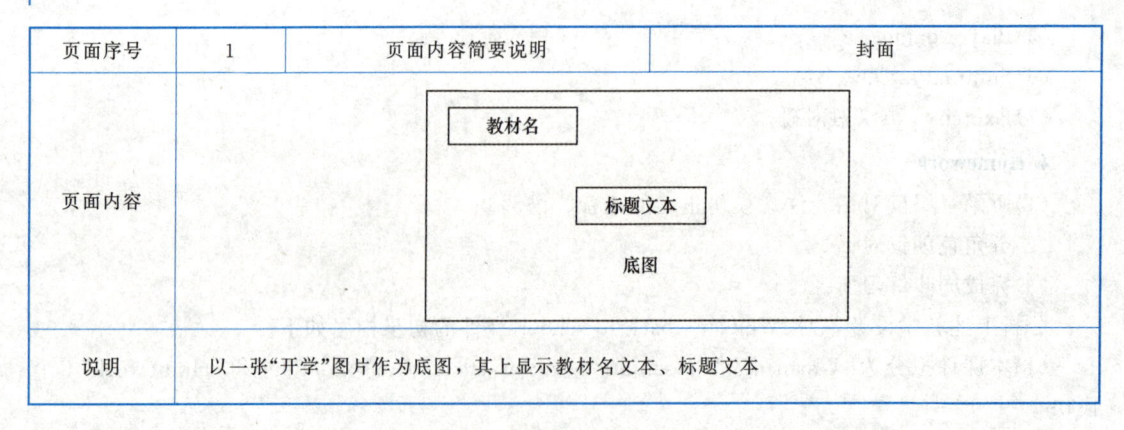

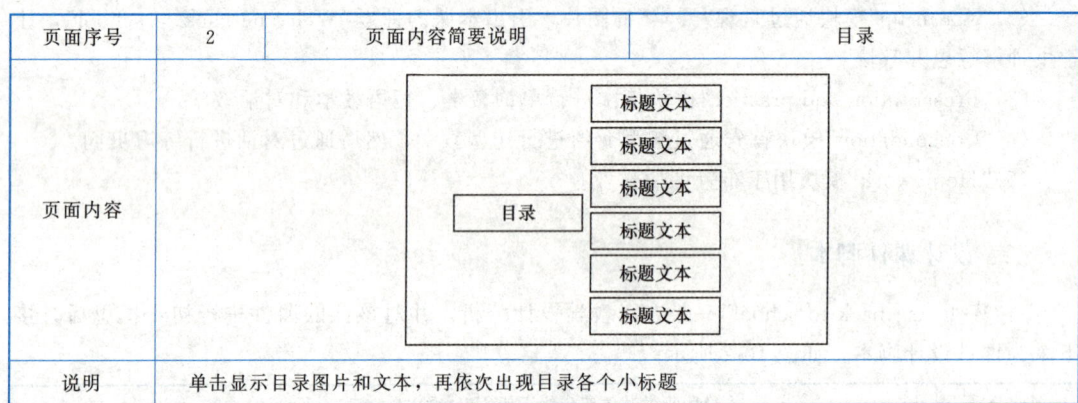

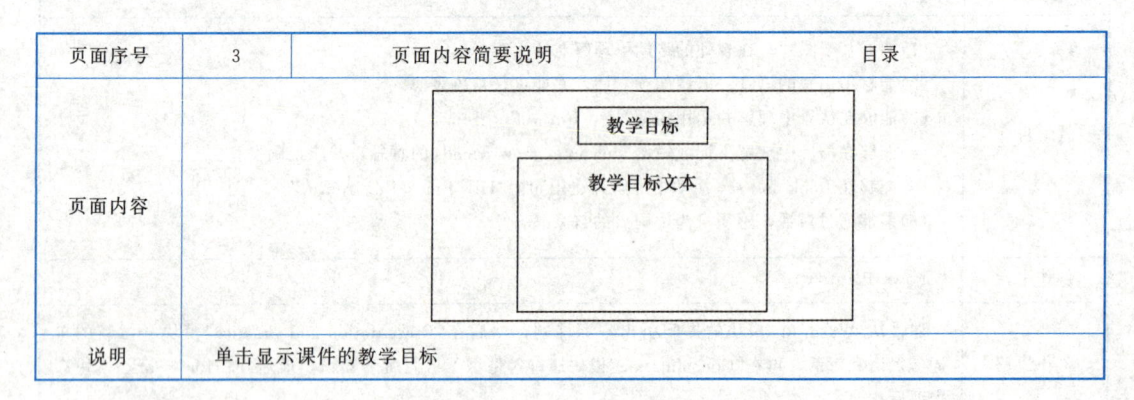

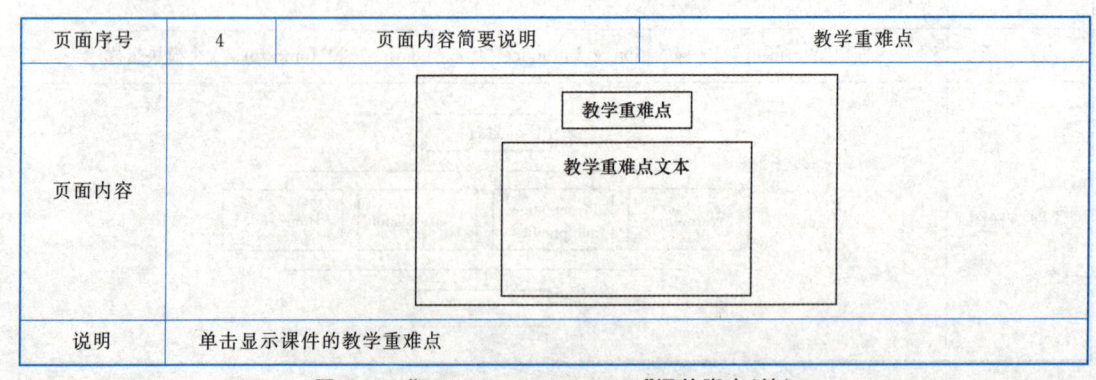

页面序号	1	页面内容简要说明	封面
页面内容		教材名 标题文本 底图	
说明	以一张"开学"图片作为底图,其上显示教材名文本、标题文本		

页面序号	2	页面内容简要说明	目录
页面内容		目录　标题文本 标题文本 标题文本 标题文本 标题文本 标题文本	
说明	单击显示目录图片和文本,再依次出现目录各个小标题		

页面序号	3	页面内容简要说明	目录
页面内容		教学目标 教学目标文本	
说明	单击显示课件的教学目标		

页面序号	4	页面内容简要说明	教学重难点
页面内容		教学重难点 教学重难点文本	
说明	单击显示课件的教学重难点		

图 10-2 "Welcome back to school"课件脚本(续)

三、制作教学课件

设计好课件脚本后，即可根据脚本制作课件，具体操作如下。

1. 设置母版并制作课件封面

步骤 1 新建一个空白演示文稿，并将其以"Welcome back to school.pptx"为名保存，然后单击"视图"选项卡"母版视图"组中的"幻灯片母版"按钮，进入幻灯片母版视图后，选中左侧版式选择窗格中最上方的幻灯片母版。

步骤 2 单击"幻灯片母版"选项卡"背景"组中的"颜色"按钮，在弹出的下拉列表中选择"黄橙色"选项，然后单击"字体"按钮，在弹出的下拉列表中选择"自定义字体"选项，再在打开的"新建主题字体"对话框中设置西文和中文的标题与正文字体，并单击"保存"按钮，如图 10-3 所示。

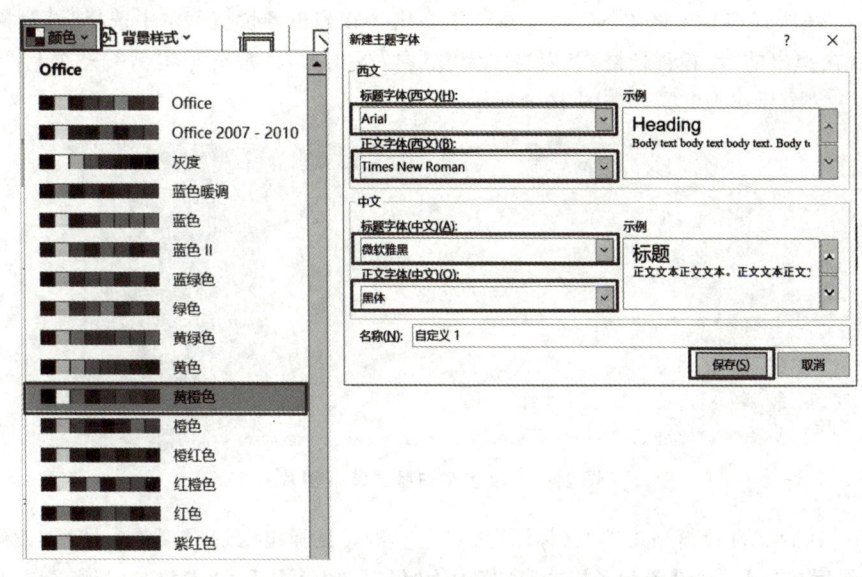

图 10-3　设置主题的颜色和字体

步骤 3 在版式选择窗格中选择"标题"版式并右击，在弹出的快捷菜单中选择"设置背景格式"选项，然后在弹出的"设置背景格式"窗格中为"标题"版式插入"素材与实例"→"项目十"文件夹中的"背景_1"图片作为背景，如图 10-4 所示。

图 10-4　设置标题版式背景图片

步骤4　删除副标题，将主标题占位符的字体设为"汉仪Q豆体简"，将字号设置为60，将字体颜色设置为褐色(R：98，G：47，B：1)，然后调整标题占位符的大小和位置，如图10-5所示。

图 10-5　调整标题占位符

步骤5　在版式选择窗格中的"空白"版式上右击，在弹出的快捷菜单中选择"设置背景格式"选项，然后在弹出的"设置背景格式"窗格中为"空白"版式插入"素材与实例"→"项目十"文件夹中的"背景_2"图片作为背景，如图10-6所示。

图 10-6　设置空白版式背景图片

步骤6　在版式选择窗格中的"仅标题"版式上右击，在弹出的快捷菜单中选择"设置背景格式"选项，然后在打开的"设置背景格式"窗格中为"仅标题"版式插入"素材与实例"→"项目十"文件夹中的"背景_3"图片作为背景。

步骤7　将标题占位符的字体设置为"汉仪Q豆体简"，将字号设置为60，将字体颜色设置为褐色(R：98，G：47，B：1)，然后调整标题占位符的大小和位置，将标题占位符移到云形图片中，如图10-7所示。

图 10-7　设置仅标题版式背景图片和占位符

步骤8　关闭幻灯片母版视图，在标题幻灯片标题占位符中输入"Unit1"，按 Enter 键换行，接着输入"Welcome back to school"，调整第1页幻灯片中标题占位符的位置。

步骤9　在第1页幻灯片左上角插入横排文本框，在文本框中输入教材名"人教版小学三年级下册"，然后将文本框中文本的字体设置为"华文新魏"，将字号设置为20，将字体颜色设置为褐色(R：98，G：47，B：1)，如图10-8所示。

图 10-8　输入并设置文本

2. 制作课件内容

步骤1　新建一个空白幻灯片，在幻灯片中插入文本框并输入"目录"文本，然后将文本框中文本的字体设置为"黑体"，将字号设置为60，将颜色设置为黑色，在"目录"下方再插入一个文本框并输入"CONTENT"，将字体设置为"Times New Roman"，将字号设置为24、将颜色设置为黑色，接着插入本书配套素材"素材与实例"→"项目十"→"课件素材"文件夹中的"星星.png""三点.png"图片，分别复制并水平翻转"星星.png""三点.png"图片，将"星星.png"图片调整到"目录"文本的上、下侧，将"三点.png"图片调整到"目录"文本的左、右侧，最后将图片与文本组合，移到幻灯片左侧，如图10-9所示。

图 10-9　制作目录

步骤2　在目录右侧依次插入6个圆形，将颜色填充设置为深蓝色(R：1，G：3，B：75)、无轮廓，高度和宽度都为1.9 cm，将6个圆形从上至下分别添加文字"01""02""03""04""05""06"，然后将字体设为"Arial"，将字号设置为32，加粗，将颜色设置为黄色(R：255，G：211，B：86)，在圆形右侧从上至下依次插入6个文本框并分别添加文字"教学目标""教学重难点""Warm-up""Presentation and practice""Consolidation""Homework"，将字体设置为"黑体"，将字号设置为28，将颜色设置为深蓝色(R：1，G：3，B：75)，如图10-10所示。

图 10-10 制作第 2 页幻灯片

步骤 3 新建一个空白幻灯片,在幻灯片中插入文本框并输入"教学目标"文本,然后将文本框中文本的字体设置为"汉仪 Q 豆体简",将字号设置为 60,将字体颜色设置为褐色(R:98,G:47,B:1),接着插入本书配套素材"素材与实例"→"项目十"→"课件素材"文件夹中的"黄色星星.png""三点.png""波浪线.png""纸飞机.png"图片,分别复制并水平翻转"黄色星星.png""三点.png"图片,将"黄色星星.png"图片调整到"教学目标"文本的左下角和右下角,将"三点.png"图片调整到"教学目标"文本的左、右侧,将"波浪线.png"图片移到"教学目标"文本下方,将"纸飞机.png"图片移到"教学目标"右上角,最后将图片与文本组合,移到幻灯片上方。

步骤 4 在"教学目标"下方插入一个文本框并添加文本文字"1. 能够在图片……",将字体设置为"华文新魏",将字号设置为 30,将字体颜色设置为褐色(R:98,G:47,B:1),如图 10-11 所示。

图 10-11 制作第 3 页幻灯片

步骤 5 参照步骤 3~步骤 4 的操作,制作第 4 页幻灯片的内容,最终效果如图 10-12 所示。

图 10-12 制作第 4 页幻灯片

步骤 6 新建一个"仅标题"版式的幻灯片,在占位符中输入文字"Warm-up",并调整其大小和位置，如图 10-13 所示。

步骤 7　新建一个空白幻灯片，在幻灯片中插入"学校门口对话.png"图片，调整图片的大小和位置，如图 10-14 所示。

图 10-13　制作第 5 页(过渡页)幻灯片　　　图 10-14　制作第 6 页幻灯片

步骤 8　新建一个空白幻灯片，在幻灯片中插入文本框并输入文本"Do you still remember your old friends?"，然后将文本框中文本的字体设置为"汉仪乐喵体简"，将字号设置为 36，将字体颜色设置为褐色(R：98，G：47，B：1)，接着插入本书配套素材"素材与实例"→"项目十"→"课件素材"文件夹中的"Chen Jie.png""Mike.png""Sarah.png""Jonh.png""Wu Yifan.png"图片，并调整其位置，在图片下方插入文本框并输入"Hi! I'm…"文本，将字体设置为"Times New Roman"，将字号设置为 60，将字体颜色设置为黑色，如图 10-15 所示。

图 10-15　制作第 7 页幻灯片

步骤 9　参照步骤 8 的操作，制作第 8 页、第 9 页幻灯片，效果如图 10-16 所示。

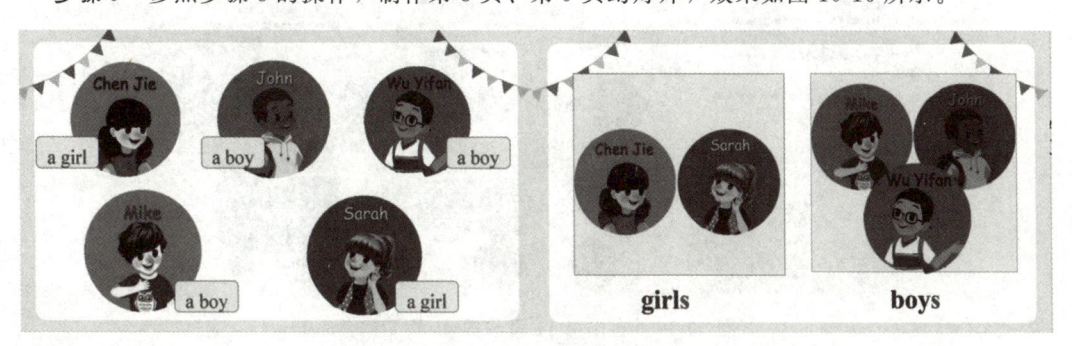

图 10-16　制作第 8 页、第 9 页幻灯片

步骤10 新建一个空白幻灯片,在幻灯片上方插入文本框并输入"boys and girls"文本,然后将文本框中文本的字体设置为"汉仪乐喵体简",将字号设置为60,将字体颜色设置为褐色(R:98,G:47,B:1),在文本下方插入歌曲视频"boys and girls.mp4",调整视频的大小和位置,如图10-17所示。

图10-17 制作第10页幻灯片

步骤11 参照步骤1~步骤10的操作,制作第11页~第45页幻灯片,最终效果如图10-18所示。

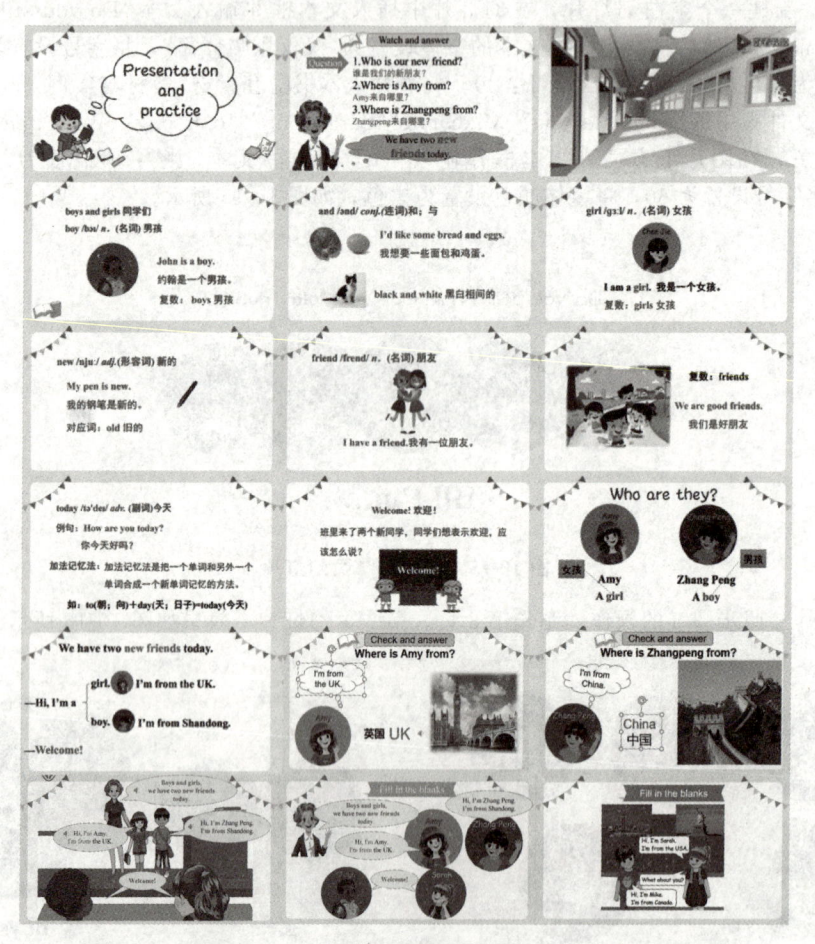

图10-18 制作第11页~第45页幻灯片

图 10-18 制作第 11 页～第 45 页幻灯片(续)

3. 为课件添加动画

步骤 1 选中第 1 页幻灯片,为标题文本添加"进入"效果中的"百叶窗"动画,并将"开始"设置为"与上一动画同时",选中教材名文本,为其添加"进入"效果中的"缩放"动画,将其"开始"设置为"上一动画之后",如图 10-19 所示。

图 10-19 设置第 1 页幻灯片的动画效果

步骤2 切换到第 2 页幻灯片,为左侧目录文本和图片的组合添加"进入"效果中的"飞入"动画,将"开始"设置为"与上一动画同时",将"效果选项"设置为"自左侧";为右侧圆形和数字的组合全部添加"进入"效果中的"轮子"动画,将"开始"全都设置为"上一动画之后";将右侧 6 个文本框全部添加"进入"效果中的"擦除"动画,将"开始"全都设置为"上一动画之后",并移到对应的圆形和数字组合后面,如图 10-20 所示。

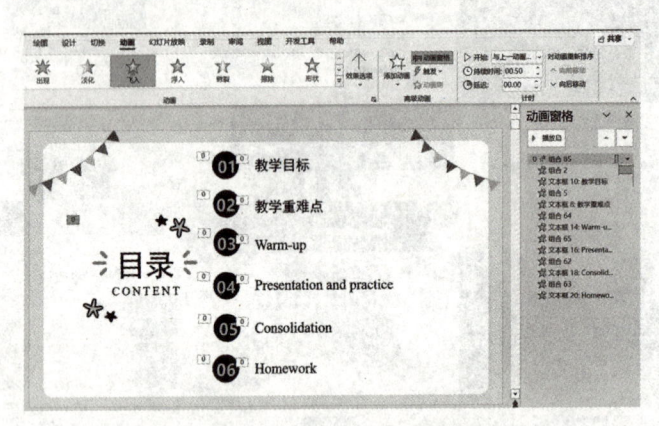

图 10-20 设置"飞入"动画的效果

步骤3 切换到第 3 页幻灯片,为上方教学目标文本和图片的组合添加"进入"效果中的"形状"动画,将"开始"设置为"与上一动画同时",将"效果选项"的"方向"设置为"缩小","形状"设置为"菱形";为下方的文本添加"进入"效果中的"百叶窗"动画,将"开始"全都设置为"上一动画之后",如图 10-21 所示。

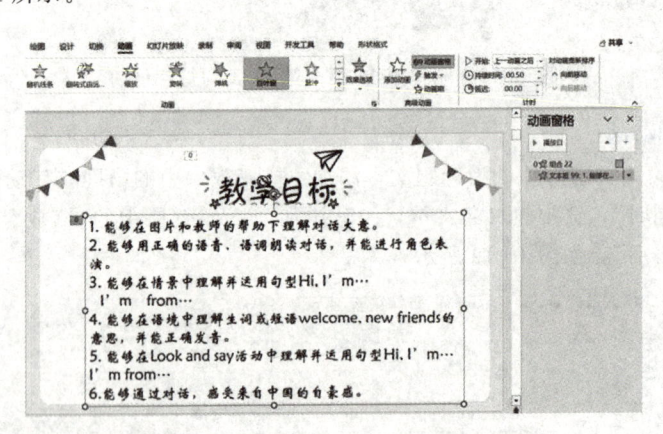

图 10-21 设置第 3 页幻灯片的动画效果

步骤4 参照步骤 1~步骤 3 的操作,为第 4 页~第 45 页幻灯片中的对象添加合适的动画效果。

4. 为课件添加交互效果

步骤1 切换到第 2 页幻灯片,分别右击右侧的 6 个文本框,在弹出的快捷菜单中选择"超链接"选项,在弹出的"插入超链接"对话框中选择"链接到"区域的"本文档中的位置"选项,再分别选择"请选择文档中的位置"列表框中的"教学目标""教学重难点""Warm-up""Presentation and practice""Consolidation""Homework"选项,并单击"确定"按钮,如图 10-22 所示。

图 10-22　为目录添加超链接

步骤 2　切换到第 40 页幻灯片，分别为"Canada""UK""USA"和"China"图形添加"动作路径"效果中的"自定义路径"动画，起点为英文图形右侧，终点为对应的中文图形左侧。

步骤 3　打开动画窗格，在动画窗格中分别双击添加的动画，在弹出的"自定义路径"对话框中单击"计时"选项卡中的"触发器"按钮，再单击"单击下列对象时启动动画效果"单选按钮，并在其右侧的下拉列表中依次选择对应的"Canada""UK""USA"和"China"选项，最后单击"确定"按钮，如图 10-23 所示。

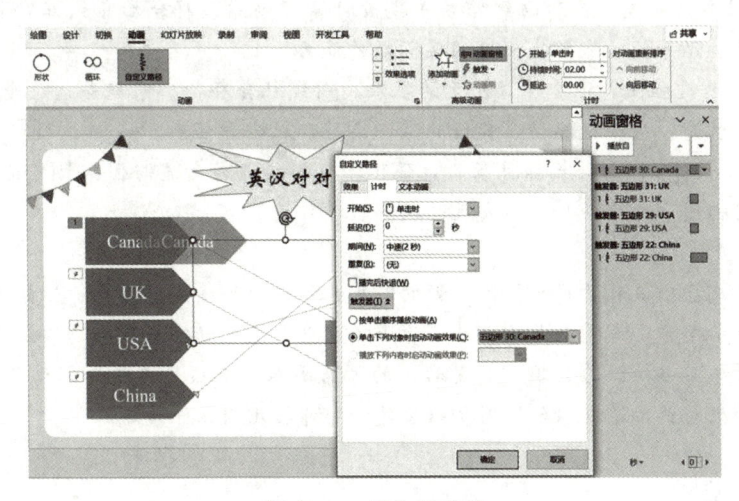

图 10-23　添加触发器

步骤 4　参照步骤 2 和步骤 3 的操作，为第 41 页幻灯片中的其他英文图形添加"自定义路径"动画，并为动画设置相应的触发器。至此，该案例就完成了。

项目十一

设计并制作幼儿园课件

教学与学习目标

学习目标：

1. 通过对幼儿园课件的设计与制作，使学生深刻理解幼儿教育的核心价值，树立科学的幼儿观，坚持以幼儿为中心的教学理念，充分激发和保护幼儿的好奇心与探索欲望，培育深厚的教育情怀。

2. 在课件内容设计中融入中华优秀传统文化元素，通过现代化教育技术手段实现传统文化的趣味化传播，从而培养幼儿的文化认同感和民族自豪感，促进文化传承。

3. 掌握运用多媒体技术、动画制作等手段设计富有创意、符合幼儿认知特点的互动课件，培养其创新能力、动手能力和解决问题的实际操作能力。

4. 在课件制作过程中，注重德育元素的融入，围绕社会公德、家庭美德、个人品德等方面进行潜移默化的教育，从小培养幼儿良好的道德品质和社会责任感。

5. 通过小组合作完成幼儿园课件项目，强化学员间的沟通交流与团队协作能力，学会倾听不同意见，共同构建有利于幼儿全面发展的教育教学环境。

项目导读：

幼儿园教育是基础教育的奠基阶段，影响幼儿身体成长和认知、情感、性格等方面的发展，对于幼儿的成长和发育具有重要意义，并可为小学教育奠定良好的基础。通过应用幼儿园课件，可增加幼儿接触和学习知识的兴趣，激发幼儿的形象思维。本项目首先介绍幼儿园教育和幼儿园课件的相关知识，然后通过综合案例介绍设计和制作幼儿园课件的方法。

知识储备

一、幼儿园教育的概念及特点

幼儿时期是人体智力开发的最佳时期，对于幼儿的成长和发育具有重要意义。幼儿园教育可从德、智、体、美等方面促进幼儿的发展，并为小学教育奠定良好的基础。下面介绍幼儿园教育的概念及特点。

1. 幼儿园教育的概念

幼儿园教育是指为了促进幼儿全面、健康、和谐、整体的发展，实现幼儿园教育目标，落实幼儿园教育任务，教师以多种形式有目的、有计划地引导幼儿进行学习活动的教育过程。

2. 幼儿园教育的特点

(1) 启蒙性：幼儿园教育不追求传授高深、系统的知识，只需让幼儿体验关于自然、社会与人类的最浅显的知识和观念，帮助幼儿认识周围的世界，开启他们的智慧与心灵，激发他们优良的个性和品质。

(2) 生活性：幼儿的年龄特点决定了幼儿园教育活动的内容只有紧密结合幼儿的生活经验，才能被幼儿理解和接受。因此，幼儿园教育的内容主要来自幼儿的生活，幼儿园教育的实施始终贯穿于幼儿的日常生活。

(3) 活动性和经验性：幼儿主要通过各种感官来认识世界，对于幼儿来讲，只有在活动中的学习才是有意义的学习，只有在直接经验基础上进行学习才能充分理解相关知识。

(4) 趣味性：幼儿园教育应始终将有趣和有益作为内容选择及活动设计的原则，让幼儿在丰富有趣的活动中获得知识，增长能力。

(5) 潜在性：幼儿园教育不是体现在课表、教材、课堂中，而是体现在生活、游戏和其他幼儿喜闻乐见的活动形式中，潜移默化地对幼儿起作用。

二、幼儿园课件的作用与制作要求

1. 幼儿园课件的作用

幼儿的认知活动受兴趣驱使，其认知过程是以形象思维为主的。在幼儿园教育活动中应用多媒体课件，以图片、声音、动画等方式激发幼儿的学习兴趣和形象思维，既增强了记忆，又带来了丰富的想象，充分调动了幼儿的积极性、主动性和创造性，有效弥补了以往幼儿园教育活动中的不足。

2. 幼儿园课件的制作要求

(1) 将知识形象化：幼儿的知识经验少，思维形象单一，但想象力非常丰富，学习时需要适当的引导。因此，在制作幼儿园课件时，应使用图片、视频、动画等方式将知识形象化，以架起幼儿思维与客观事物之间的桥梁。

(2) 根据教学需要及时展现：幼儿的注意力容易转移，思维容易被打断。因此，在制作幼儿园课件时，应根据教学过程中各个具体环节的变化需要，将相关情节的场景或片段及时地展现在幼儿面前。

(3) 使课件与教师衔接：在制作幼儿园课件时，应留有课件与教师的衔接接口，以便使教学过程中的各个环节环环相扣，使幼儿的注意力自然而然地从课件转移到教师身上。

(4) 课件画面应简洁：过于绚丽的背景或热闹的场景会分散幼儿的注意力，削弱活动主题和目标。因此，在制作幼儿园课件时，应尽量减少课件画面中与主题无关的事物，这样能更好地集中幼儿的注意力，突出主题。

项目实施——制作"大班科学活动：太阳系之旅"课件

下面，首先通过分析"大班科学活动：太阳系之旅"一课的教学设计，对课件进行初步构思，然后设计课件脚本，最后使用 PowerPoint 2016 制作图 11-1 所示的课件，本案例最终效果可参考本书配套素材"素材与实例"→"项目十一"文件夹中的"太阳系之旅"课件。

图 11-1 "大班科学活动：太阳系之旅"课件(部分)

一、分析教学设计

下面先来了解"大班科学活动：太阳系之旅"一课的教学设计，然后通过分析该教学设计，对课件进行初步构思。

"大班科学活动：太阳系之旅"一课的教学设计如下。

【活动目标】

(1)认识八大行星的特点，扩展行星排序的小技巧。

(2)乐于主动探究关于八大行星的知识，对太阳系及八大行星充满好奇心。

(3)能够依据不同颜色、不同大小等特征区分不同的行星，排列八大行星相对太阳从近到远排的位置。

【活动准备】

(1)经验准备：幼儿已有太阳系的知识经验。

(2)物质准备：PPT 课件。

(3)环境准备：安静空旷的教室。

【活动重难点】

重点：初步认识太阳系八大行星。

难点：能记住八大行星的名字，并区分不同的行星，掌握八大行星的排序。

【活动过程】

1. 看一看：通过情景导入，激发幼儿兴趣

(1)教师通过谈话引出活动主题。教师：今天老师接到了我的好朋友小 B 的一个电话，我想请小朋友们和老师一起来听听他遇到了什么事情。

(2)教师播放课件导入视频：展示小 A 和小 B 的对话，引出主题——帮助小 A 点亮太阳系中的行星，找到迷路的小 B。

(3)教师小结：太阳系中原来还有这么多不一样的行星，我们一起来帮助小 A 在各个关卡找到迷路的小 B。

2. 说一说：通过帮助小 A 点亮八大行星，初步认识八大行星

(1)通过展示课件引导幼儿观察每个行星的特征，并表达看到的每个行星的颜色、相对大小、基本特点。

(2)教师与幼儿一起讨论每个行星介绍后的行星小问题，引导幼儿思考并正确点亮太阳系中的行星。

(3)教师小结：太阳系中的八大行星各有各的特点，有的有美丽的光环，有的是太阳系中最亮的行星，还有的是太阳系中最热的行星，小朋友也很棒，帮助了我们的好朋友小 A 点亮了所有的行星，我们一起来看看他找到了小 B 了吗？

3. 学一学：认识行星的排列顺序

(1)教师使用课件使幼儿观看行星排序的动画，并引导幼儿仔细观察行星的排序。

(2)教师引导幼儿结合行星图片学习行星排序小口诀"水金地火，木土天海"，并跟读课件。

(3)引导幼儿通过小游戏"行星排一排"加深行星排序的记忆。

(4)教师小结：原来每颗行星都有它自己的位置，水星是离太阳最近的行星，海王星是离太阳最远的行星……小朋友们要记住这个口诀，不要忘记它们的家在哪里。

4. 玩一玩：游戏"行星敲一敲"

通过玩游戏"行星敲一敲"加深幼儿对行星的印象，巩固对行星的认识。

5. 活动结束

教师通过一问一答的形式总结本课所学的知识。

分析上述教学设计，对"大班科学活动：太阳系之旅"课件的初步构思如下。

(1)本课件拟分为"看一看""想一想""学一学""玩一玩"4 个模块。

(2)"看一看"模块为导入环节，通过观看小视频引出活动主题——帮助小 A 点亮太阳系中的行星，找到迷路的小 B。

(3)"想一想"模块为展开环节，通过对八大行星的介绍，引导幼儿回答关于八大行星的小问题，了解每个行星的特征。

(4)"学一学"模块为深入展开环节，引导幼儿学习八大行星排序。

(5)"玩一玩"模块为游戏环节，通过游戏"行星敲一敲"加深幼儿对八大行星的印象。

二、设计课件脚本

对"大班科学活动：太阳系之旅"一课进行教学设计分析，并对该课的课件进行初步构思后，接下来为课件设计脚本（前 5 页幻灯片的脚本），如图 11-2 所示。

课件题目	大班科学活动：太阳系之旅
教学目标	(1)认识八大行星的特点，扩展行星排序的小技巧。 (2)乐于主动探究关于八大行星的知识，对太阳系及八大行星充满好奇心。 (3)能够依据不同颜色、不同大小等特征区分不同的行星，排列八大行星相对太阳从近到远排的位置
创作平台	PowerPoint 2016
创作思路	课件通过创设"小 A 找到迷路的小 B"情境，通过点亮八大行星，认识并学习八大行星的特征；同时通过"想一想"，思考并回答八大行星的特征问题，巩固对其的认知；再深入学习八大行星的排序，加深对八大行星的认识；最后通过游戏"行星敲一敲"，再次加深对八大行星的印象
内容介绍	课件由"看一看""想一想""学一学""玩一玩"4 个模块组成
课件结构图	封面 ↓ 目录 ↓ 看一看　想一想　学一学　玩一玩 ↓ 封底

图 11-2 "大班科学活动：太阳系之旅"课件脚本

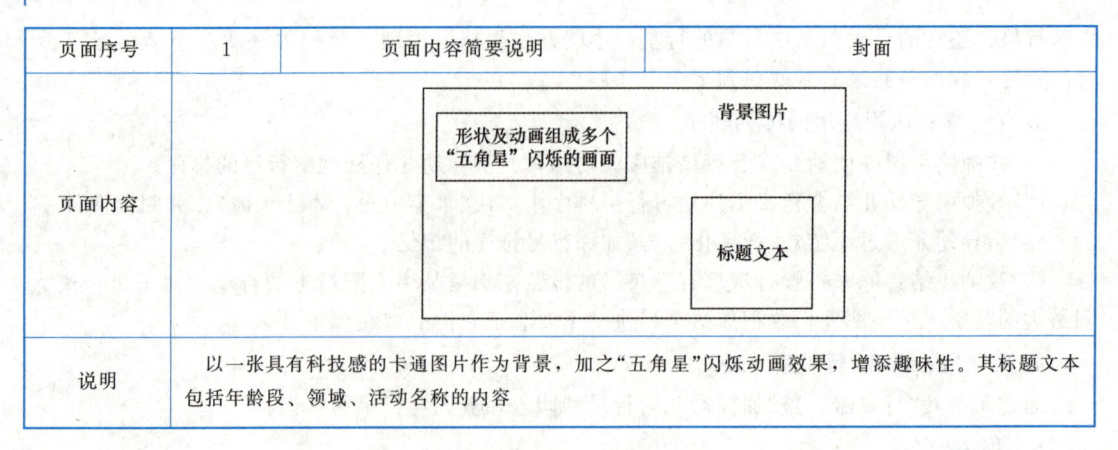

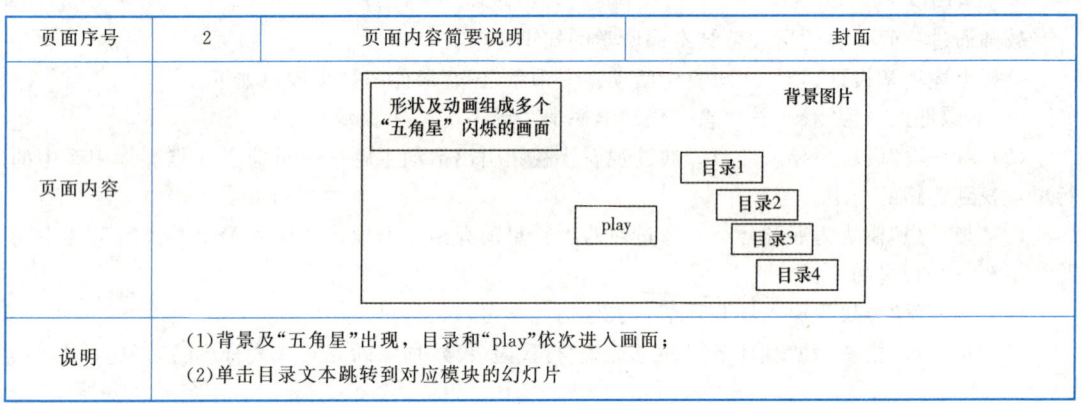

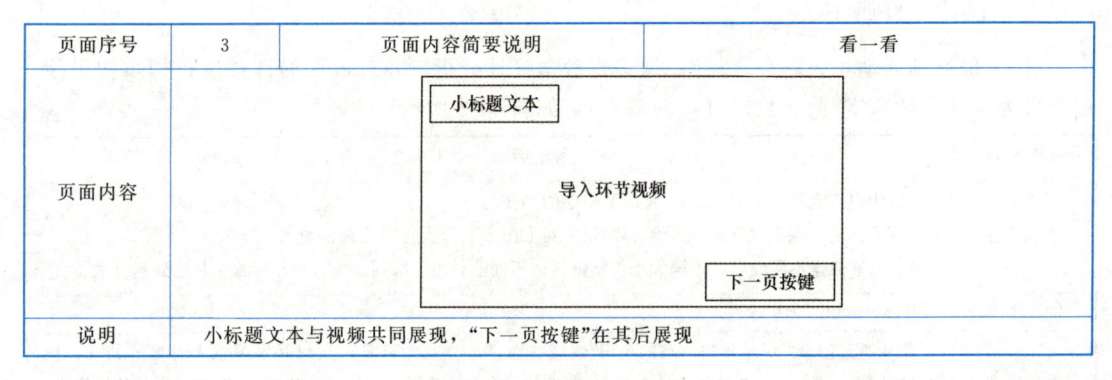

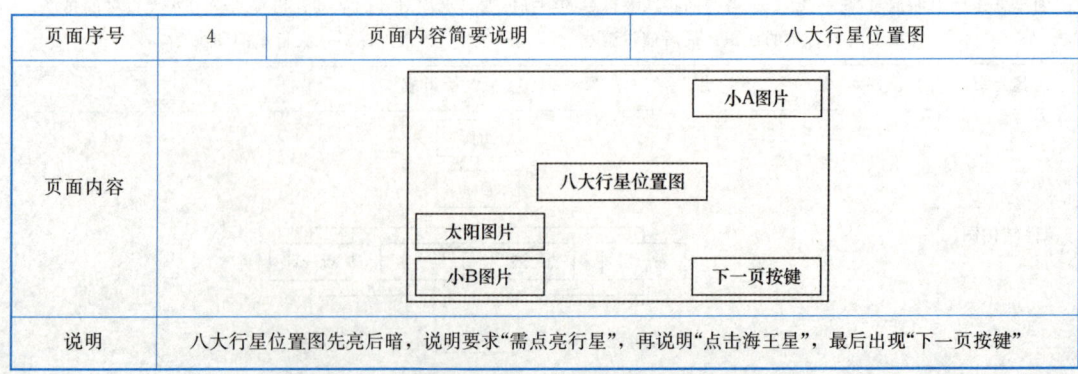

页面序号	1	页面内容简要说明	封面
页面内容		形状及动画组成多个"五角星"闪烁的画面　　　　背景图片 　　　　　　　　　　　　　　　　　标题文本	
说明		以一张具有科技感的卡通图片作为背景,加之"五角星"闪烁动画效果,增添趣味性。其标题文本包括年龄段、领域、活动名称的内容	

页面序号	2	页面内容简要说明	封面
页面内容		形状及动画组成多个"五角星"闪烁的画面　　　背景图片 　　　　　　　　　　目录1 　　　　　　　　　　目录2 　　　　play　　目录3 　　　　　　　　　　目录4	
说明		(1)背景及"五角星"出现,目录和"play"依次进入画面; (2)单击目录文本跳转到对应模块的幻灯片	

页面序号	3	页面内容简要说明	看一看
页面内容		小标题文本 导入环节视频 　　　　　　　　　　　下一页按键	
说明		小标题文本与视频共同展现,"下一页按键"在其后展现	

页面序号	4	页面内容简要说明	八大行星位置图
页面内容		小A图片 　　　　　八大行星位置图 　　太阳图片 　　小B图片　　　　　　　下一页按键	
说明		八大行星位置图先亮后暗,说明要求"需点亮行星",再说明"点击海王星",最后出现"下一页按键"	

图 11-2 "大班科学活动:太阳系之旅"课件脚本(续)

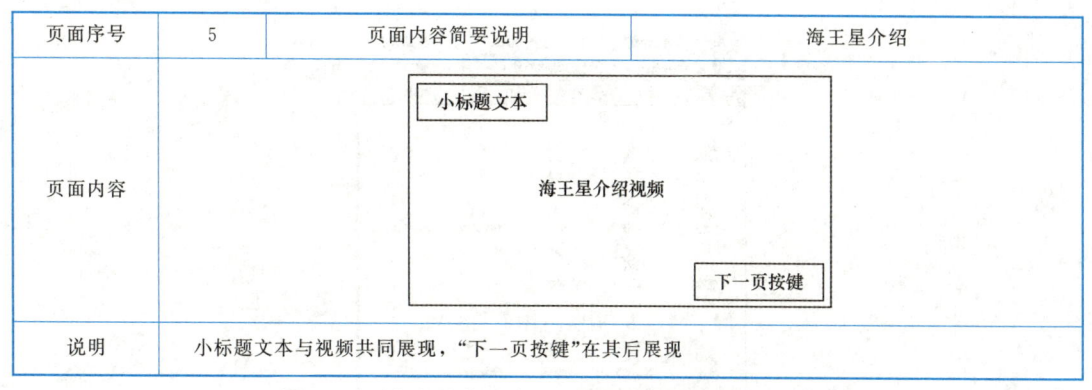

页面序号	5	页面内容简要说明	海王星介绍
页面内容		小标题文本 海王星介绍视频 下一页按键	
说明	小标题文本与视频共同展现,"下一页按键"在其后展现		

图 11-2 "大班科学活动:太阳系之旅"课件脚本(续)

三、制作教学课

设计好课件的脚本后,即可根据脚本制作课件,具体操作如下。

1. 制作课件封面、封底、目录

步骤 1 设置母版。新建一个空白演示文稿,并将其以"大班科学活动:太阳系之旅"为名保存,然后单击"视图"选项卡"母版视图"组中的"幻灯片母版"按钮,进入幻灯片母版视图后,选中左侧版式选择窗格中第二页幻灯片母版,插入"背景图片",调整其大小与幻灯片一致。

步骤 2 单击"幻灯片母版"选项卡"母版板式"组中的"标题"按钮,并调整标题占位符位置。如图 11-3 所示。设置"标题占位符"的字号为 60,字体为"华文琥珀",字体颜色为蓝色,如图 11-4 所示。

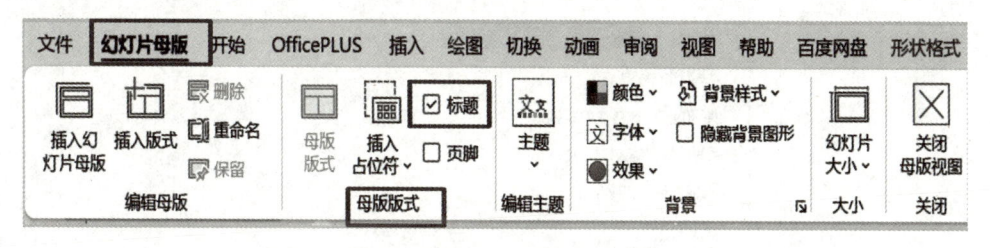

图 11-3 设置母版标题占位符

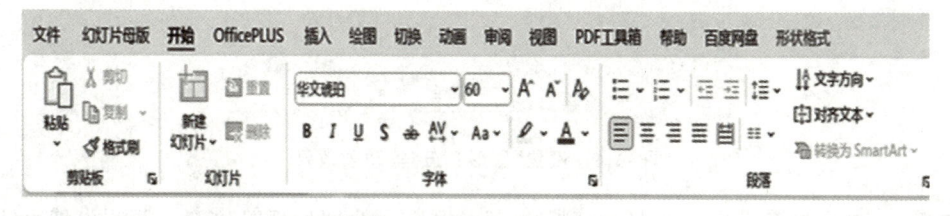

图 11-4 设置母版标题

步骤 3 在"插入"选项卡"插图"组中选择插入"星与旗帜"中的"星形:五角"。添加动画,选择"星形:五角",单击"动画"选项卡"高级动画"组中的"动画窗格"按钮,再选择"添加动画"选项,添加"强调"中的"脉冲"效果,如图 11-5 所示。

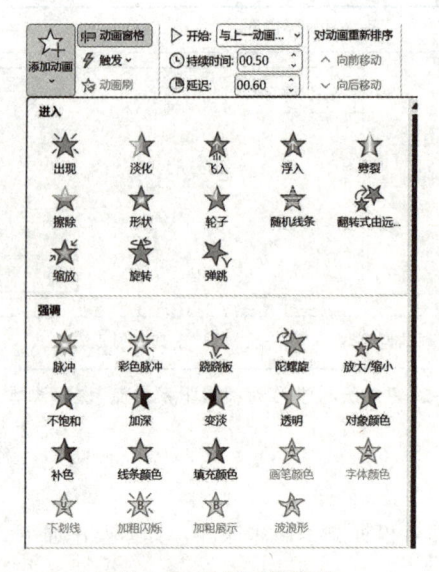

图 11-5 设置动画窗格

设置"星形：五角"动画效果。在"动画窗格"中右击，选择"计时"选项，将"开始"设置为"与上一动画同时"，将"延迟"设置为 0.6 秒，将"期间"设置为"非常快(0.5 秒)"，将"重复"设置为"直到幻灯片末尾"，如图 11-6 所示。复制多个"星形：五角"，将"计时"选项卡中的"延迟"设置为不同的秒数，如延迟 0.3 秒、延迟 0.5 秒。将"星形：五角"分布在背景图片的不同位置。

图 11-6 设置"星形：五角"动画效果

步骤 4　制作封面。单击"幻灯片母版"选项卡中的"关闭母版视图"按钮，退出幻灯片母版视图。在"开始"选项卡"幻灯片"组中选择"标题幻灯片"选项，修改文本为"太阳系之旅"，复制该文本框并更改文本为"大班科学活动"，字号为 40，字体与字体颜色不变。为文本添加"动画"选项卡中"进入"效果中的"弹跳"动画，在"动画窗格"中右击，选择"计时"选项，将"开始"设置为"与上一动画同时"，如图 11-7 所示。

图 11-7　封面页

步骤 5　制作目录页。单击"开始"选项卡中"幻灯片"组中的"新建幻灯片"按钮,在弹出的下拉列表中选择"标题幻灯片"选项,与上一步骤一致,将文本修改为"1. 看一看",设置字号为 40,字体及字体颜色不变,其余目录的设置与上一步骤一致。然后,将文字按照顺序调整为阶梯状。为文本添加"动画"选项卡中"进入"效果中的"弹跳"动画,在"动画窗格"中右击,选择"计时"选项,将"开始"设置为"与上一动画同时"。

在"插入"选项卡"插图"组中选择插入并绘制矩形中的"圆角矩形",在"形状格式"选项卡中设置"形状样式","形状填充"为"其他填充颜色"→"自定义",颜色模式为 RGB(R:0,G:153,B:255)(图 11-8),"形状轮廓"为"无轮廓","形状效果"为"阴影"→"外部"→"中"。在该形状格式上插入横排文本框,输入"play",设置字体为"微软雅黑",字号为 40,字体颜色为黑色,按住 Ctrl 键,单击圆角矩形与文本框,为其添加"强调"效果中的"跷跷板"动画,选择"计时"选项,设置"开始"为"与上一动画之后","期间"为"快速一秒","重复"为"直到幻灯片末尾"。在"插入"选项卡"媒体"组中单击"音频"按钮,插入目录页音频,在"动画窗格"中右击选择"计时"选项,将"开始"设置为"与上一动画同时"。目录页如图 11-9 所示。

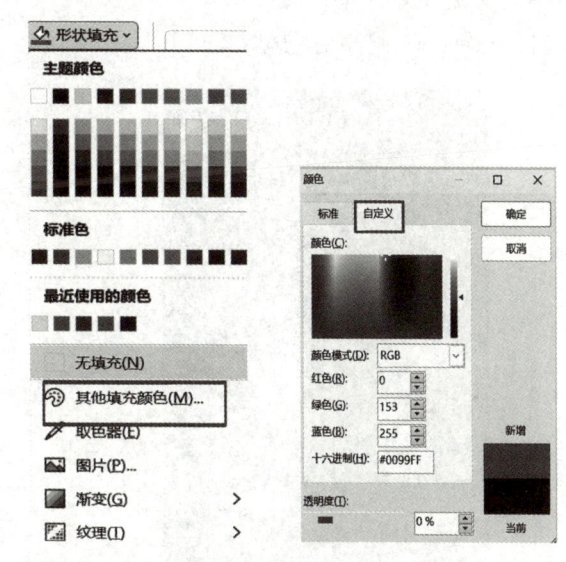

图 11-8　设置"其他填充颜色"效果　　　　图 11-9　目录页

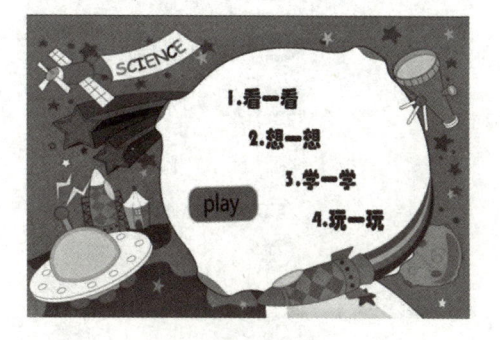

步骤 6　制作封底页。单击"开始"选项卡"幻灯片"组中的"新建幻灯片"按钮,在弹出的下拉

列表中选择"标题幻灯片"选项，将文本内容更改为"谢谢观看"，将字号更改为 66，字体与字体颜色不变。为文本添加"动画"选项卡中"进入"效果中的"弹跳"动画，在"动画窗格"中右击，选择"计时"选项，将"开始"设置为"与上一动画同时"（同封面页动画效果一致）。封底页如图 11-10 所示。

图 11-10　封底页

2. 制作内容页

步骤 1　设置母版。单击"视图"选项卡"母版视图"组中的"幻灯片母版"按钮，进入幻灯片母版视图后，选中左侧版式选择窗格中第 3 页幻灯片母版，单击"编辑母版"组中的"插入版式"按钮，形成自定义版式。

将鼠标光标放置于幻灯片中右击，选择"设置背景格式"选项，再单击"渐变填充"单选按钮，"类型"选择"线性"，"方向"选择"线性对角-右下到左上"，将"角度"设置为"225°"。用"渐变光圈"滑块设置紫色的颜色模式为 RGB（R：185，G：136，B：216）。粉色的颜色模式为 RGB（R：246，G：143，B：214）；"位置"为 75％，如图 11-11 所示。

从"插入"选项卡"图像"组中插入"小标题"图片，并输入文字"想一想"。

制作"星形：五角"，请参照"1. 制作课件封面、封底、目录"中的"步骤 3"。

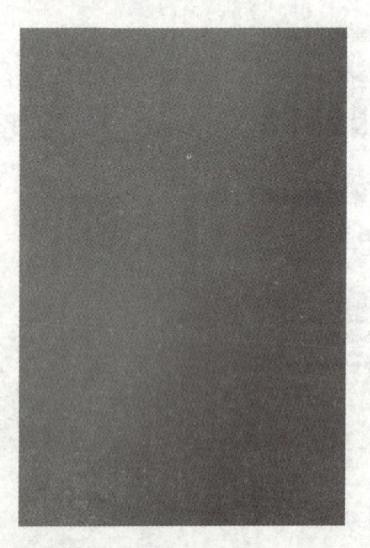

图 11-11　设置背景格式

步骤 2　单击"视图"选项卡"母版视图"组中的"幻灯片母版"按钮,进入幻灯片母版视图后,选中左侧版式选择窗格中第 4 页幻灯片母版,单击"编辑母版"组中的"插入版式"按钮,形成自定义版式。右击,选择"设置背景格式"选项,再选择纯色填充,颜色模式为 RGB(R：253,G：234；B：200)。在"插入"选项卡"插图"组中选择插入矩形,设置"形状格式","形状填充"选择"其他颜色填充"→"自定义",颜色模式为 RGB(R：104,G：108,B：231)；"形状轮廓"选择"其他颜色填充"→"自定义",颜色模式为 RGB(R：255,G：192,B：0)；选择"粗细"→"其他线条"→"实线"选项,宽度为"10 磅",效果如图 11-12 所示。

步骤 3　单击"视图"选项卡"母版视图"组中的"幻灯片母版"按钮,进入幻灯片母版视图后,选中左侧版式选择窗格中第 4 页幻灯片母版,单击"编辑母版"组中的"插入版式"按钮,形成自定义版式。复制上页幻灯片中的矩形,放大分布至第 5 页幻灯片背景；插入圆角矩形,"形状填充"为"白色","形状轮廓"为"其他颜色填充"→"自定义",颜色模式为 RGB(R：255,G：192,B：0)；"粗细"为"6 磅",效果如图 11-13 所示。

图 11-12　效果

图 11-13　效果

步骤 4　制作第 3 页导入环节。关闭母版视图,单击"开始"选项卡"幻灯片"组中的"新建幻灯片"按钮,在弹出的下拉列表中选择"空白幻灯片"选项,然后在"插入"选项卡"媒体"组中单击"视频"按钮,选择插入本书配套素材"素材与实例"→"项目十一"→"课件素材"→"导入环节视频",然后对视频进行裁剪,单击"视频格式"选项卡"大小"组的"裁剪"按钮,移动裁剪边框,将视频黑边裁剪,再次单击"裁剪"按钮,按要求完成裁剪。最后将视频放大至覆盖幻灯片,如图 11-14 所示。

插入小标题。单击"插入"选项卡"图像"组中的"图片"按钮,选择"小标题"图片,调整其大小放置于左上角,选择"文本"组中的"文本框"→"横排文本框"选项,输入"看一看",字体为"微软雅黑",字号为 26,字体颜色选择"其他颜色",将颜色模式设置为 RGB(R：12；G：168,B：221)。

制作"下一页按键"。插入"箭头""手指"图片,放置于右下角,在"下一页"图片中添加"横排文本框",输入文字"下一页",字体为"宋体",字号为 18,字体颜色为黑色。按住 Ctrl 键,选择"箭头"图片及"下一页"文本,单击"形状样式"选项卡"排列"组中的"组合"按钮,然后添加选择"进入"效果中的"出现"动画。设置"计时效果",将"开始"设置为与"上一动画同时"。为"手指"

图片添加"进入"效果中的"出现"动画。设置"计时效果"，将"开始"设置为与"上一动画同时"。选择"添加动画"→"强调"→"跷跷板"动画。设置"计时效果"，将"开始"设置为"与上一动画同时"，将"重复"设置为"直到幻灯片末尾"（内容页的第 5～7、9、10、12、13/14、16、17、19～21、23～25、27～31、33～37 页幻灯片右下方均按照此步骤设置，放置于动画效果最后）。"下一页按键"如图 11-15 所示。

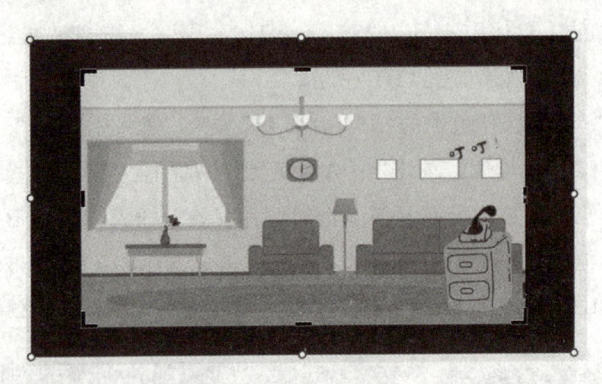

图 11-14　裁剪并放大视频　　　　图 11-15　"下一页按键"

步骤 5　制作第 4 页幻灯片。在"开始"选项卡"幻灯片"组中选择"新建幻灯片"→"1 自定义版式"选项。在"插入"选项卡"图像"组中选择插入本书配套素材"素材与实例"→"项目十一"→"课件素材"文件夹中的"小 A""小 B""太阳"图片以及八大行星图片、虚线图片、手指图片，并调整好位置，如图 11-16 所示。

选择本书配套素材"素材与实例"→"项目十一"→"课件素材"文件夹中的八大行星图片，复制八大行星图片，选择"图片格式"选项卡"调整"组中的"颜色"→"重新着色"→"灰度"选项。为"虚线"添加"强调"效果中的"脉冲"动画，设置"计时效果"→"开始"为"与上一动画同时"，"期间"为"中速（2 秒）"。

为八大行星灰度图片添加"进入"效果中的"出现"动画，设置"计时效果"→"开始"为"上一动画之后"；选择海王星灰度图片，添加"退出"效果中的"消失"动画，设置"计时效果"→"开始"为"与上一动画之后"，将海王星原图添加"进入"效果中的"放大/缩小"动画，设置"计时效果"→"开始"为"上一动画之后"，将"期间"设置为"中速（2 秒）"，"重复"为"直到幻灯片末尾"。为手指图片添加"进入"效果中的"出现"动画，设置"计时效果"→"开始"为"与上一动画同时"，继续选择"添加动画"→"强调"中的"跷跷板"动画，设置"计时效果"→"开始"为"与上一动画同时"，"期间"为"快速（1 秒）"，"重复"为"直到幻灯片的末尾"。

音频选择本书配套素材"素材与实例"→"项目十一"→"课件素材"文件夹中的第一段"点亮行星"音频，在动画窗格中使用鼠标拖动至八大行星灰度图片出现后；设置"计时效果"→"开始"为"与上一动画同时"；插入第二段"请点击行星"语音，放置于手指图片动画之后，设置"计时效果"→"开始"为"与上一动画同时"。

其他八大行星图片按照以上步骤设置（分别是第 8、11、15、22、26、29、33、35 页）。其中，添加了小 A 达到每个行星的路径。选择小 A，单击"动画"选项卡"动画路径"组中的"自定义路径"按钮，绘制小 A 至每个行星的路径，并开启下一行星的介绍，如图 11-17 所示。

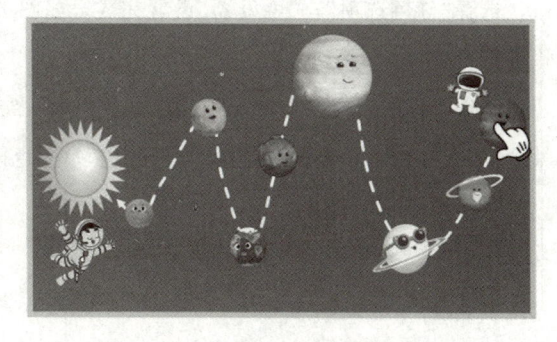

图 11-16　八大行星位置图

图 11-17　八大行星点亮图

步骤 6　制作第 5 页幻灯片。新建幻灯片"空白页"，插入"海王星介绍视频"，复制第 3 页中的小标题"看一看"放置于幻灯片左上角。

步骤 7　制作第 6 页幻灯片。选择"开始"选项卡"幻灯片"组中的"新建幻灯片"选项，选择自定义版式，插入"海王星提问第一个问题"音频，在动画窗格中用鼠标拖至第一个动画位置，设置"计时效果"→"开始"为"与上一动画同时"。插入海王星动图，气泡图片，打钩、打叉图片。复制一个气泡，在两个气泡中分别插入横排文本框，输入文字"红色""蓝色"，并分别组合。

设置触发器。将气泡与文字组合后，单击"开始"选项卡"编辑"组中的"选择"按钮，在弹出的下拉列表中选择"选择窗格"选项，在弹出的"选择"对话框中双击相关内容进行重命名，如图 11-18 所示。

图 11-18　"选择窗格"命名

为"红色选项"添加"进入"效果中的"出现"动画，为打叉添加"进入"效果中的"缩放"动画，选择动画窗格中"缩放"右击，单击"计时效果"→"触发器"→"单击下列对象时启动动画效果"单选按钮，再选择"红色选项"，最后单击"确定"按钮。插入"错误音效"音频，右击，设置"计时效果"→"开始"为"与上一动画同时"，选择"触发器"，单击"单击下列对象时启动动画效果"单选按钮，选择"红色选项"，"触发器"设置完成，如图 11-19 所示。"蓝色选项"的"触发器"按照同一步骤进行设置。

制作小标题。在左上角"小标题"图片中插入"横排文本框"，输入"想一想"，字体为"微软雅黑"，字号为 26，字体颜色选择"其他颜色"，颜色模式为 RGB（R：12，G：168，B：221）。

图 11-19　触发器设置

制作导航。插入形状，选择"矩形"→"对角圆角"，调整为合适大小；在形状中插入横排文本框，输入"海王星"，字体为黑体，字号为 18，字体颜色为黄色，插入"海王星"图片，放置于形状左方。将形状、文本、图片进行组合。通过复制可制作天王星、土星、木星等其余七大行星，但字体颜色为灰色，图片为灰度图片。当介绍某行星时该行星呈现原图，字体颜色为黄色，其他则为灰色。

插入"导航"图片，添加"动画"选项卡中的路径，选择"其他路径"→"向右"选项；设置"计时效果"→"开始"为"与上一动画同时"，"期间"为"中速（2 秒）"，"重复"为"直到幻灯片末尾"，将该动画放置于"动画窗格"中第一的位置。其余七大行星的"导航"图片在第 6、9、13、16、20、23、27 页按照以上步骤设置，依据需要修改文本即可。完整导航图如图 11-20 所示。

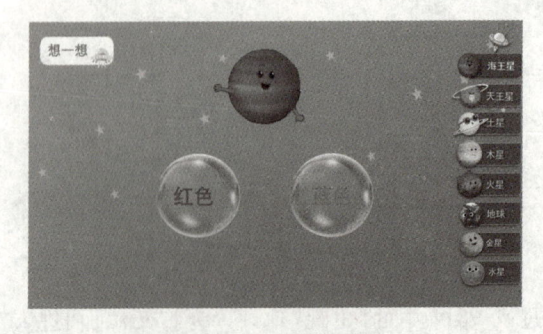

图 11-20　完整导航图

步骤8 制作第7页幻灯片，参照第6页幻灯片进行制作，步骤一致，如图11-21所示。

图 11-21 第 7 页幻灯片

步骤9 制作第9页幻灯片。单击"开始"选项卡"幻灯片"组中的"新建幻灯片"按钮，在弹出的下拉列表中选择"2自定义版式"选项。在"插入"选项卡"图像"组中选择插入"天王星""天王星牌面"图片。复制"天王星牌面"图片，并将"天王星"图片与其进行组合，称为牌面；在"天王星牌面"图片插入"竖排文本框"，输入"海蓝色"，将字体设置为"微软雅黑"，字号为44，颜色模式为RGB(R：0，G：112，B：192)，再进行组合，称为底牌。

设置"触发器"。选择"牌面""底牌"组合，单击"开始"选项卡"编辑"组中的"选择"按钮，在弹出的下拉列表中选择"选择窗格"选项，双击将组合重命名。为"牌面"添加"更多退出"效果中的"层叠"动画；右击，单击"计时效果"→"触发器"→"单击下列对象时启动动画效果"单选按钮，再选择"牌面"，最后单击"确定"按钮。为"底牌"添加"更多进入"效果中的"展开"动画；右击，设置"计时效果"→"开始"为"与上一动画之后"；单击"触发器"→"单击下列对象时启动动画效果"单选按钮，再选择"牌面"，最后单击"确定"按钮。插入"底牌"音频，将"触发器"设置为"牌面"，设置"计时效果"→"开始"为"与上一动画同时"。

剩下两张"牌面"的"触发器"制作步骤一致。复制"导航"图片，并修改"天王星"的内容。第9页幻灯片如图11-22所示。

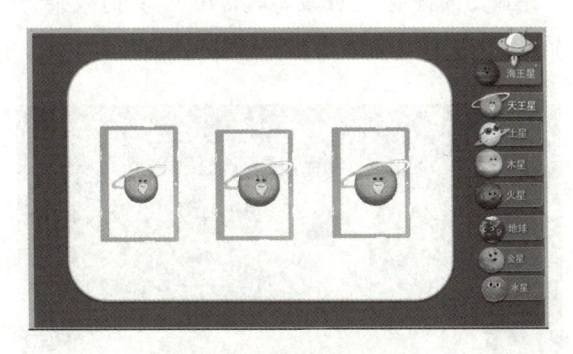

图 11-22 第 9 页幻灯片

步骤10 制作第10页幻灯片。新建"自定义版式"课件，复制第7页幻灯片小标题"想一想"。插入"天王星提问"音频，并设置"计时效果"→"开始"为"与上一动画同时"。插入"形状"→

"基本形状"→"云形",选择"形状格式"为"形状填充"→"其他颜色填充"→"标准"→"自定义",颜色模式为RGB(R:241,G:226,B:49),"形状轮廓"为"无轮廓","形状效果"为"阴影"→"内部"→"右下"插入天王星动图、海王星动图放置于云形中。插入圆角矩形,"形状填充"为白色,"形状轮廓"选择"其他颜色填充"→"自定义",颜色模式为RGB(R:255,G:192,B:0),并复制一个圆角矩形作为选项框。

分别插入横排文本框,输入文字"海王星""天王星",字体为"黑体",字号为36,字体颜色为黑色,分别将圆角矩形与文本进行组合,并分别添加动画、路径,调整路径终点为各自选项框。第10页幻灯片如图11-23所示。

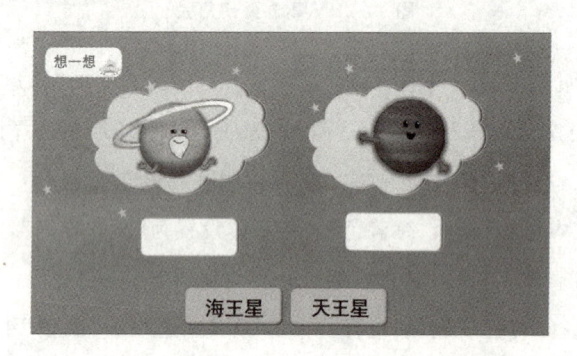

图 11-23　第 10 页幻灯片

步骤11　制作第12页幻灯片。新建空白幻灯片,右击,设置背景格式,选择纯色填充,颜色模式为RGB(R:0,G:112,B:192)。插入椭圆形,颜色模式为RGB(R:255,G:231,B:93)。插入土星动图,添加向右的路径,设置"计时效果"→"开始"为"与上一动画同时","期间"为"中速(2秒)"。

插入三个横排文本框,依次输入"我是土星""我有着美丽的光环""是最美的行星",字体为"幼圆",字号为28,字体颜色为黑色。分别添加"进入"效果中的"出现"动画,同时添加"我是土星""我有着美丽的光环""是最美的行星"的分段音频,设置"计时效果"→"开始"为"与上一动画同时"。第12页幻灯片如图11-24所示。

图 11-24　第 12 页幻灯片

步骤 12　第 13 页幻灯片参照第 9 页幻灯片进行制作，步骤一致，如图 11-25 所示。

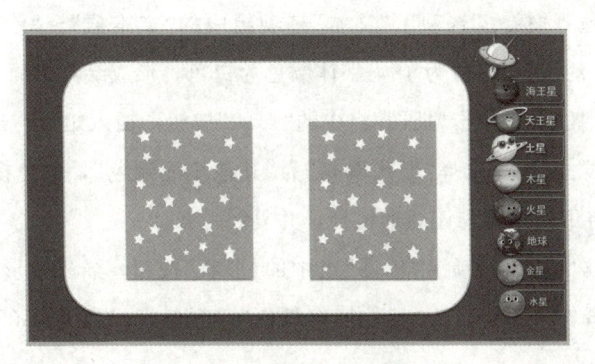

图 11-25　第 13 页幻灯片

步骤 13　第 14 页幻灯片参照第 9 页幻灯片进行制作，步骤一致，如图 11-26 所示。

图 11-26　第 14 页幻灯片

步骤 14　制作第 16 页幻灯片。

制作封面及封底。新建空白页幻灯片，单击"开始"选项卡"幻灯片"组中的"新建幻灯片"按钮，在弹出的下拉列表中选择"2 自定义版式"选项。单击"插入"选项卡"插图"组中的"形状"按钮，插入矩形；在"形状格式"选项卡"形状样式"组中，选择"形状填充"为"其他填充颜色"，颜色模式为 RGB(R：148，G：194，B：246)，"形状轮廓"为"无轮廓"。此矩形为封底。

单击"插入"选项卡"插图"组中的"形状"按钮，插入形状，选择"星与旗帜"→"星形：五角"并绘制。选中"星形：五角"，在"形状格式"选项卡的"形状样式"组中选择"形状填充"为"其他填充颜色"，颜色模式为 RGB(R：255，G：240，B：193)，并复制多个"星形：五角"，调整位置，多选矩形与所有"星形：五角"，单击"形状格式"选项卡"排列"组中的"组合"按钮。

单击"插入"选项卡"插图"组中的"形状"按钮，插入细长矩形，调整为与封底长度一致。选中该矩形，右击选择"设置形状格式"选项，选择"填充"为"渐变填充"，"类型"为"线性"，"方向"为"线性靠左"，"角度"为 180°，然后调整渐变光圈，选择"渐变光圈"为"颜色"→"其他颜色"，颜色模式为 RGB(R：127，G：127，B：127)。将透明度设置为 60%，将亮度设置为 －50%，同时勾选"与形状一起旋转"复选框。将该矩形与"封底""星形：五角"同时选择，单击

"形状格式"选项卡"排列"组中的"组合"按钮，形成绘本封底。

复制绘本封底，选择"插入"选项卡"文本"选项组中的"文本框"→"绘制横排文本框"选项，输入"木星"，字体为"幼圆"，字号为48，字体颜色为白色，形成绘本封面。

制作背面。单击"插入"选项卡"插图"组中的"形状"按钮，插入矩形。选择矩形，然后在"形状格式"选项卡"形状样式"组中选择"形状填充"为"其他填充颜色"，颜色模式为RGB（R：148，G：194，B：246），将细长矩形与该矩形组合，并复制4张。

制作正文页。单击"插入"选项卡"插图"组中的"形状"按钮，插入矩形，在"形状格式"选项卡"形状样式"组中选择"形状填充"为"其他填充颜色"，颜色模式为RGB（R：148，G：194，B：246）。

单击"插入"选项卡"插图"组中的"形状"按钮，插入圆角矩形，在"形状格式"选项卡"形状样式"组中选择"形状填充"为"其他填充颜色"，颜色模式为RGB（R：189，G：215，B：238）。同时选择矩形与圆角矩形，单击"形状格式"选项卡"排列"组中的"组合"按钮。

选择"插入"选项卡"插图"组中的图片，将木星动图放置于圆角矩形上方，选择"文本"组中的"文本框"→"绘制横排文本框"选项，输入文字"我是木星"，字体为"幼圆"，字号为28，字体颜色为黑色。将形状、动图、文本组合。复制其余两页并修改文本内容为"是最大的行星""我可以把其他行星都装进去"即可。

第16页幻灯片（部分）如图11-27所示。

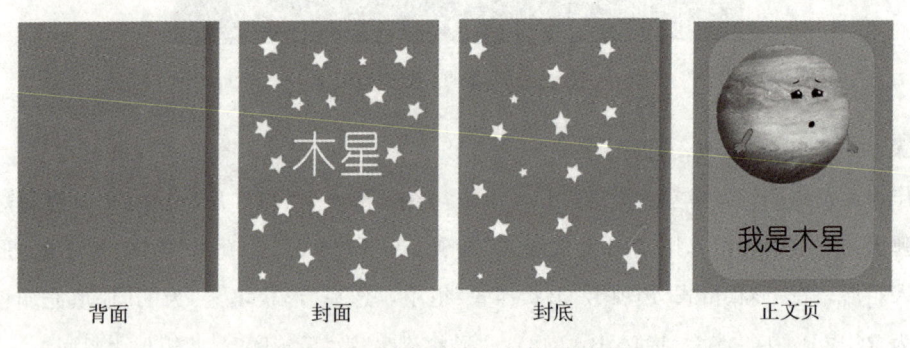

背面　　　　封面　　　　封底　　　　正文页

图11-27　第16页幻灯片（部分）

按照图11-28所示排列顺序，由上至下进行排列。

制作动画效果。选择封面，添加"更多退出"效果中的"层叠"动画；选择背面，添加"更多进入"效果中的"伸展"动画，设置"计时效果"→"开始"为"上一动画之后"。添加"我是木星"的音频，设置"计时效果"→"开始"为"与上一动画同时"。

剩下三对正文与背面依照此步骤进行制作。

选择封底，添加"更多进入"效果中的"伸展"动画，设置"计时"效果→"开始"为"与上一动画同时"。至此，第16页幻灯片全部完成，如图11-29所示。

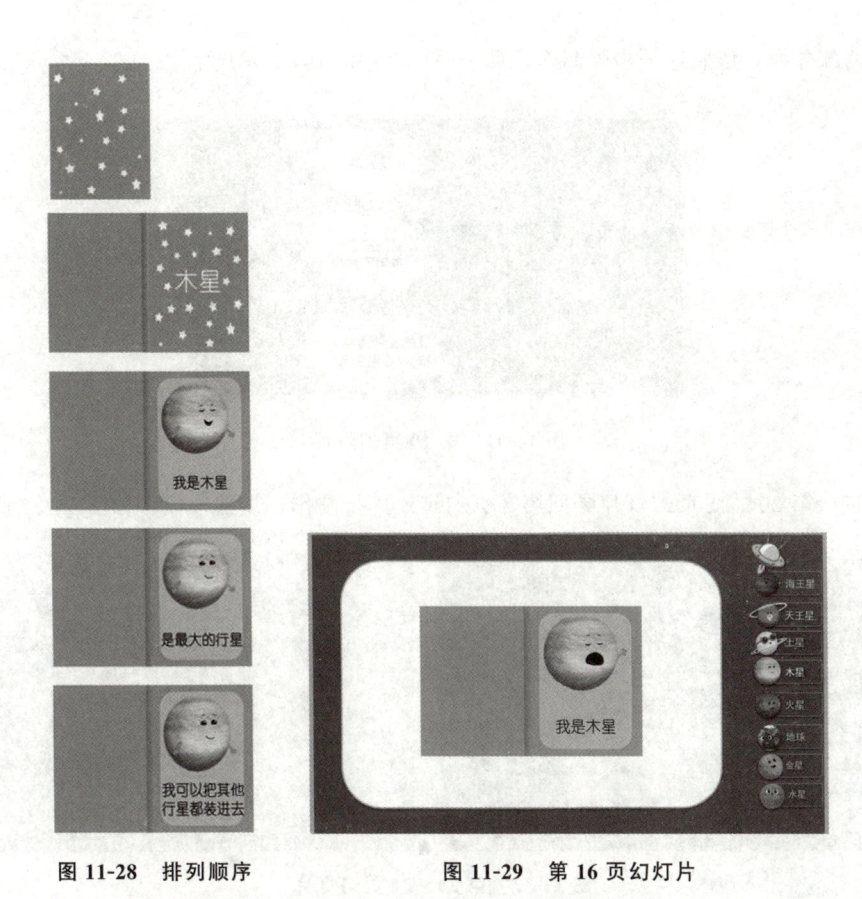

图 11-28　排列顺序　　　　　图 11-29　第 16 页幻灯片

步骤 15　第 17 页幻灯片参照第 6 页幻灯片进行制作，步骤一致，如图 11-30 所示。

图 11-30　第 17 页幻灯片

步骤 16　制作第 19 页幻灯片。单击"开始"选项卡"幻灯片"组中的"新建幻灯片"按钮，在弹出的下拉列表中选择"1 自定义版式"选项。插入火星动图。插入形状"标注""思想气泡：云"，选择"形状格式"→"形状填充"为白色，颜色模式为 RGB（R：255，G：230，B：153），"粗细"为 4 磅。插入横排文本框，输入"我是火星"，字体为"黑体"，字号为 28，"我是"字体颜色为黑色，"火星"字体颜色为红色。将形状与文本组合，再添加"进入"效果中的"飞入"动画，"效果选项"为"自右侧"。插入"我是火星"音频，设置"计时效果"→"开始"为"与上一动画同时"。

193

剩下两部分内容依照这一步骤制作。第 19 页幻灯片如图 11-31 所示。

图 11-31　第 19 页幻灯片

步骤 17　第 20、21 页幻灯片参照第 6 页幻灯片进行制作，步骤一致，如图 11-32 所示。

图 11-32　第 20、21 页幻灯片

步骤 18　制作第 23 页幻灯片。单击"开始"选项卡"幻灯片"组中的"新建幻灯片"按钮，在弹出的下拉列表中选择"2 自定义版式"选项。插入火星动图、地球动图，插入形状"标注""思想气泡：云"，选择"形状格式"→"形状填充"为白色，"形状轮廓"为蓝色，"粗细"为 4 磅。插入横排文本框，输入"你们好，我是地球，现在请点击箭头来了解我吧！"文本，字体为"微软雅黑"，字号为 24，"地球"字体颜色为蓝色，剩余字体颜色为黑色。插入该文本内容配音，设置"计时效果"→"开始"为"与上一动画同时"。第 23 页幻灯片如图 11-33 所示。

图 11-33　第 23 页幻灯片

步骤 19　制作第 24 页幻灯片。新建空白幻灯片，插入"地球图片 1"，添加"进入"效果中的"出现"动画，设置"计时效果"→"开始"为"与上一动画同时"。插入横排文本框，输入"我是唯一

一个有生命的行星",字体为"微软雅黑",字号为 28,字体颜色为黑色,添加"进入"效果中的"出现"动画,设置"计时效果"→"开始"为"与上一动画同时"。插入该文本内容音频,设置"计时效果"→"开始"为"与上一动画同时"。

剩余图片、文本、音频均参照以上步骤设置,设置"计时效果"→"开始"均为"上一动画之后"。第 24 页幻灯片如图 11-34 所示。

图 11-34 第 24 页幻灯片

步骤 20 制作第 25 页幻灯片。新建空白幻灯片,插入地球动图,插入横排文本框,输入"地球是我们美丽的家园,要保护地球,爱护地球,我们可以怎么做呢?"文本,字体为"微软雅黑",字号为 28,字体颜色为黑色。添加"进入"效果中的"出现"动画,设置"计时效果"→"开始"为"与上一动画同时"。插入该文本内容音频,设置"计时效果"→"开始"为"与上一动画同时"。

剩余图片、音频均参照以上步骤设置,设置"计时效果"→"开始"均为"上一动画之后"。第 25 页幻灯片如图 11-35 所示。

图 11-35 第 25 页幻灯片

步骤 21 第 27 页幻灯片参照第 24 页幻灯片进行制作,步骤一致(字号为 36),如图 11-36 所示。

图 11-36　第 27 页幻灯片

步骤 22　制作第 28 页幻灯片。新建空白幻灯片，插入矩形，设置"形状填充"为"其他填充颜色"，颜色模式为 RGB(R：255，G：230，B：153)；无形状轮廓。复制该矩形，设置颜色模式为 RGB(R：218，G：227，B：243)。

插入 3 个圆角矩形，设置"形状填充"为"其他填充颜色"，其一颜色模式为 RGB(R：46，B：117，B：182)，其二颜色模式为 RGB(R：255，G：203，B：57)，其三颜色模式为 RGB(R：255，G：0，B：0)，均无形状轮廓。

复制第 3 页幻灯片"看一看"小标题，并修改文本为"想一想"。插入金星提问音频，设置"计时效果"→"开始"为"与上一动画同时"。插入金星图片，复制该图片，更改颜色为灰度，为金星图片灰度添加"更多退出"效果中的"层叠"动画。为金星原图添加"更多进入"效果中的"伸展"动画，设置"计时效果"→"开始"为"与上一动画同时"。

"触发器"设置请参照第 6 页幻灯片。第 28 页幻灯片如图 11-37 所示。

图 11-37　第 28 页幻灯片

步骤 23　制作第 30 页幻灯片。插入水星介绍视频，将视频放大至覆盖幻灯片。复制第 3 页幻灯片"看一看"小标题至本页。

步骤 24　制作第 31 页幻灯片。新建空白幻灯片，插入矩形，设置"形状填充"为"其他填充颜色"，颜色模式为 RGB(R：183，G：222，B：232)，无形状轮廓。复制该矩形，设置颜色模式为 RGB(R：142，G：192，B：253)。

插入圆角矩形,设置"形状填充"为"其他填充颜色",颜色模式为 RGB(R:0,G:112,B:192),无形状轮廓。插入太阳、水星、金星、地球图片,任意排列并组合。插入水星提问音频,设置"计时效果"→"开始"为"与上一动画同时"。

"触发器"设置请参照第 6 页幻灯片。复制第 30 页幻灯片小标题,并修改文本为"想一想"。

第 31 页幻灯片如图 11-38 所示。

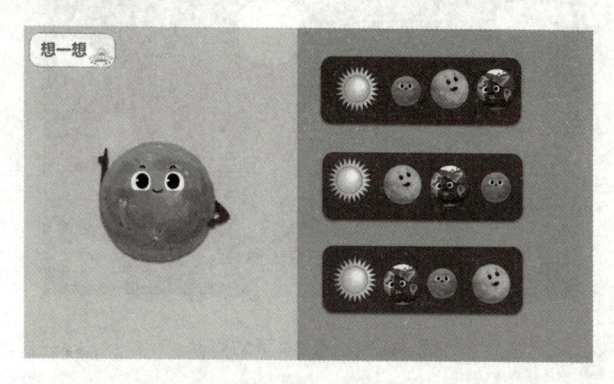

图 11-38 第 31 页幻灯片

步骤 25 制作第 33 页幻灯片。插入"完成任务视频",参照第 3 页幻灯片制作。

步骤 26 制作第 35 页幻灯片。单击"开始"选项卡"幻灯片"组中"新建幻灯片"按钮,在弹出的下拉列表中选择"4 自定义版式"选择。复制第 30 页幻灯片小标题,并将文本修改为"学一学"。

插入"天王星牌面"图片、八大行星图片。在"天王星牌面"图片中插入横排文本框,输入"水",字体为"黑体",字号为 48,字体颜色为黑色,并进行组合。复制该图片,分别将文本修改为"金""地""火""木""土""天""海"并进行排列。

插入"学习排序"音频,设置"计时效果"→"开始"为"与上一动画同时"。为八大行星牌面添加"更多进入"效果中的"展开"动画,设置"计时效果"→"开始"为"与上一动画同时"。八大行星图片与依照八大行星牌面的顺序排列,添加"更多进入"效果中的"升起"动画,设置"计时效果"→"开始"为"与上一动画同时"。

步骤 27 制作第 36 页幻灯片。单击"开始"选项卡"幻灯片"组中的"新建幻灯片"按钮,在弹出的下拉列表中选择"1 自定义版式"选项。复制第 30 页幻灯片小标题,并将文本修改为"学一学"。

插入太阳、虚线、手指、八大行星图片,依据八大行星图片的顺序位置绘制圆形。选择"形状"→"基本形状"→"椭圆"选项,同时按住 Shift+Ctrl 组合键,拖动鼠标光标绘制出正圆形。

插入"给行星排序"音频,设置"计时效果"→"开始"为"与上一动画同时"。选择"水星圆形",添加"强调"效果中的"脉冲"动画,设置"计时效果"→"开始"为"上一动画之后","期间"为"非常快(0.5 秒)","重复"为"直到幻灯片的末尾"。为手指图片添加"进入"效果中的"出现"动画,设置"计时效果"→"开始"为"上一动画同时";添加"强调"效果中的"跷跷板"动画,设置"计时效果"→"开始"为"与上一动画同时","期间"为"快速(1 秒)","重复"为"直到幻灯片的末尾"。插入"水星排序提问"音频,设置"计时效果"→"开始"与"上一动画同时"。为水星图片添加向上的动作路径,并调整好位置,设置"计时效果"→"开始"为"单击时","期间"为"中速(2秒)","重复"为"无"。插入"回答正确音效",设置"计时效果"→"开始"为"与上一动画之后"。其他七大行星图片排序均按照以上步骤。第 36 页幻灯片如图 11-39 所示。

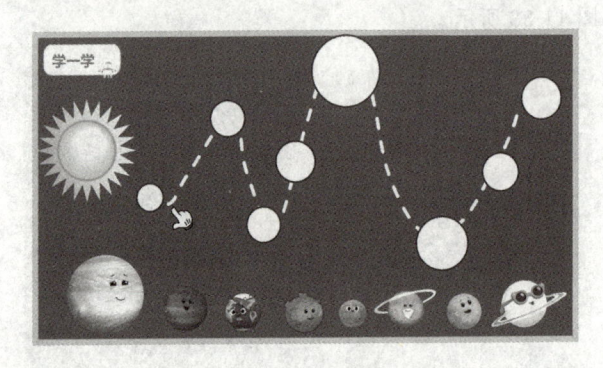

图 11-39　第 36 页幻灯片

步骤 28　制作第 37 页幻灯片。单击"开始"选项卡"幻灯片"组中的"新建幻灯片"按钮,在弹出的下拉列表中选择"1 自定义版式"选项。复制第 30 页幻灯片小标题,并将文本修改为"玩一玩"。

插入"打地鼠游戏规则"音频,设置"计时效果"→"开始"为"与上一动画同时"。插入地洞图片、锤子图片,复制地洞图片与锤子图片各 8 张。

选择水星图片,添加"进入"效果中的"出现"动画,设置"计时效果"→"开始"为"单击时"。为锤子图片添加"进入"效果中的"出现"动画,设置"计时效果"→"开始"为"单击时"。为锤子图片添加"向下"的动作路径,并调整与水星图片相适应,设置"计时效果"→"开始"为"与上一动画同时","期间"为"快速(1秒)","重复"为"无"。插入"锤子音效",设置"计时效果"→"开始"为"与上一动画同时"。为锤子图片、水星图片添加"退出"效果中的"消失"动画,设置"计时效果"→"开始"为"与上一动画之后"。

其他七大行星图片的设置均按照以上步骤进行。第 37 页幻灯片如图 11-40 所示。

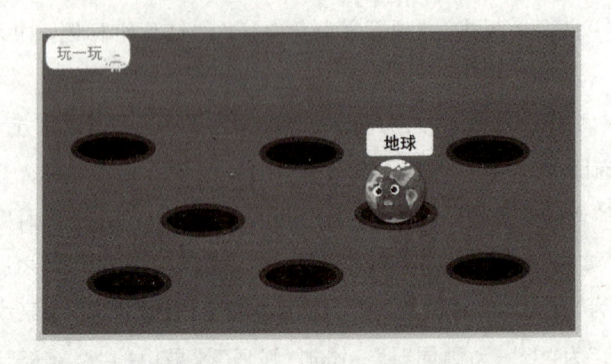

图 11-40　第 37 页幻灯片

步骤 29　为整个课件添加"切换"效果，在"切换"选项卡"切换到此幻灯片"组中，选择"平滑"切换方式，单击"应用到全部"按钮，"换片方式"选择"单击鼠标时"。

3. 为课件添加交互效果

步骤 1　切换到第 2 页幻灯片，选择"1. 看一看"文本框，单击"插入"选项卡"链接"组中的"链接"按钮，在弹出的"插入超链接"对话框中选择"链接到"区域的"本文档中的位置"选项，再选择"请选择文档中的位置"列表框中的"幻灯片 3"选项，单击"确定"按钮，如图 11-41 所示。

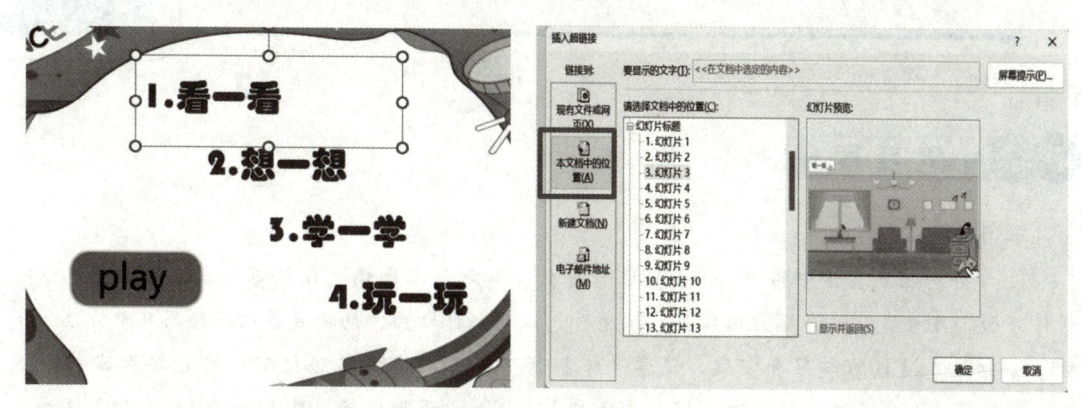

图 11-41　设置超链接

步骤 2　参照步骤 1 的操作，为目录中的其他文本框添加超链接，使其链接到相应的过渡页。至此，该案例就完成了。

项目十二

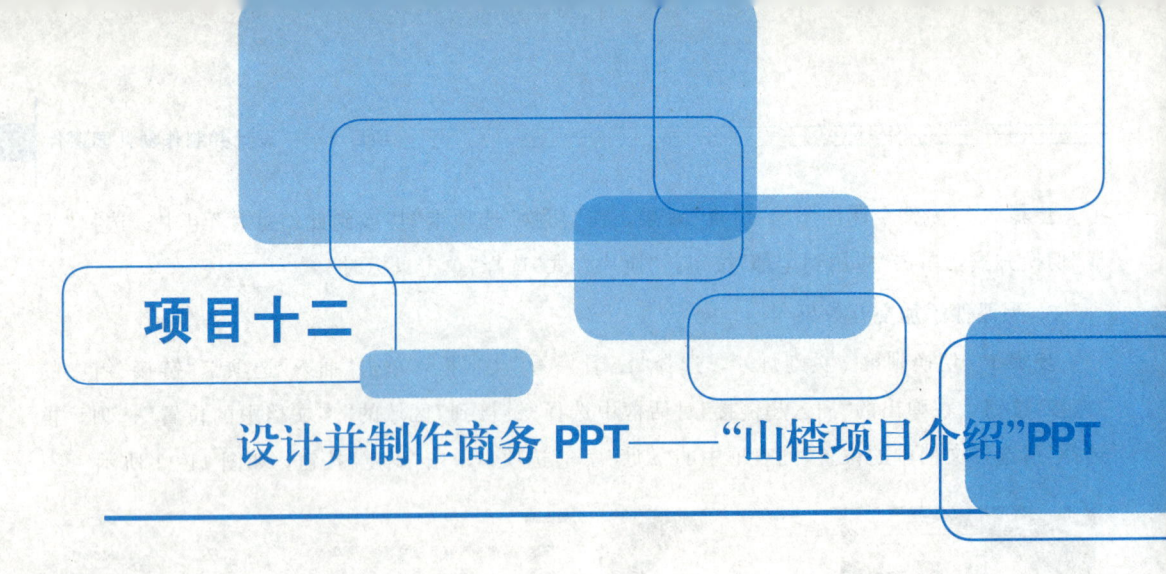

设计并制作商务 PPT——"山楂项目介绍"PPT

教学与学习目标

学习目标：

1. 学会对招商宣传中的 Word 文稿进行分析，确定基本色调，设计母版，搭建 PPT 结构，制作封面、目录页、过渡页、内容页、结尾页，以及制作动画、切换效果的一般思路和方法。

2. 通过本项目的学习和实践，使学生掌握商务信息的有效传递技巧，同时培养诚信、公正、责任等核心职业道德价值观，提升学生在商业活动中遵循规范、尊重知识产权的职业素养。

3. 通过小组合作的方式设计商务 PPT，培养学生的团队协作精神和社会交往能力，使学生理解并承担起传播知识、服务社会的责任担当，同时，使学生体验项目计划、分工协作、时间管理等环节，形成良好的团队精神和项目管理能力。

4. 借助商务课件设计，鼓励学生关注全球经济发展动态，熟悉多元文化背景下的商务交流方式，培养其跨文化交流意识与国际化视野，以适应日益全球化的工作环境。

5. 教育学生在设计和制作商务课件时注重节能环保，采用低碳环保材料和技术，体现对社会与环境的责任感，增强可持续发展的企业经营理念。

项目导读

本项目从一篇 Word 文档开始讲解如何将 Word 文档内容转换为 PPT 页面，并为其添加动画元素，让 PPT 更加完善、形象生动。

1. 分析文稿，根据客户的需要和演示环境等因素确定 PPT 的画面色彩风格。

2. 内容框架的搭建一般包含封面、目录页、过渡页、内容页和结尾页。

3. 在 PPT 的设计制作中，通常需要在各个视图之间切换，以满足不同的设计需求。

4. 通过插入图片设置幻灯片的背景样式。

5. 通过选择"插入"→"媒体"→"视频"→"文件中的视频"选项，可以插入视频文件到 PPT 页面中。

6. 通过添加"脉冲"动画制作过渡页的动画效果。

7. 选中对象后右击，在快捷菜单中选择"超链接"选项，可为对象添加超链接。

8. 选中一页或多页幻灯片，在"切换"选项卡的"切换到此幻灯片"列表中可为幻灯片选择预设的切换效果。

9. 选中形状，在"设置形状格式"窗格中可对其格式进行详细设置。

项目十二　设计并制作商务PPT——"山楂项目介绍"PPT

> 知识储备

一、制作商务PPT的基本原则

1. 文字尽量精练

过多的文字会让观众找不着重点，表明PPT制作者并没有分析处理文字，就将它们复制粘贴进来，这显然不符合观众的观看习惯。

2. 逻辑关系要清晰

由于PPT页面是逐页翻过去的，之前看过的内容很快就被观众遗忘，所以在制作时要尽量让框架结构更加清晰，使观众能更加明白地了解重点。

3. 注重画面设计感

在传统理解上，人们认为只要对PPT简单排版就可以满足要求。随着观众审美标准的不断提升，这一观点正被越来越多的人抛弃。PPT，特别是对外的PPT，正在成为企业形象识别系统的重要组成部分。无论是工作汇报还是企业宣传等，精美的商务PPT可以让观众更加赏心悦目，能让观众接受观点，认同品牌。

4. 适当使用动画

关于PPT动画一直存在争议。有一种观点认为，PPT动画会干扰观众对内容的理解，PPT不需要动画。相反，更多的观众喜欢动画，画面让演示更加生动形象。特别对于一些工程原理，必须使用动画才能淋漓尽致地将其展示出来。

5. 图表让PPT更加醒目

在一般情况下，在制作PPT时，可以使用柱状图、饼状图、线图和雷达图等来展示数据。善用图表可以让数据清晰地展示。

6. 好的PPT离不开策划

要让PPT出彩，必须经过策划，只有针对不同的演示目的、不同的受众对象、不同的演示媒介和环境、不同的演示方式（自动播放或有人讲解）进行策划，才能制作出优秀的PPT。

7. 注意整体质感统一

制作PPT时切不可忽视整体的协调，这种协调不仅包括整体的色调，还包含整个PPT的质感。有些观众喜欢立体感较强的图表设计，有些观众钟爱扁平化设计，无论哪种设计，均不可在PPT中胡乱混搭，没有逻辑的胡乱拼凑只会使PPT变成"四不像"。

二、制作商务PPT的流程

（1）沟通：客户选择PPT设计制作公司并与其进行沟通，由客户提供资料和需求。

（2）协议：经PPT设计制作公司客户部预估工作量和价格，安排设计师，确定金额，并签订合同，启动项目。

(3)风格：设计师制作片头动画、背景、样页并提交客户确认。
(4)内容：设计师制作内容页(动画页面、静态页面)。
(5)修改：客户提出修改意见，设计师进行修改。
(6)完成并确认设计作品后，PPT设计制作公司提供设计作品源文件。

三、制作PPT的构思

在设计师准备制作PPT时，首先要构思PPT。在构思PPT时应从以下几个方面进行考虑。
(1)制作该PPT的目的是什么？
(2)观看该PPT的观众是谁？
(3)该PPT适合在哪种场合播放？屏幕色彩效果如何？屏幕尺寸是多少？播放PPT的计算机的Office版本是什么？
(4)该PPT要传达的中心思想是什么？
(5)是否需要使用多媒体素材，如视频、声音等？是否需要联网打开超链接？怎样才能更加清楚地展示PPT素材？
(6)哪种放映方式合适？

项目实施 制作"山楂项目介绍"PPT

一、分析文稿

步骤1 打开本项目配套素材文件夹中的"山楂项目介绍"Word文档，熟悉文稿内容和素材，将文稿内容与素材基本对位(也就是对文稿内容相关的配图等要做到心里有数)。

步骤2 对文稿结构进行梳理。可发现该文稿围绕"山楂项目"展开了4个方面的叙述，分别是"生长习性""形态特征""繁殖方式"和"栽培技术"。

步骤3 确定展示环境和客户需求。展示环境是某公司的会议室，投影仪的比例是4∶3，客户希望采用亮色，因此把PPT制作得清新活泼。

二、制作母版

步骤1 充分理解文稿内容和客户需求，开始母版搭建工作。新建一个空白幻灯片，PowerPoint 2016版本在默认情况下新建的幻灯片比例是宽屏(16∶9)，为了满足客户需求，单击"设计"选项卡中的"幻灯片大小"按钮，在弹出的下拉列表中选择"标准(4∶3)"选项，如图12-1所示。

图12-1　更改幻灯片比例为4∶3

步骤 2　单击"视图"选项卡"母版视图"组中的"幻灯片母版"按钮,进入幻灯片母版视图,如图 12-2 所示。

图 12-2　进入幻灯片母版视图

步骤 3　选中第 2 页幻灯片,右击,在弹出的快捷菜单中选择"设置背景格式"选项,如图 12-3 所示,此时页面的右侧弹出"设置背景格式"对话框。

步骤 4　如图 12-4 所示,选择填充方式为"图片或文理填充",并单击"文件"按钮,在弹出的对话框中选择本书配套素材"素材与实例"→"项目十二"→"素材"文件夹中的"背景.jpg"图片,单击"插入"按钮,这样背景就由图片填充。

步骤 5　单击"设置背景格式"对话框中的"全部应用"按钮,将该背景应用到演示文稿的所有幻灯片中,效果如图 12-5 所示。

图 12-3　右键快捷菜单　　　图 12-4　选择填充方式后单击"文件"按钮

图 12-5　背景由所选图片填充

步骤 6　选中第 1 页的幻灯片母版，单击"插入"选项卡"图像"组中的"图片"按钮，在弹出的对话框中选择本书配套素材"素材与实例"→"项目十二"→"素材"文件夹中的"母版素材.png""母版素材 2.png"图片插入该页，缩放后排好位置；删除标题文本框，插入横排文本框，输入公司名称，设置字体、字号（微软雅黑、18）等参数，并放置好位置，效果如图 12-6 所示。

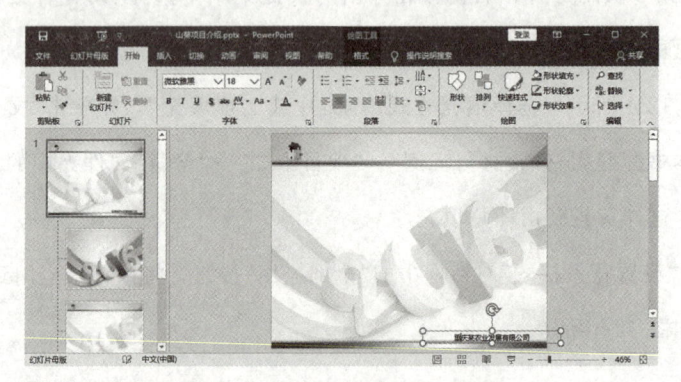

图 12-6　在幻灯片母版中插入图片

步骤 7　选中第 2 页的标题幻灯片，单击"插入"选项卡"图像"组中的"图片"按钮，在弹出的对话框中选择本书配套素材"素材与实例"→"项目十二"→"素材"文件夹中的"背景图.jpg"图片，单击"插入"按钮，这样标题幻灯片就与其他幻灯片不一样了，恢复了图片填充的状态，如图 12-7 所示。

图 12-7　用图片填充标题幻灯片的效果

步骤8　回到普通视图，可以发现，在该视图下幻灯片已经拥有母版的效果。至此，母版搭建完成，如图12-8所示。

图 12-8　母版搭建效果

三、搭建PPT整体结构(封面、目录页、过渡页、内容页、结尾页)

步骤1　封面设计。选中第1页幻灯片，在标题占位符处输入文字"山楂项目介绍"，并设置字符格式为"方正大黑简体"，66号，墨绿色（R：51，G：83，B：56）。删除副标题占位符，然后插入一个横排文本框，在其中输入公司名称"×××农业发展有限公司"，设置字符格式为"微软雅黑"，24，加粗。将它们摆放好位置，效果如图12-9所示。

图 12-9　输入标题和公司名称文本

步骤2　制作目录页。新建一页空白幻灯片，插入文本框，输入"目录"文本，并设置字符格式为"方正行楷简体"，28；插入图片素材"目录素材.png"，完成效果如图12-10所示。插入目录页的其他素材图片，并更改大小，排好位置及层级关系，如图12-11所示。插入4个文本框，分别输入4个小标题"生长习性""形态特征""繁殖方式"和"栽培技术"，并设置字符格式为"宋体"，20，加粗，并调整其位置，如图12-12所示。

图 12-10　插入目录素材的效果　　　　　图 12-11　设置、对齐圆角矩形

步骤 3　制作过渡页。选中第 2 页幻灯片,按 3 次 Ctrl+D 组合键,复制出 3 个一样的幻灯片,如图 12-13 所示。接下来通过设置动画来完成过渡页的设计。

图 12-12　输入 4 个小标题文本　　　　　图 12-13　复制幻灯片

步骤 4　制作内容页。在第 2 页和第 3 页幻灯片的中间位置单击,确定位置,然后按 Enter 键,插入一张新的幻灯片,在该页幻灯片中插入文本框,输入"生长习性",设置字体参数("方正行楷简体",28),如图 12-14 所示。使用同样的方法,在每一个过渡页都添加相应的内容,然后进入"幻灯片浏览"视图,如图 12-15 所示。

图 12-14　在过渡页中输入"生长习性"的效果

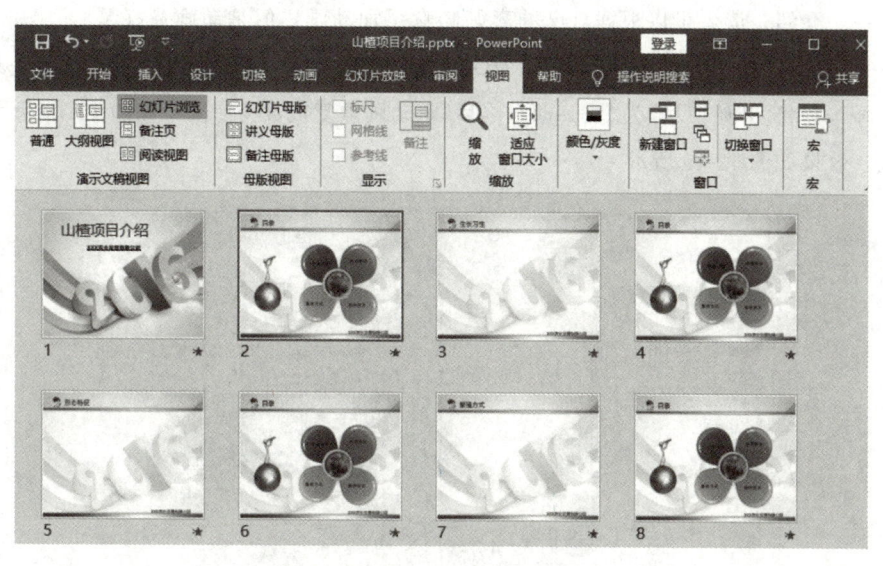

项目十二 设计并制作商务 PPT——"山楂项目介绍"PPT

图 12-15 添加过渡页后的幻灯片

步骤 5 制作结尾页。切换至"普通"视图，在第 9 页幻灯片后插入一页新幻灯片，右击，在弹出的快捷菜单中选择版式为"标题幻灯片"。通常，在幻灯片的结尾（封底）只写"谢谢"二字（"微软雅黑"，加粗，阴影）。此处的文字使用本项目配套素材"文字填充.jpeg"图片进行填充，如图 12-16 所示。至此，该 PPT 的结构搭建完毕。

图 12-16 结尾页的最终效果

四、制作 PPT 整体结构动画

步骤 1 制作封面各元素动画。打开"动画窗格"，选中"山楂项目介绍"文本框，为其添加"进入"效果中的"上浮"动画，并将"开始"设置为"从上一项之后开始"，其他参数不变；选中"××× 农业发展有限公司"文本框，为其添加"进入"效果中的"擦除"动画，并将"开始"设置为"与上一动画同时"，设置"效果选项"为"自左侧"，持续时间为"1.5 秒"。

步骤 2 制作目录页动画。根据需要的动画出现顺序，依次制作该页元素的动画，这里添加的动画不一一介绍，读者可以根据自己的喜好随意添加动画，但是动画最好是"从上一项开始"或"从上一项之后开始"播放，可参考图 12-17。选中紫红色水滴形，为其添加"强调"效果中的"脉冲"动画，并将"开始"设置为"上一动画之后"，动画重复次数为 2 次，如图 12-18 所示。该页动画完成，效果如图 12-19 所示。

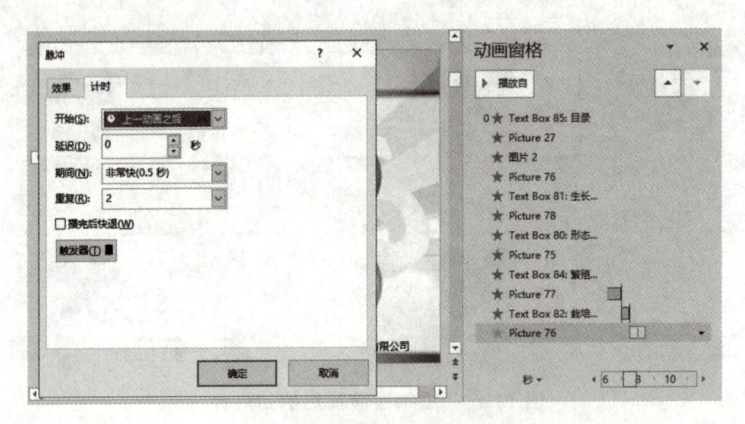

图 12-17　设置目录面的动画

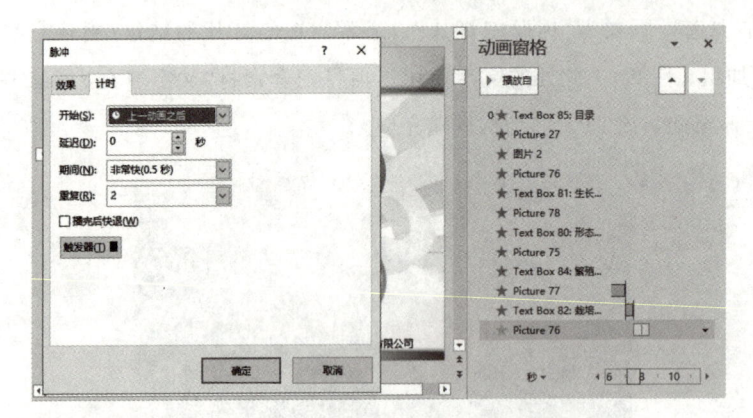

图 12-18　设置"强调"效果中的"脉冲"动画

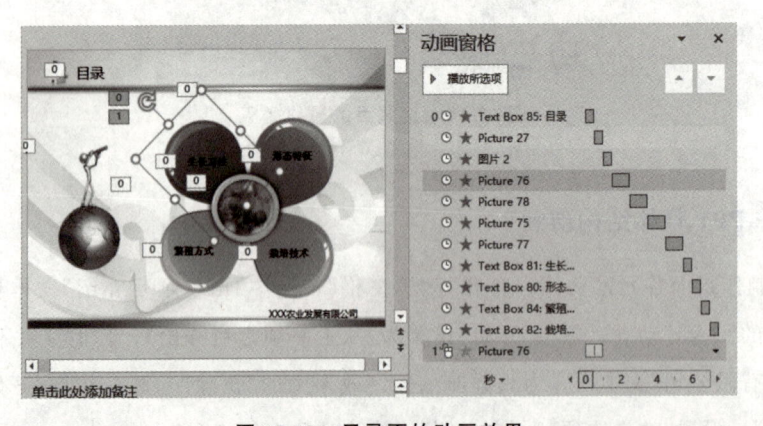

图 12-19　目录页的动画效果

步骤 3 制作其他过渡页动画。为第 4 页幻灯片中的浅蓝色水滴形、第 6 页幻灯片中的浅黄色水滴形、第 8 页幻灯片中的浅绿色水滴形添加"脉冲"动画,并将"开始"设置为"上一动画之后",动画重复次数为 2 次。

步骤 4 制作结尾页动画。选中结尾页面中的"谢谢"文本框,为其添加"进入"效果中的"飞旋"动画,并将"开始"设为"上一动画之后",将持续时间设置为"1 秒";选中"×××农业发展有限公司"文本框,添加"进入"效果中的"上升"动画,将"效果选项"设置为"作为一个对象",并将"开始"设置为"上一动画之后",将持续时间设置为"1 秒"。

步骤 5 至此,该 PPT 的结构页(共 10 页)动画制作完毕,可以全屏播放动画以查看效果。

五、制作内容页

步骤 1 在第 1 页和第 2 页幻灯片中插入一页新幻灯片。然后选择"插入"→"媒体"→"视频"→"PC 上的视频"选项,在打开的对话框中选择本项目配套素材文件夹中的"山楂视频.mp4"文件,单击"插入"按钮,所选视频即可插入幻灯片。调整视频大小,删除标题占位符后插入文本框,输入文字"山楂红了"并设置其格式。选中视频,打开"动画窗格",发现该视频自动带有触发器动画,设置视频的开始播放方式为"单击时",如图 12-20 所示。

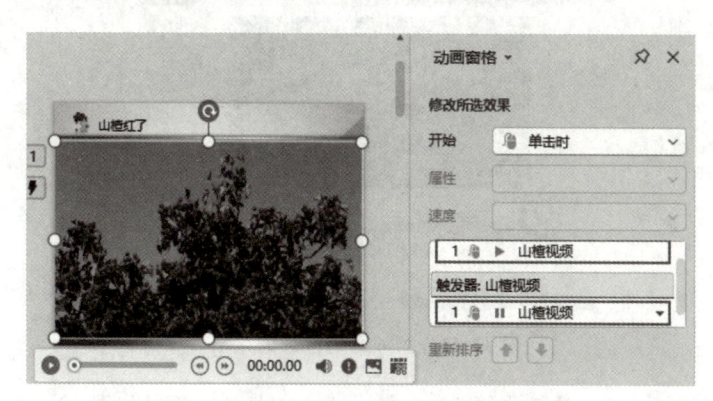

图 12-20 插入视频并设置

步骤 2 选中第 4 页幻灯片,分别插入本项目配套的素材图片"image1.png""image 2.png""image 3.png",摆放位置并调整好大小。单击"插入"选项卡选择"形状"组中的"矩形工具"按钮,绘制矩形(高度 0.23 cm,宽度 6.32 cm),填充深红色(R:190,G:18,B:71)。插入文本框,输入"山楂",字符格式为"宋体",18,加粗,深红色;插入文本框,输入"学名 Crataegus pinnatifida Bunge,又名山里红、红果、绿梨等。",字符格式为"宋体",14,加粗,深绿色(深绿色文字 1,淡色 41%);插入文本框,输入"生于山坡林边或灌木丛中。海拔 100~1 500 m。山楂适应性强,既耐寒又耐高温,在-36~43 ℃均能生长。一般分布于荒山秃岭、阳坡、半阳坡、山谷,坡度以 15°~25°为好。耐旱,对土壤要求不严格。",字符格式为"宋体",18,加粗,并设置"带填充效果的钻石形"项目符号。第 4 页幻灯片的效果如图 12-21 所示。

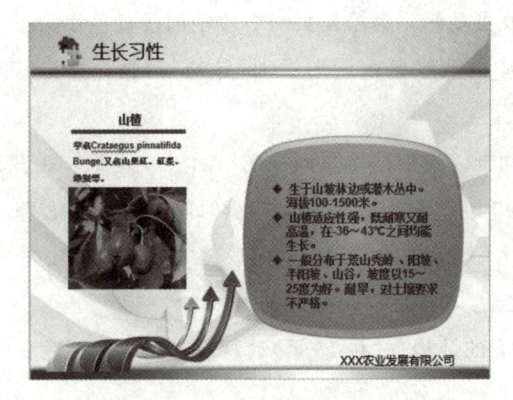

图 12-21　第 4 页幻灯片的效果

步骤 3　选中第 6 页幻灯片，分别插入本项目配套的素材图片"image4.png""image5.png""image6.png"，摆放位置并调整好大小。插入"直线连接符"并设置格式为"宽度：7.89 cm，颜色：深红色，粗细：1 磅，虚线：圆点"；插入文本框，输入"山楂为落叶乔木，高达 6 m。"。第 6 页幻灯片的效果如图 12-22 所示。

图 12-22　第 6 页幻灯片的效果

步骤 4　参照步骤 3 的方法制作第 7、8、9、10 页幻灯片，效果如图 12-23～图 12-26 所示。

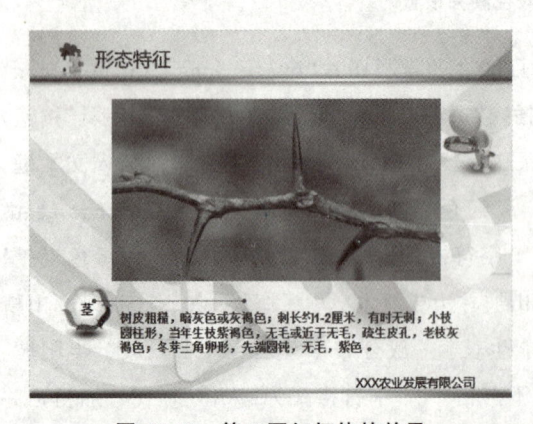

图 12-23　第 7 页幻灯片的效果 　　　　图 12-24　第 8 页幻灯片的效果

图 12-25　第 9 页幻灯片的效果 　　　　　图 12-26　第 10 页幻灯片的效果

步骤 5　制作第 12 页幻灯片。选中第 12 页幻灯片，分别插入本项目配套的素材图片"image11.png""image12.png""image13.png"，摆放位置并调整好大小。插入三个文本框并分别输入"种子繁殖""扦插繁殖""嫁接繁殖"，字符格式为"宋体"，28。效果如图 12-27 所示。

图 12-27　第 12 页幻灯片的效果

步骤 6　参照步骤 5 的方法，制作第 13～18 页幻灯片，效果分别如图 12-28～图 12-33 所示。

图 12-28　第 13 页幻灯片的效果 　　　　　图 12-29　第 14 页幻灯片的效果

图 12-30　第 15 页幻灯片的效果

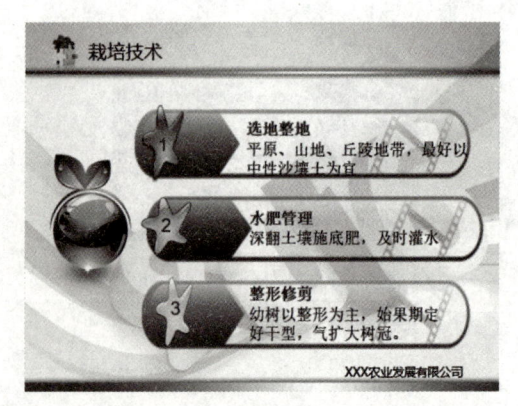

图 12-31　第 16 页幻灯片的效果

图 12-32　第 17 页幻灯片的效果

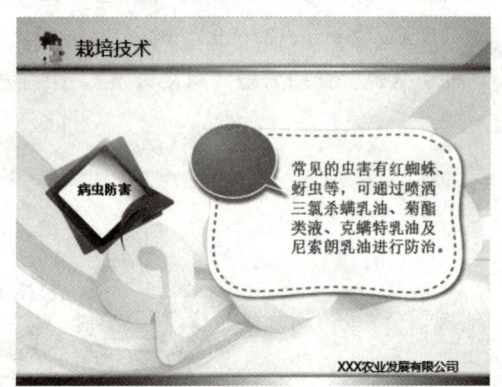

图 12-33　第 18 页幻灯片的效果

六、制作内容页动画

步骤 1　在第 4 页幻灯片中选中"山楂"图片，为其添加"进入"效果中的"翻转式由远及近"动画，并将"开始"设置为"上一动画之后"，将持续时间设置为"1 秒"。选中"山楂"文本框，为其添加"进入"效果中的"擦除"动画，并将"效果选项"设置为"自左侧"，将"开始"设置为"上一动画之后"，将持续时间设置为"0.5 秒"。利用同样的方法和参数为"矩形""学名……""生于……"文本框设置动画。选中"箭头"图片，添加"进入"效果中的"擦除"动画，并将"效果选项"设置为"自底部"，将"开始"设置为"上一动画之后"，将持续时间设置为"1 秒"。选中"圆角矩形"图片，为其添加"进入"效果中的"淡化"动画，并将"开始"设置为"上一动画之后"，将持续时间设置为"0.5 秒"。第 4 页幻灯片的动画效果如图 12-34 所示。

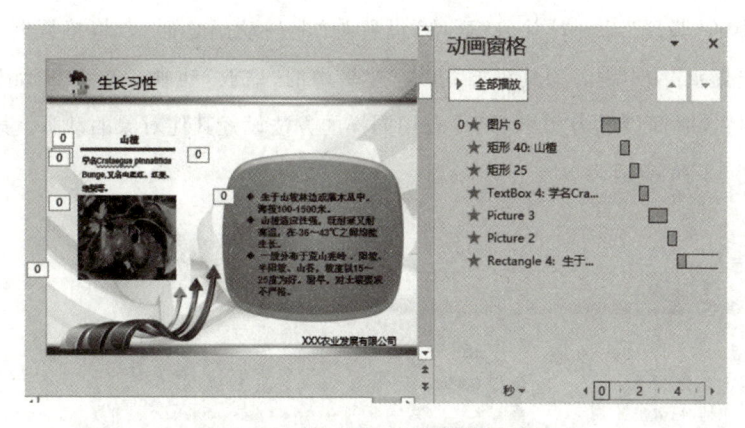

图 12-34　第 4 页幻灯片的动画效果

步骤 2　在第 6 页幻灯片中选中"形态特征"文本框，为其添加"进入"效果中的"渐入"动画，并将"开始"设置为"上一动画之后"，将持续时间设置为"0.5 秒"；选中"山楂树"图片，为其添加"进入"效果中的"飞入"动画，并将"效果选项"设置为"自左上部"，将"开始"设置为"上一动画之后"，将持续时间设置为"0.5 秒"；选中"人物"图片，为其添加"进入"效果中的"伸展"动画，并将"效果选项"设置为"跨越"，将"开始"设置为"上一动画之后"，将持续时间设置为"0.5 秒"；选中"树"文本框，为其添加"进入"效果中的"挥鞭式"动画，并将"开始"设置为"上一动画之后"，将持续时间设置为"0.5 秒"；选中"六角形"图片，为其添加"进入"效果中的"轮子"动画，并将"开始"设置为"上一动画之后"，将持续时间设置为"0.5 秒"；选中"直线连接符"，为其添加"进入"效果中的"擦除"动画，并将"效果选项"设置为"自左侧"，将"开始"设置为"上一动画之后"，将持续时间设置为"0.5 秒"；选中"山楂为…"文本框，为其添加"进入"效果中的"缩放"动画，并将"开始"设置为"上一动画之后"，将持续时间设置为"0.5 秒"。第 6 页幻灯片的动画效果如图 12-35 所示。

图 12-35　第 6 页幻灯片的动画效果

步骤 3　参照步骤 2 的方法，设置第 7～10 页幻灯片的动画。

步骤 4　选中第 12 页幻灯片中的"繁殖方式"文本框，为其添加"进入"效果中的"渐入"动画，并将"开始"设置为"上一动画之后"，将持续时间设置为"0.5 秒"；选中左起第一个图片，为其添加"进入"效果中的"弹跳"动画,并将"开始"设置为"上一动画之后",将持续时间设置为"0.5秒";选中"种子繁殖"文本框,为其添加"进入"效果中的"缩放"动画,并将"开始"设置为"上一动画之后",将持续时间设置为"0.5秒"。利用同样的方法设置其他对象的动画,第12页幻灯片的动画效果如图12-36所示。

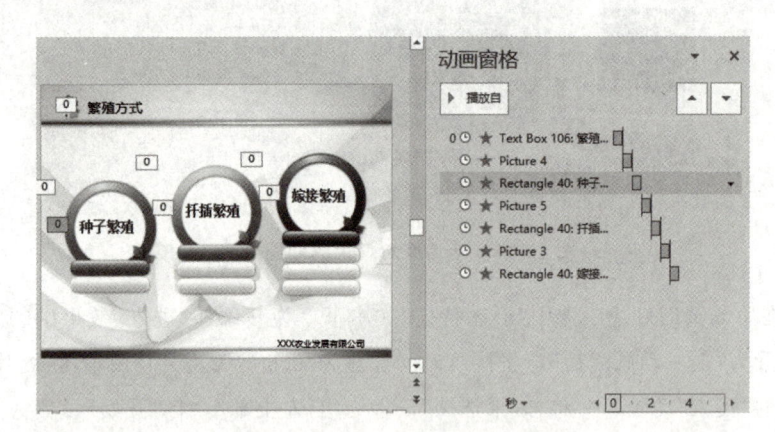

图12-36　第12页幻灯片的动画效果

步骤5　选中第13页幻灯片中的"书"图片,为其添加"进入"效果中的"楔入"动画,并将"开始"设置为"上一动画之后",将持续时间设置为"1.3秒",将"延迟"设置为"0.1秒";选中"人物"图片,为其添加"进入"效果中的"切入"动画,并将"效果选项"设置为"自右侧",将"开始"设置为"上一动画之后",将持续时间设置为"0.5秒";为"书"图片中的两个文本框分别添加"进入"效果中的"颜色打字机"动画,并将"开始"设置为"上一动画之后",将持续时间设置为"0.6秒"。第13页幻灯片的动画效果如图12-37所示。

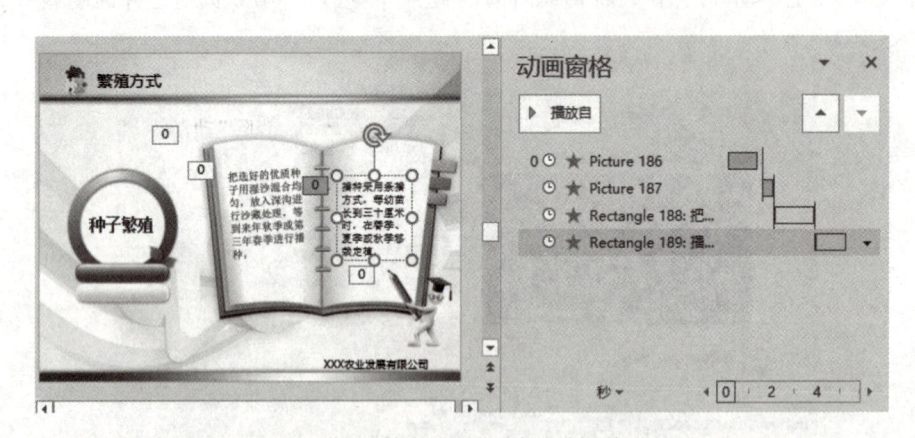

图12-37　第13页幻灯片的动画效果

步骤6　参照步骤5的方法,为第14、15页幻灯片添加动画。

步骤7　选中第17页幻灯片中左起第一个图片,为其添加"进入"效果中的"楔入"动画,并将"开始"设置为"上一动画之后",将持续时间设置为"1秒";选中上起第一个"圆角矩形组合"图片,为其添加"进入"效果中的"避裂"动画,并将"效果选项"设置为"左右向中央收缩",将"开始"设置为"上一动画之后",交持续时间设置为"0.5 秒";选中数字 1 海星图片,为其添加"进入"效果中的"浮入"动画,并将"效果选项"设置为"下浮",将"开始"设置为"上一动画之后",将持续时间设置为"0.5 秒";选中"选地整地……"文本框,为其添加"进入"效果中的"颜色打字机"动画,并将"开始"设置为"上一动画之后",将持续时间设置为"0.8 秒"。利用同样的方法设置其余对象的动画。第 17 页幻灯片的动画效果如图 12-38 所示。

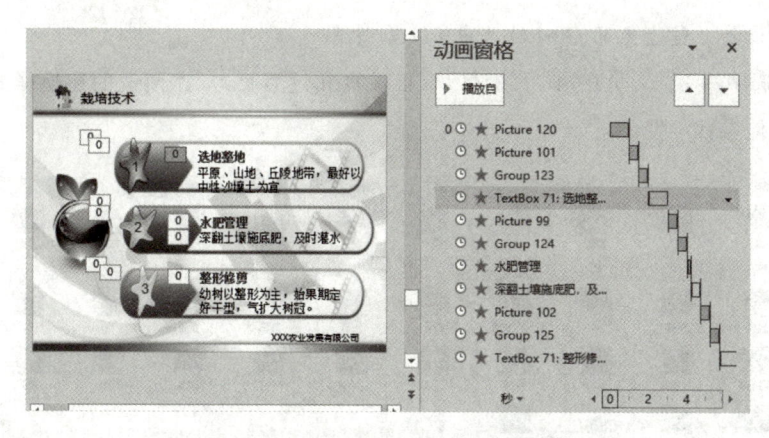

图 12-38　第 17 页幻灯片的动画效果

步骤8　选中第 18 页幻灯片中的棱形图片,为其添加"进入"效果中的"玩具风车"动画,并将"开始"设置为"上一动画之后",将持续时间设置为"1 秒";选中"病虫防害"文本框,为其添加"进入"效果中的"形状"动画,将"效果选项"→"方向"设置为"缩小"将"形状"设置为"菱形",将"序列"设置为"作为一个对象",并将"开始"设置为"上一动画之后",将持续时间设置为"0.5 秒";选中"箭头"图片,为其添加"进入"效果中的"擦除"动画,并将"效果选项"设置为"自底部",将"开始"设置为"上一动画之后",将持续时间设置为"0.5 秒";选中"圆形组合"图片,为其添加"进入"效果中的"淡化"动画,并将"开始"设置为"上一动画之后",将持续时间设置为"0.5 秒";选中"常见的病…"文本框,为其添加"进入"效果中的"擦除"动画,并将"效果选项"设置为"自左侧",将"开始"设置为"上一动画之后",将持续时间设置为"0.5 秒"。第 18 页幻灯片的动画效果如图12-39所示。

图 12-39　第 18 页幻灯片的动画效果

七、设置幻灯片切换效果

步骤 1 选中第 1 页封面幻灯片和最后 1 页封底幻灯片,单击"切换"选项卡"切换到此幻灯片"组中的"其他"按钮,在预设的切换样式中选择切换效果"飞过",如图 12-40 所示,其他参数不变。

提示:可以结合键盘上的 Curl 键选中多页幻灯片

步骤 2 选中第 3、5、11、16 页幻灯片(目录页和过渡页),在预设的切换样式中选择切换效果"门",其他参数不变。

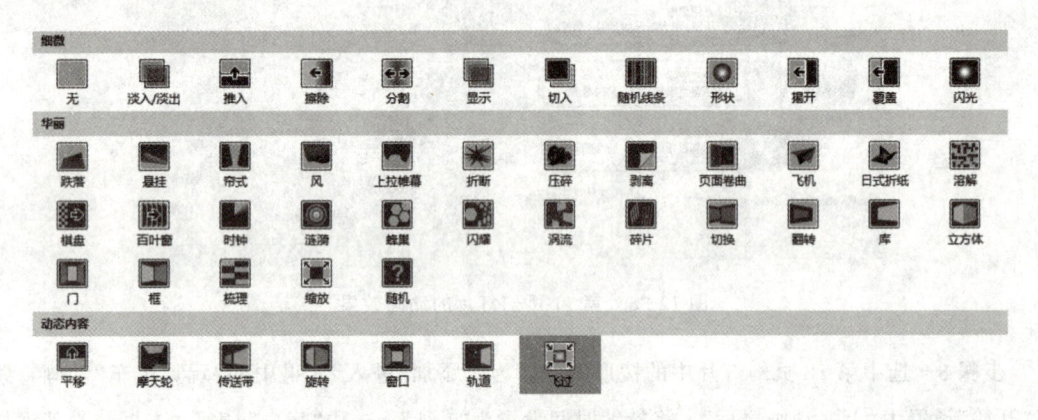

图 12-40 选择切换效果"飞过"

步骤 3 选中第 2 页幻灯片,在预设的切换样式中选择切换效果"帘式"。在"计时"组中设置动画的持续时间为"3 秒",其他参数不变。

步骤 4 选中剩余的所有幻灯片,在预设的切换样式中选择切换效果"框"。在"计时"组中设置动画的持续时间为"1 秒",其他参数不变。

步骤 5 选择"文件"→"另存为"选项,在打开的"另存为"对话框单击"浏览"按钮,选择文件的保存位置,输入文件名,将该文件保存为".pptx"格式。

参考文献

[1] 严明,周亚媛,汪昱君. PowerPoint 课件设计与制作案例教程[M]. 上海:上海交通大学出版社,2020.
[2] 罗俊. PowerPoint 课件创意设计与制作[M]. 北京:中国铁道出版社,2021.
[3] 刘庆,陈淑萍,王剑峰. PowerPoint2013 商务 PPT 制作案例教程[M]. 北京:航空工业出版社,2016.